西南山区景观过程的生态-经济损益与优化

李月臣　刘春霞　肖　禾等　著

科学出版社

北　京

内 容 简 介

景观是生态和社会经济活动的载体。景观过程中会不断发生外在的景观格局、内在的生态过程、生产活动方式的转变，以产生生态-经济效益的损益。本书共5章，以重庆为西南山区的代表区域，在地理学、生态学等相关学科的理论与方法指导下，借助遥感与地理信息系统等现代地理信息技术，兼顾外在景观格局变化导致的生态效益损益和内在的生产生活方式转变引发的社会经济效益损益，深入分析重庆自然生态与社会经济基础、区域景观格局与过程，评估区域景观过程的生态-经济价值，构建生态-经济综合效益优化模型，对未来西南山地区域城乡系统综合体内部景观格局的优化配置具有现实意义。本书兼具前沿性、实践性、指导性和创新性。

本书适于地理学、生态学、城市规划、环境保护、林业、国土等部门的工作人员，以及相关科研院所和高校的科研人员、教师和学生参考与阅读。

审图号：渝 S（2023）011 号

图书在版编目（CIP）数据

西南山区景观过程的生态-经济损益与优化 / 李月臣等著. —北京：科学出版社，2023.6
ISBN 978-7-03-075536-0

Ⅰ.①西… Ⅱ.①李… Ⅲ.①山区－城市景观－生态经济－研究－西南地区 Ⅳ.①F127.7

中国国家版本馆 CIP 数据核字（2023）第 084478 号

责任编辑：陈丽华 / 责任校对：王晓茜
责任印制：罗 科 / 封面设计：墨创文化

科学出版社 出版
北京东黄城根北街 16 号
邮政编码：100717
http://www.sciencep.com
成都锦瑞印刷有限责任公司印刷
科学出版社发行 各地新华书店经销

*

2023 年 6 月第 一 版 开本：787×1092 1/16
2023 年 6 月第一次印刷 印张：13 3/4
字数：326 000
定价：149.00 元
（如有印装质量问题，我社负责调换）

本书由以下项目联合资助

- 国家自然科学基金重点项目（No. 41830648）
- 国家自然科学基金面上项目（No. 41571419）
- 中央高校基本科研业务费专项资助（No. SWU021003）
- 重庆市高等学校人工智能＋智能生态环保学科群项目
- 中国工程院院地合作重大项目（2022-DFZD-12）

作 者 简 介

李月臣，男，山东德州人，西南大学地理科学学院教授。主要从事生态遥感、国土空间规划、GIS 应用等研究工作。主持国家自然科学基金、教育部重点项目等国家级、省部级和横向课题 60 余项。获省部级科技进步奖一等奖 1 项（排名第一）、二等奖 3 项（排名第一两项）、三等奖 3 项（排名第一）、一级学（协）会二等奖两项。在《科学通报》、《地理学报》、《生态学报》、*Land Degradation and Development* 等国内外期刊发表论文 100 余篇，出版专著 3 部，获软件著作权 5 项。

刘春霞，女，山东淄博人，重庆师范大学地理与旅游学院教授。主要从事生态经济、国土空间规划、产业发展规划等研究工作。主持和参与国家自然科学基金、重庆市自然科学基金等国家级、省部级和横向课题 50 余项。获省部级一、二、三等奖各 1 项。在《地理学报》、《经济地理》、*Global Ecology and Conservation* 等国内外期刊发表论文 20 余篇。

肖禾，男，重庆渝中区人，重庆市地理信息和遥感应用中心正高级工程师。主要从事景观生态评价、可持续发展评价等研究工作。主持和主研国家自然科学基金、国家重点研发计划等科研项目 7 项，横向项目 30 余项，获自然资源部国土资源科学技术奖二等奖 1 项、中国地理信息科技进步奖特等奖和一等奖 2 项、重庆市科技进步奖二等奖 1 项，发表论文 20 余篇，获授权发明专利 6 项，软件著作权 14 项。

刘贤，男，贵州毕节人，贵州工程应用技术学院讲师。主要从事生态环境评价、地理数据挖掘等研究工作。主持贵州省教育厅自然科学研究项目、毕节市科技计划联合基金等课题多项，参与国家级、省部级和横向课题 10 余项，发表学术论文 10 余篇。

何志明，男，山东德州人，重庆市地理信息和遥感应用中心高级工程师。主要从事国土空间规划、地理分析与地理设计等研究工作。主持国家重点研发计划子课题 1 项，参研省部级科研课题 4 项。获省部级科技进步二等奖 1 项，地理信息科技进步奖一、二等奖两项，测绘科技进步奖二等奖 1 项。在《地理科学进展》《资源科学》等期刊发表论文 20 余篇。

前　言

景观是生态和社会经济活动的载体。作为刻画人类与自然环境之间相互作用关系的一个重要指标，景观格局及过程始终是可持续发展和全球变化研究的重要命题。景观过程中不断发生外在的景观格局、内在的生态过程以及生产活动方式的转变，产生生态-经济效益的损益。景观异质性研究一直是景观生态学的基本问题之一。不同的区域由于其地形、地貌、气候、生物等自然要素和人类活动的差异，景观格局、过程、功能、影响等演化均存在区域差异。因此，选取典型区域，深入分析区域的自然和社会经济要素基底特征，以区域可持续健康发展为目标，综合考虑景观过程的生态-经济效益，寻求景观过程的最优效益，无疑对丰富景观生态学理论研究和服务区域社会经济发展实践研究具有重要的价值。

西南地区地形破碎，是我国山地丘陵集中分布区，是生物多样性热点地区和生态脆弱/敏感区，也是我国人地矛盾极为突出的地区。重庆市作为西南山区典型区域，大山大水的自然地理格局和大城市大农村的社会经济格局特征突出，其景观过程受山水格局控制，演变方式与平原地区差异显著；与经济发达地区相比，重庆经济具有明显的结构和阶段性差异，表现出多样化的景观组合特征和生态经济价值。

本书以重庆为西南山区的代表区域，在地理学、生态学等相关学科的理论与方法指导下，借助遥感与地理信息系统等现代地理信息技术，兼顾外在景观格局变化导致的生态效益损益以及内在的生产生活方式转变引发的社会经济效益损益，深入分析重庆自然生态和社会经济基底、景观结构与格局现状及演化过程，评估区域景观生态服务价值，细化社会经济要素表达，构建生态-经济综合效益优化模型，模拟未来区域生态和经济双重约束条件下的景观格局及过程。研究的基本目标在于认识和理解重庆这一典型西南山地区域景观过程中生态-经济耦合关系与内在机制，为未来一定时期内西南山地区域城乡系统综合体内部景观格局的优化配置提供指导。

在本书写作过程中，重庆市地理信息和遥感应用中心的刘建高级工程师，重庆市地质矿产勘查开发局 107 地质队的何君工程师，重庆市规划和自然资源调查监测院的吴娇工程师，生态环境部卫星环境应用中心的祝汉收工程师，重庆师范大学硕士研究生王荣祥、张宇等负责了部分文字撰写和编辑工作。此外，科学出版社的陈丽华编辑也为本书的出版付诸了大量辛勤的劳动。在此，谨对他们的指导、帮助和支持表示衷心的感谢！

本书中的部分阶段性成果已在国内外刊物上先行发表，还有部分成果是首次发表。这些研究成果主要是在我们承担的系列科研项目的支持下，在遥感大数据应用重庆市工程研究中心和重庆金佛山喀斯特生态系统国家野外科学观测研究站完成的。

景观演变过程的综合研究对于区域生态环境和社会经济可持续发展具有重要意义。

作者深切期望本书的出版能够对区域景观生态学综合研究有些许贡献，并希望能对从事地理学、生态学、国土空间规划及相关学科的专家学者有所裨益。限于作者水平，书中不足之处在所难免，敬请读者雅正！

作　者

2022 年 10 月

目　　录

第1章 绪 论

1.1 背景与意义

景观是生态和社会经济活动的载体。景观格局变化是一个复杂过程，既受气候、地形等自然因素的影响，也受人类活动的深刻影响和改造（肖笃宁和李秀珍，1997）。作为刻画人类与自然环境之间相互作用关系的一个重要指标，景观格局及过程始终是可持续发展和全球变化研究的重要科学与实践命题。景观演变过程中不断发生外在的景观格局、内在的生态过程以及生产活动方式的转变，产生生态-经济效益的损益。景观过程的全面认识必须建立在生态-经济综合效益评估的基础上。土地利用/覆盖作为主要的景观要素，在整个地球表层的景观演化过程中发挥着重要作用（李秀彬，1996；Lambin et al.，2001；罗娅等，2014）。景观异质性研究一直是景观生态学的基本问题之一。不同的区域由于其地形、地貌、气候、生物等自然要素和人类活动的差异，景观格局、过程、功能、影响等演化均存在区域差异。因此，选取典型区域，深入分析区域的自然和社会经济要素基底特征，以区域可持续健康发展为目标，综合考虑景观过程的生态-经济效益，寻求景观过程的最优效益，这无疑对丰富景观生态学理论研究和服务区域社会经济发展实践具有重要的科学与实际价值。

我国地形复杂多样，山区面积广大，约占全国陆地面积的 2/3。西南地区地形破碎，是我国山地丘陵集中分布区，山地丘陵面积约占全区总面积的 63%，是生物多样性热点地区和生态脆弱与敏感区，同时也是我国人地矛盾极为突出的地区。区域的自然条件和人地关系决定了景观变化特征的特殊性，也对生态环境和社会经济产生了重要影响。重庆市作为西南山区典型区域，大山大水的自然地理格局和大城市大农村的社会经济格局特征突出，其既具有西南地区的地域性特征，又具有典型的山地城市特征，表现出明显的异质性、多样化的景观组合特征和生态经济价值，尤其是在人为干扰频繁的城镇化区域。首先，重庆市作为西南地区的核心城市，城镇化进程快，城乡系统景观格局时空变化明显，具有代表性。其次，重庆市景观过程受山水格局控制，景观格局的演变方式与平原地区差异显著。与东部经济发达城市相比，重庆市经济具有明显的结构差异和阶段性差异，第二产业比重高。地域性特征以及经济模式的差异决定了重庆市景观变化过程中生态-经济效益损益特征具有独特性。因此，本书选取重庆市作为研究区，重点考虑快速城镇化这一影响景观变化的综合要素，以土地利用/覆盖景观格局演变过程为基础，兼顾山区景观过程外在景观格局变化导致的生态效益损益以及内在的生产生活方式转变引发的社会经济效益损益，开展西南山区强异质性景观过程中生态-经济损益的综合评估，探寻其中蕴含的机制，为山区景观过程的评价提供新的思路和方法，为西南山区可持续发展提供借鉴。

1.2　国内外研究现状与动态分析

1.2.1　景观过程中的生态效益研究

现有景观过程中的生态效益研究可以概括为生态环境质量、生态服务功能、生态安全等方面（万利，2009）。

生态环境研究涉及景观过程中的大气环境、水环境、热环境等。景观变化与生态环境关系研究主要从两个方面来说明：一方面，景观需要生态环境要素的支撑，生态环境的保护与改善以健康的景观格局和功能为保障。通过优化景观格局，提升景观功能，降低景观变化对生态环境的负面影响，服务区域产业结构优化，提高区域社会经济可持续发展水平。另一方面，景观变化过程也受到区域人口经济增长、资源消耗、地域扩张等因素的剧烈影响，从而导致景观生态效应恶化、生态环境要素支撑能力低下、灾害频发等问题，抑制区域可持续发展（罗媞等，2014；刘耀林和焦利民，2005）。根据环境库兹涅茨曲线假说（Grossman and Krueger，1995；Ekins，1997），区域发展由初级阶段到高级阶段，环境污染影响下的生态环境质量呈现倒"U"形的过程拟合曲线。我国东部部分省区市已进入"U"形曲线的上升阶段，中西部还处于"U"形曲线的下降阶段（罗能生等，2013）。生态环境质量退化主要源于区域系统自组织的不协调以及区域城乡系统物质、能量交换过程中不合理的土地利用方式。Romero 等（1999）认为不合理的工业布局、交通运输工具尾气排放及城乡交错带土地利用与覆被变化（land use cover change，LUCC）是大气污染加剧的主因。城镇景观扩展导致的地表水泥化和植被破坏会对水、热环境产生影响（Yin et al.，2011），Schneider 等（2012）、Khan（2005）认为地表不透水层是导致城市洪水和水土流失加剧的重要原因；城市热岛的空间分布、强度与城镇建成区的布局、面积具有一致性已经在众多研究中得以证实（李国栋等，2013；Liu et al.，2011；Priyadarsini et al.，2008）。

自 1997 年 Costanza 等关于全球生态系统服务价值的研究成果在 *Nature* 上发表以来，生态系统服务功能及其价值研究便受到生态学、景观生态学、生态经济学者的关注（Nelson et al.，2009；Ring，2008；Sagoff，2008）。以城镇化为代表的区域社会经济综合发展是推动 LUCC 的重要原因，其深刻改变着城乡生态系统的结构，使景观格局与过程都发生了剧烈的变化，从而对生态服务价值产生影响。因此，社会经济快速发展的区域成为生态系统服务功能研究的热点（黄云凤等，2012；郭伟，2012；刘桂林等，2014）。宏观上，生态系统服务价值的高低与景观格局变化的关系非常密切，耕地、水域等生态用地的减少是生态系统服务价值下降的直接原因（万利，2009）。城镇建设用地扩张作为景观变化过程最为剧烈的类型之一，关于其生态系统服务功能，不同研究存在分歧，一部分研究将其与自然生态系统相对应，认为其无生态服务功能价值（Costanza et al.，1997；何英彬等，2010；曾杰等，2014）；另一部分研究将城镇视为城乡系统物质、能量转移过程的重要环节，认为城镇在涵养水源、净化环境等方面有负效应，且不容忽视（万利，2009；董家华等，2007）。微观上，少量研究对城镇内部公园绿地、内河水域等半自然生态景观进行了评价（Bolund and Hunhammar，1999；胡喜生，2012；田刚和蔡博峰，2004），认为其以休憩、美学功能价值为主；也有研究认为地域文化社会环境等因素会对城市绿地生态系统服务功能产生一定影响（Cilliers et al.，2013）。方法上，传统的生态系统服务价值往往依靠单位面积生态服务价值系数表进行静态评价（Costanza et al.，1997），但是生态系统具有很强的异质性，采用一套经验系数进行服务价值测度往往存在很大的争议（Zang et al.，2011）。光谱遥感技术以其提供的生态参数为生态系统服务价值的动态核算提供了新的数据基础和测度手段（潘耀忠等，2004），其与地理信息系统（geographic information system，GIS）空间分析技术相结合，能够对快速城市化区域进行定量的生态资产价值评估及其动态变化研究（陈明辉等，2012）。相对于经验系数法，其客观性更强，更有利于不同区域之间的横向比较。

景观过程中生态安全评价主要集中在综合评价和景观生态评价两个方面。研究方法涉及综合评价模型、生态承载力模型、景观生态学模型等。综合评价模型通过提取行政单元内基本生态、经济、社会指标，再经过权重组合实现生态安全评价（郭斌和任志远，2009；荀斌等，2012），该类评价基于统计指标可获取性，较为灵活，但是仅能进行整体评价，难以打破行政单元限制。生态承载力模型以生态足迹法最为典型（Rees，1992），该方法过于强调社会经济发展对生态的影响而忽略了其他环境影响因素的作用；黄庆旭等（2009）考虑气候因素，构建了气候干旱和经济发展双重压力下的水资源承载力模型，进行了有意义的尝试。景观生态学模型是近年来较为常用的方法，其以生态理论为基础，建立区域景观格局与生态系统稳定性的关系［如压力-状态-响应（pressure-state-response，PSR）概念框架］，借助 GIS 和遥感（remote sensing，RS）手段将景观格局与生态流有机结合，分析生态安全，并能实现景观尺度上生态风险的空间格网单元评估（宋豫秦和曹明兰，2010；杨青生等，2013）。该方法可操作性强，但评价结果受景观尺度容错性影响较大（荆玉平等，2008）。

1.2.2 景观过程中的经济效益研究

景观过程中的经济效益研究以景观城镇化过程为主，涉及产业结构调整与用地效率改变两大方面。

城镇化与区域产业结构演变的互动，是城市发展与产业结构有序演变的重要路径（李诚固等，2004）。宏观尺度上，不同发展阶段、不同地域的城镇产业结构演化与城镇化表现出不同的互动特征，刘艳军和李诚固（2009）通过构建产业结构演变的城市化响应强度系数模型，将东北地区分为不同的地域类型。产业结构演变还表现为空间集聚，典型相关分析表明产业集群与城市化之间存在着显著的相关性（陆根尧等，2011；Brulhart and Mathys，2008）。中观尺度上，城镇化会对郊区农业产生影响，发达城市郊区农业经历着生产大宗农产品为主向为城市提供农副产品为主，再向兼具生产、生态、休闲为主的都市型农业转变的发展模式（汤进华，2012）。微观尺度上主要揭示了城镇化过程中城镇内部建设用地结构与产业结构关系。鲁春阳（2011）研究表明城镇用地结构一定程度上决定了产业布局，产业发展水平和产业结构影响土地资源的利用方式、结构、空间布局和利用效益。

城镇化过程中用地效率评价以单位建筑面积所承载的经济活动量作为重要指标。宏观上，建设用地扩张对经济增长的贡献存在区域差异和阶段差异，姜海和曲福田（2009）

研究认为经济发展阶段时序梯度上，建设用地扩张对经济增长的贡献会逐渐减小。蒋芳等（2007）则基于地理空间指标体系的城市蔓延测度方法，认为我国新增建设用地经济产出水平低于原有用地绩效，扩展效率不高。评价方法上，综合指标法、柯布-道格拉斯生产函数（Cobb-Douglas production function，C-D 函数）、回归方法、探索空间数据分析（exploratory spatial data analysis，ESDA）方法、数据包络分析（data envelopment analysis，DEA）等（班茂盛等，2008；曹广忠和白晓，2010；王海燕等，2012；陈伟和吴群，2014）是评价城镇化过程中用地效率的常用方法；协整检验、脉冲响应函数等对城市建设用地、经济发展与城市化之间的动态关系检验效果较好（赵可和张安录，2011）。以上研究侧重于行政单元内城镇用地效率的分析，空间尺度大。何英彬等（2010）则从景观尺度入手，结合土地利用类型图和经济数据，对经济密度进行了网格空间表达，为城镇用地效率评价提供了一种新的思路（Graham and Kim，2008）。

1.2.3　景观过程中生态-经济效益的综合研究

通过文献综述可以发现，现有的生态-经济效益的综合研究主要集中于生态经济学研究领域。研究对象上，现有的定量研究主要是针对兼具生态功能和经济产出功能的农田、森林、草地等生态用地，借助社会经济统计数据构建生态经济系统耦合模型（王继军等，2010；汤青和徐勇，2011），以及通过生态服务价值与经济产值等进行农业生态经济系统、林业生态经济系统综合效益研究（万志芳和蒋敏元，2001）；对单一类型生态用地时序变化或退耕还林、还草等生态用地类型空间转换过程中的生态-经济互动过程等研究较多（庄大昌和唐晓春，2006），而同样涉及景观类型空间转换过程与生态、经济效益耦合关系的深入研究则较为欠缺。为数不多的研究以理论研究为主，侧重于提出一种区域景观可持续发展和区域生态经济平衡的协同发展模式（张忠国和高军，2004；韩士元，2005；王如松和欧阳志云，2012）；结构、功能构成研究多（王振波等，2011），耦合生成内在机理研究少（杨玉珍，2014）。另外，部分研究侧重于采用统计数据构建生态系统和经济系统评价指标体系进行耦合评价（陈乃玲和聂影，2006；李凤全等，2005）。由于统计数据主要反映社会经济状况，因此该类评价结果更倾向于反映区域内经济活动的生态性、环保性，而难以揭示城镇化过程整个区域城乡系统生态、经济效益的综合变化。

另外，区域发展与生态、经济效益耦合关系研究过程中还存在一个误区。多数学者认为导致生态效益下降的区域景观格局变化是不可接受和需要反思的，把自然生态资源放在了过于突出的位置。然而，区域发展中的工业化和城镇化是人类发展的必然选择，不能因为土地利用变化可能会降低生态系统服务价值等就简单否定之。合理的土地利用变化应该既促进社会经济发展，又尽量减少对生态环境的负面影响，达到可持续发展的目标（张舟等，2013）。《千年生态系统评估报告》指出，应从生态经济和社会等视角综合考虑人类活动对生态系统的中长期影响以及管理政策对社会福利的影响（Seppelt et al.，2011），然而却没提出相应的方法。Polasky 等（2011）认为景观格局变化往往同时带来一些价值的提高和另一些价值的降低，最优化的土地使用和管理其实是多种价值的权衡。将生态效益纳入区域发展过程评价逐渐成为共识，但评价体系中如何度量收益和损失还存在着诸多争论。

1.2.4　景观格局优化模拟研究

景观格局优化研究目前还处于探索阶段，未形成统一的理论体系。与之相近的土地利用优化配置也是近年来研究较多的课题，其中基于生态-经济综合效益优化的相关研究可以为城镇化过程中景观格局的优化提供一定的借鉴。其研究过程通常包括以下三个环节（龚建周等，2010；段学军等，2009；肖长江等，2015）：①设置约束条件，如用地总量约束条件、用地适宜性约束条件等。②设置目标函数，构建优化模型，如以生态-经济综合价值最大为目标。③目标规划模型求解，采用蒙特卡洛法等对目标函数进行迭代，产生理想方案。但是目前土地利用优化配置主要集中在宏观上的数量优化，多数研究未能突破行政区划限制。

本书中景观格局优化强调的是一种景观尺度的空间优化模拟。针对这一目标的研究以基于用地适宜性评价的用地配置以及数学模型模拟研究最为常见。基于用地适宜性评价的用地配置以因地制宜地发挥土地最大利用效益为目标进行优化研究，应用 GIS 空间分析方法或景观格局指数模型，在生态适宜性与敏感性分析评价的基础上进行景观开发空间格局优化（赵东娟等，2008；傅瓦利和谢德体，2006）。总体上，该类研究更适用于自然景观的优化模拟。数学优化模型应用较为广泛，通过马尔可夫模型（Markov model）、系统动力学、灰色线性规划法（GLP）、神经网络等数量预测模型以及元胞自动机（cellular automata，CA）、多智能体、CLUE-S 等空间模拟模型组合建立优化模型（Marulla et al.，2010；Guan et al.，2010）。Ward 等（2003）在综合元胞自动机和空间约束影响阈值的基础上构建了优化模型，在人口预测的基础上实现了居住、工业、商业等各类用地的优化配置。苏伟等（2006）将元胞自动机与灰色线性规划相结合的优化模型用于中国北方农牧交错带格局优化。Liu 等（2017）发展了综合模拟和优化于一体的未来土地利用模拟模型（future land use simulation model，FLUS）。郭伟（2012）进一步建立了灰色关联-Markov-CA 模型，以生态服务价值最大为目标函数对北京地区未来景观格局进行了优化，提供了一种以景观格局优化来实现效益最大化的研究思路，但是未能更深入地进行针对性研究。近年来，生态安全格局理论的发展为景观格局优化提供了一种新方向，借助景观生态学理论，识别对维持区域生态安全具有重要意义的空间，作为空间约束条件（俞孔坚等，2009；洪敏等，2014）；其理论基础是在保证区域生态安全的前提下配置用地类型与规模，但是总体对效益量化不足，不能具体直观地实现生态效益和经济效益的比较。

1.2.5　综合评述

现有研究极大地丰富了景观过程中蕴含的生态响应机制与经济演进机制研究，为生态效益和经济效益评价提供了多角度的研究思路。但是概括之后可以发现仍存在以下不足之处：①往往侧重于单一的生态效益或经济效益研究，从多学科综合角度进行区域城乡系统生态-经济效益综合研究较为欠缺，更缺乏在生态效益和经济效益价值统一的基础上进行景观演化进程中综合效益损益定量化的研究，以及从效益平衡角度进行区域景观过程的科学评价研究。生态学侧重于景观格局、过程研究，对伴随格局变化的生态效益评价较为成熟，但对生产活动方式变化导致的经济效益损益的研究不够深入。经济学往往将区域，尤其是城镇视为投入-产出经济综合体，注重经济效益的评价，而忽略了城乡系统生态背景的变化，难以对景观变化过程导致的生态风险、生态效益损益有明确的认识。②以生态、经济效益最优化为目标，对景观过程中城乡系统景观格局的空间优化缺乏较为全面的研究。现有的生态学角度的优化研究更侧重于生态效益最大化；社会经济学角度的研究中城乡二元结构突出，仅从经济社会需求角度进行城镇用地空间扩展及功能布局，而忽视其他生态用地的保护规划，使得生态效益得不到有效保障。

基于上述分析，本书将重庆市作为西南山区景观变化的典型区，以多源数据为支撑，应用定量遥感分析方法以及景观生态学、生态经济学、产业经济学方法，在对城镇化过程中生态安全及脆弱性评价的基础上进行生态、经济综合效益损益定量分析；构建生态、经济综合效益最优化模型，以效益综合平衡为原则，结合景观规划设计方法，从数量和空间两方面对 2040 年规划年景观格局和过程进行优化及模拟，以实现城乡系统综合效益最优，为未来西南山区景观过程演化的科学评价提供一定的指导。

1.3　本书的内容与结构

本书以多源数据为支撑，应用景观生态学、生态经济学等方法，以土地利用/覆盖景观格局演变过程为基础，综合灰色线性规划法、人工神经网络、元胞自动机以及景观规划设计方法，建立基于综合效益最优的西南山区未来景观过程优化模型，深入开展西南山区强异质性景观过程中生态-经济损益的综合评估。其目的是探寻景观过程中蕴含的机制，为山区景观过程的评价提供新的思路和方法。本书分为 5 章，内容分别为：

第 1 章，论述本书的背景与意义；系统阐述该领域国内外研究现状与动态；明确本书内容与结构。

第 2 章，对研究区的全面认识是深入研究的基础与前提，该章全面深入分析了重庆的自然基础、生态条件和社会经济条件。

第 3 章，格局与过程研究是揭示区域景观过程及空间变异的重要手段，该章在多源时空数据的支撑下，借助 ArcGIS、Fragstats、GeoDa 等软件，对重庆市景观格局组成、结构变化、空间集聚及其时空演变进行分析，旨在掌握景观格局地理空间分异特征及其规律，为区域景观格局优化，提升生态-经济综合效益奠定基础。

第 4 章，该章针对重庆景观演变过程中引起的生态-经济服务功能价值变化，借鉴国内外相关研究方法与模型，通过引入 InVEST 模型及当量因子模型分析重庆 2000～2015 年生态系统服务价值演变规律，并对重庆人口密度及 GDP 进行了空间化精细模拟，以分析其2000～2015 年社会经济发展情况。最后，基于 InVEST 模型生态价值分析结果及 GDP 空间化结果，结合景观格局演变情况对重庆市 2000～2015 年生态-经济损益在时间序列、空间差异层面上进行评估和比较。

第 5 章，该章在土地利用、气象、地形地貌、交通、人口、产业等数据支撑下，以生态安全格局理论、景观生态学、生态经济学等作为理论基础，充分利用灰色模型（grey model，GM）的数量预测、模糊多目标线性规划（fuzzy multi-objective linear programming，FMOLP）

模型的数量规划、人工神经网络（artificial neural network，ANN）强大的自学能力和元胞自动机的空间模拟优势，构建 GM-FMOLP-FLUS 耦合模型，对 2040 年重庆市生态效益最优情景、经济效益最优情景、生态-经济效益综合最优情景下土地利用/覆盖景观格局进行预测与模拟，为优化土地利用结构和制定可持续发展策略等提供思路借鉴。

1.4 本章小结

本章主要论述了本书的背景与意义；系统阐述了国内外研究现状与动态；明确了全书内容与结构。

参 考 文 献

班茂盛，方创琳，刘晓丽. 2008. 北京高新技术产业区土地利用绩效综合评价[J]. 地理学报，63（2）：175-184.

曹广忠，白晓. 2010. 中国城镇建设用地经济密度的区位差异及影响因素[J]. 中国人口·资源与环境，20（2）：12-18.

陈明辉，陈颖彪，郭冠华，等. 2012. 快速城市化地区生态资产遥感定量评估——以广东省东莞市为例[J]. 自然资源学报，27（4）：601-613.

陈乃玲，聂影. 2006. 生态城市建设经济效益的动态评价[J]. 南京林业大学学报（自然科学版），30（5）：99-102.

陈伟，吴群. 2014. 长三角地区城市建设用地经济效率及其影响因素[J]. 经济地理，34（9）：142-149.

董家华，舒廷飞，谢慧，等. 2007. 城市建设用地生态服务功能价值计算与应用[J]. 同济大学学报（自然科学版），35（5）：636-640.

段学军，秦贤宏，陈江龙. 2009. 基于生态-经济导向的泰州市建设用地优化配置[J]. 地理学报，24（7）：1181-1191.

傅瓦利，谢德体. 2006. 三峡库区开县土地利用空间优化配置及其生态经济效益的比较研究[J]. 经济地理，26（1）：133-144.

龚建周，刘彦随，张灵. 2010. 广州市土地利用结构优化配置及其潜力[J]. 自然资源学报，65（11）：1391-1400.

郭斌，任志远. 2009. 西安城区土地利用与生态安全动态变化[J]. 地理科学进展，1（28）：71-75.

郭伟. 2012. 北京地区生态系统服务价值遥感估算与景观格局优化预测[D]. 北京：中国林业大学.

韩士元. 2005. 对城市生态经济平衡的评价与实现途径[J]. 城市，1：39-41.

何英彬，陈佑启，李志斌. 2010. 北京市土地利用空间结构特征分析[J]. 农业工程学报，26（2）：313-318.

洪敏，李迪华，袁弘，等. 2014. 基于地理设计的北京市浅山区土地利用战略规划[J]. 中国园林，（10）：22-25.

胡和兵，刘红玉，郝敬锋，等. 2013. 城市化流域生态系统服务价值时空分异特征及其对土地利用程度的响应[J]. 生态学报，33（8）：2565-2576.

胡喜生. 2012. 福建土地生态系统服务价值空间异质性及其与城市化耦合的联系[D]. 福州：福建农林大学.

黄庆旭，何春阳，史培军. 2009. 气候干旱和经济发展双重压力下的北京水资源承载力变化情景模拟研究[J]. 自然资源学报，5（24）：859-869.

黄云凤，崔胜辉，石龙宇. 2012. 半城市化地区生态系统服务对土地利用/覆被变化的响应：以厦门市集美区为例[J]. 地理科学进展，31（5）：551-560.

姜海，曲福田. 2009. 不同发展阶段建设用地扩张对经济增长的贡献与响应[J]. 中国人口·资源与环境，19（1）：70-75.

蒋芳，刘盛和，袁弘. 2007. 北京城市蔓延的测度与分析[J]. 地理学报，62（6）：649-658.

荆玉平，张树文，李颖. 2008. 基于景观结构的城乡交错带生态风险分析[J]. 生态学杂志，27（2）：229-234.

李诚固，郑文升，王晓芳. 2004. 我国城市化与产业结构演变的互动变化趋势研究[J]. 人文地理，19（4）：50-54.

李凤全，章明卓，胡忠行，等. 2005. 城乡交错带土地利用生态经济预警研究[J]. 浙江师范大学学报（自然科学版），28（3）：330-334.

李国栋，张俊华，赵自胜，等. 2013. 典型河谷型城市冬季热场分布和热岛效应特征及其驱动机制研究——以兰州市为例[J]. 资源科学，35（7）：1463-1473.

李秀彬. 1996. 全球环境变化研究的核心领域——土地利用/土地覆被变化的国际研究动向[J]. 地理学报，51（6）：553-558.

刘桂林, 张落成, 张倩. 2014. 长三角地区土地利用时空变化对生态系统服务价值的影响[J]. 生态学报, 34 (12): 3311-3319.

刘艳军, 李诚固. 2009. 东北地区产业结构演变的城市化响应机理与调控[J]. 地理学报, 64 (2): 153-166.

刘耀彬, 李仁东, 宋学锋. 2005. 中国区域城市化与生态环境耦合的关联分析[J]. 地理学报, 60 (2): 237-247.

刘耀彬, 焦利民. 2005. 基于计算智能的土地适宜性评价模型[J]. 武汉大学学报 (信息科学版), (4): 283-287.

鲁春阳. 2011. 城市用地结构演变与产业结构演变的关联研究[D]. 重庆: 西南大学.

陆根尧, 符翔云, 朱省娥. 2011. 基于典型相关分析的产业集群与城市化互动发展研究: 以浙江省为例[J]. 中国软科学, 12: 101-109.

罗能生, 李佳佳, 罗富政. 2013. 中国城镇化进程与区域生态效率关系的实证研究[J]. 中国人口·资源与环境, 23 (11): 53-60.

罗媞, 刘艳芳, 孔雪松. 2014. 中国城市化与生态环境系统耦合研究进展[J]. 热带地理, 34 (2): 266-274.

罗娅, 杨胜天, 刘晓燕, 等. 2014. 黄河河口镇—潼关区间 1998—2010 年土地利用变化特征[J]. 地理学报, 69 (1): 42-53.

潘耀忠, 史培军, 朱文泉, 等. 2004. 中国陆地生态系统生态资产遥感定量测量[J]. 中国科学 (D 辑), 34 (4): 375-384.

宋豫秦, 曹明兰. 2010. 基于 RS 和 GIS 的北京市景观生态安全评价[J]. 应用生态学报, 21 (11): 2889-2895.

苏伟, 陈云浩, 武永峰, 等. 2006. 生态安全条件下的土地利用格局优化模拟研究——以中国北方农牧交错带为例[J]. 自然科学进展, 16 (2): 207-214.

汤进华. 2012. 城镇化进程中上海市郊农业产业结构演进与评价研究[D]. 上海: 华东师范大学.

汤青, 徐勇. 2011. 农牧交错带生态经济耦合评价模型及其实证研究[J]. 中国人口·资源与环境, 21 (2): 117-123.

田刚, 蔡博峰. 2004. 北京地区人工景观生态服务价值估算[J]. 环境科学, 25 (5): 5-9.

万利. 2009. 城乡交错带土地利用变化的生态环境影响研究[D]. 北京: 中国农业科学院.

万志芳, 蒋敏元. 2001. 林业生态工程生态效益经济计量的理论和方法研究[J]. 林业经济, 11: 24-27.

王海燕, 濮励志, 张健, 等. 2012. 城镇建设用地经济密度时空分异的实证分析[J]. 中国土地科学, 26 (4): 47-53.

王继军, 郭满才, 姜志德, 等. 2010. 农业生态经济系统耦合过程模型的建立及应用[J]. 生态学报, 30 (9): 2371-2378.

王如松, 欧阳志云. 2012. 社会-经济-自然复合生态系统与可持续发展[J]. 中国科学院院刊, (3): 337-345.

王振波, 方创琳, 王婧. 2011. 1991 年以来长三角快速城市化地区生态经济系统协调度评价及其空间演化模式[J]. 地理学报, 66 (12): 1657-1668.

肖长江, 欧名豪, 李鑫. 2015. 基于生态-经济比较优势视角的建设用地空间优化配置研究——以扬州市为例[J]. 地理学报, 35 (3): 2-16.

肖笃宁, 李秀珍. 1997. 当代景观生态学的进展和展望[J]. 地理科学, (4): 69-77.

苟斌, 于德永, 杜士强. 2012. 快速城市化地区生态承载力评价研究——以深圳市为例[J]. 北京师范大学学报 (自然科学版), 1 (48): 74-80.

杨青生, 乔纪纲, 艾彬. 2013. 快速城市化地区景观生态安全时空演化过程分析——以东莞市为例[J]. 生态学报, 33 (4): 1230-1239.

杨玉珍. 2014. 快速城镇化地区生态-环境-经济耦合协同发展研究综述[J]. 生态环境学报, 23 (3): 541-546.

俞孔坚, 王思思, 李迪华, 等. 2009. 北京市生态安全格局及城市增长预景[J]. 生态学报, 29 (3): 1189-1204.

曾杰, 李江风, 姚小薇. 2014. 武汉城市圈生态系统服务价值时空变化特征[J]. 应用生态学报, 25 (3): 883-891.

张忠国, 高军. 2004. 从经济效益和生态效益来探索城市土地利用的合理模式[J]. 中国人口·资源与环境, 14 (2): 104-107.

张舟, 吴次芳, 谭荣. 2013. 生态系统服务价值在土地利用变化研究中的应用: 瓶颈和展望[J]. 应用生态学报, 24 (2): 556-562.

赵东娟, 齐伟, 赵胜亭. 2008. 基于 GIS 的山区县域土地利用格局优化研究[J]. 农业工程学报, 24 (2): 101-106.

赵可, 张安录. 2011. 城市建设用地、经济发展与城市化关系的计量分析[J]. 中国人口·资源与环境, 21 (1): 7-12.

庄大昌, 唐晓春. 2006. 张家界市退耕还林的生态经济效益分析[J]. 山地学报, 24 (3): 373-377.

Bolund P, Hunhammar S. 1999. Ecosystem services in urban areas[J]. Ecological Economics, 29 (2): 293-301.

Brulhart M, Mathys N A. 2008. Mathys.Sectoral agglomeration economies in a panel of European regions[J]. Regional Science and Urban Economics, 38 (4): 348-362.

Cilliers S, Cilliers J, Lubbe R, et al. 2013. Ecosystem services of urban green spaces in African countries-perspectives and challenges[J]. Urban Ecosystems, 16 (4): 681-702.

Costanza R，d'Arge R，de Groot R，et al. 1997. The value of the world's ecosystem services and natural capital[J]. Nature，25（1）：3-15.

Ekins P. 1997. The Kuznets curve for the environment and economic growth：Examining the evidence[J]. Environment and Planning，29（5）：805-830.

Graham D J，Kim H Y. 2008. An empirical analytical framework for agglomeration economies[J]. The Annals of Regional Science，42：267-289.

Grossman G M，Krueger A B. 1995. Economic growth and the environment[J]. The Quarterly Journal of Economics，110（2）：353-377.

Guan D J，Gao W J，Watari K，et al. 2010. Land use change of Kitakyushu based on landscape ecology and Markov model[J]. Journal of Geographical Sciences，20（2）：310-320.

Khan S D. 2005. Urban development and flooding in Houston Texas inferences from remote sensing data using neural network technique[J]. Environmental Geology，47：1120-1127.

Lambin E F，Turner B L，Geist H J，et al. 2001. The causes of land-use and land-cover change：Moving beyond the myths[J].Global Environmental Change，11（4）：261-269.

Liu S B，Wei C Y，Guo Y Q，et al. 2011. Exploring harmonious development between urbanization and eco-environment based on climate analysis：A study in Changsha，China[J]. Journal of Central South University of Technology，18（1）：101-107.

Liu X，Liang X，Li X，et al. 2017. A future land use simulation model（FLUS）for simulating multiple land use scenarios by coupling human and natural effects[J]. Landscape and Urban Planning，168：94-116.

Marulla J，Pinob J，Tello E，et al. 2010. Social metabolism，landscape change and land-use planning in the Barcelona Metropolitan Region[J]. Land Use Policy，27：497-510.

Nelson E，Mendoza G，Regetz J，et al. 2009. Modeling multiple ecosystem services，biodiversity conservation，commodity production，and tradeoffs at landscape scales[J]. Frontiers in Ecology and the Environment，7（1）：4-11.

Polasky S，Nelson E，Pennington D，et al. 2011. The impact of land-use change on ecosystem services，biodiversity and returns to landowners：A case study in the State of Minnesota[J]. Environmental Monitoring and Assessment，48：219-242.

Priyadarsini R，Hien W K，Wai David C K. 2008. Microclimatic modeling of the urban thermal environment of Singapore to mitigate urban heat island[J]. Solar Energy，82（8）：727-745.

Rees W E. 1992. Ecological footprints and appropriated carrying capacity：What urban economics leaves out[J]. Environment and urbanization，4：121-130.

Ring I. 2008. Integrating local ecological services into intergovernmental fiscal transfers：The case of the ecological ICMS in Brazil[J]. Land Use Policy，25（4）：485-497.

Romero H，Ihl M，Rivera A，et al. 1999. Rapid urban growth，land-use changes and air pollution in Santiago，Chile[J]. Atmospheric Environment，33（24-25）：4039-4047.

Sagoff M. 2008. On the economic value of ecosystem services[J]. Environmental Values，17（2）：239-257.

Schneider A，Logan K E，Kucharik C J. 2012. Impacts of urbanization on ecosystem goods and services in the US Corn Belt[J]. Ecosystems，15（4）：519-541.

Seppelt R，Dormann C F，Eppink F V，et al. 2011. A quantitative review of ecosystem service studies：Approaches，shortcomings and the road ahead[J]. Journal of Applied Ecology，（48）：630-636.

Ward D P，Murray A T，Phinn S R. 2003. Integrating spatial optimization and cellular automata for evaluating urban change[J]. The Annals of Regional Science，37（1）：131-148.

Yin J，Yin Z E，Zhong H D，et al. 2011. Monitoring urban expansion and land use/land cover changes of Shanghai metropolitan area during the transitional economy（1979—2009）in China[J]. Environmental Monitoring and Assessment，177（1/4）：609-621.

Zang S Y，Wu C S，Liu H，et al. 2011. Impact of urbanization on natural ecosystem service values：A comparative study[J]. Environmental Monitoring and Assessment，179：575-588.

第 2 章　重庆市自然生态与社会经济基础评价

2.1　自然基础评价

2.1.1　地理位置

重庆市位于中国内陆西南部、长江上游,四川盆地东南部,地跨 105°11′E～110°11′E、28°10′N～32°13′N。重庆市东临湖北省和湖南省,南接贵州省,西北依靠四川省,东北部与陕西省相连。辖区东西长 470km,南北宽 450km,辖区面积 8.24 万 km²(Liu et al.,2022)。地跨三大地貌单元,分别为盆周边缘山地、盆东平行岭谷、盆中方山丘陵,地貌类型复杂多样,区域分异特征明显。研究区地势起伏较大,喀斯特地貌分布集中。重庆位于我国地势第二级阶梯向第三级阶梯的过渡地带,中亚热带与北亚热带的交界区,北亚热带常绿落叶阔叶林与中亚热带常绿阔叶林交接区,拥有三峡库区水土保持生态功能区和武陵山区生物多样性与水土保持生态功能区两大国家重点生态功能区,是长江上游乃至全国主要的生态高度重要性和重度脆弱区之一,生态地理位置极为重要。

2.1.2　地质概况

重庆绝大部分地区属扬子准地台一级构造单元,极少部分属秦岭地槽褶皱系。区内横跨四个二级构造单元:四川台拗、上扬子台拗、龙门山—大巴山台缘凹陷和北大巴山冒地槽褶皱系。区内涉及的三级构造单元为:川东陷褶束和川中台拱的局部;川东南陷褶束;大巴山褶皱束;北大巴山冒地槽褶皱系的南缘局部。市域地层出露较齐全,除少部分地层外,其余自震旦系板溪群至第四系均有出露(图 2-1)。主要缺失的地层包括:上志留统、下泥盆统、上石炭统和古近系-新近系。重庆市地层新生界分布零星,中生代地层广布,大致呈北东向,主要展布于万盛、武隆一线西北。古生界主要分布于彭水、酉阳和巫溪、城口地区,前震旦系则出露于秀山一代(李月臣等,2008a)。

2.1.3　地形地貌

重庆地势东高西低,大部分以山地为主,占辖区面积的 75.8%,其余多为丘陵和台地,地形高低悬殊,地貌结构复杂(图 2-2)。区域内地貌明显受地质构造控制,山脉走向大致与构造线一致,东北部、东部、南部为大巴山山地、巫山山地、武陵山山地、大娄山余脉构成的盆周中、低山区,区内岩溶地貌发育,中、中北部为平行岭谷低山丘陵区,西部为川中方山丘陵区。全市地形起伏较大,西部海拔一般为 500～900m,东部海拔一

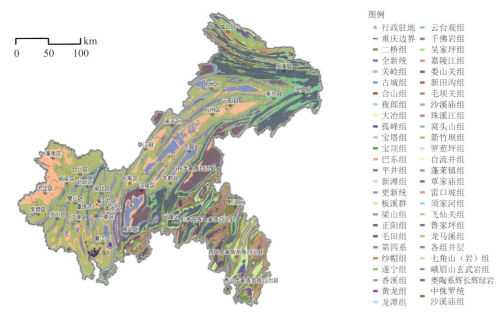

图例

⊙ 行政驻地	▬ 云台观组
▬ 重庆边界	▬ 千佛岩组
▬ 二桥组	▬ 吴家坪组
▬ 全新统	▬ 嘉陵江组
▬ 关岭组	▬ 娄山关组
▬ 古城组	▬ 新田沟组
▬ 合山组	▬ 毛坝关组
▬ 夜郎组	▬ 沙溪庙组
▬ 大冶组	▬ 珠溪江组
▬ 孤峰组	▬ 窝头山组
▬ 宝塔组	▬ 箭竹坝组
▬ 宝顶组	▬ 罗惹坪组
▬ 巴东组	▬ 自流井组
▬ 平井组	▬ 蓬莱镇组
▬ 新滩组	▬ 覃家庙组
▬ 更新统	▬ 雷口坡组
▬ 板溪群	▬ 须家河组
▬ 梁山组	▬ 飞仙关组
▬ 正阳组	▬ 鲁家坪组
▬ 毛田组	▬ 龙马溪组
▬ 第四系	▬ 各组并层
▬ 纱帽组	▬ 七角山（岩）组
▬ 遂宁组	▬ 峨眉山玄武岩组
▬ 香溪组	▬ 奥陶系辉长辉绿岩
▬ 黄龙组	▬ 中侏罗统
▬ 龙潭组	▬ 沙溪庙组

图 2-1　重庆市地质图

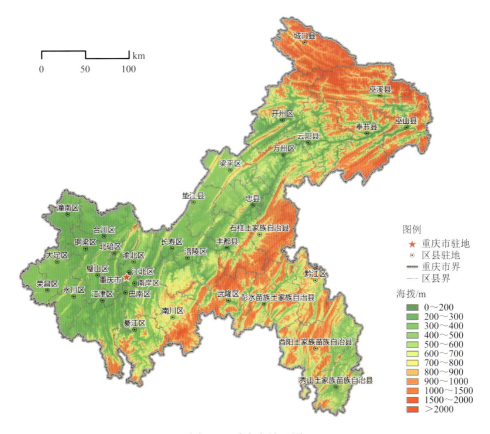

图例

★ 重庆市驻地
⊙ 区县驻地
▬ 重庆市界
--- 区县界

海拔/m

0～200
200～300
300～400
400～500
500～600
600～700
700～800
800～900
900～1000
1000～1500
1500～2000
>2000

图 2-2　重庆市地形图

般为 1000~2500m。地形地貌具体特征表现为以下四个方面：①地势起伏大。东部、东南部和南部地势高，西部地势低，最高处阴条岭的主峰海拔为 2796.8m，最低处巫山县长江水面海拔仅 73.1m。②地貌类型多样。全市地貌形态类型有中山、低山、高丘陵、中丘陵、低丘陵、缓丘陵、台地和平坝八大类，其中山地（中山和低山）面积 62400 多平方千米，约占辖区面积的 75.7%；丘陵面积近 15000km²，约占辖区面积的 18.2%；台地面积 2900 多平方千米，约占辖区面积的 3.5%；平坝面积近 2000km²，约占辖区面积的 2.4%。③地貌形态组合的地区分异明显。华蓥山—巴岳山以西为方山丘陵地貌区；华蓥山至方斗山之间则为平行岭谷低山丘陵地貌区；北部为大巴山区中山山地；东部、东南部和南部则属巫山大娄山山区。④喀斯特地貌大量分布。在背斜条形山地中发育了渝东地区特有的喀斯特槽谷景观。在东部和东南的喀斯特山区则分布着典型的石林、峰林、洼地、残丘、落水洞、溶洞、暗河、峡谷等喀斯特景观（李月臣等，2008a）。

2.1.4 气候

1. 气温

重庆市位于青藏高原东部的东亚季风区，属中亚热带湿润季风气候。四季分明，雨量充沛，热量充足，无霜期长，丘陵河谷地区冬无严寒，夏有酷热，伏秋多旱，秋冬多雾。受大气环流、地理纬度和地形地貌的影响，兼有盆地气候、山地气候、丘陵气候和谷地气候特征。重庆年平均气温较长江中下游同纬度地带要高。低坝河谷地带在 18℃以上，400m 左右地带在 17~18℃。高于 400m 地带每升高 100m 下降 0.58℃左右（图 2-3）。最热月为 7~8 月，平均气温 27~29℃，最冷月为 1 月，平均气温 6~8℃，重庆高温天气较为多见，常年 7 月下旬到 8 月下旬，有时至 9 月上旬，受副热带高压季节性活动的影响，雨带北移，重庆转为长时间晴热少雨天气。晴空朗朗，赤日炎炎，气温经常高达 35℃以上，大于 40℃的极热天气每年都有发生，有时多达 10 天以上。气温垂直变化也很明显，由于海拔悬殊，山区和平坝气温差别很大，同一地区山上山下存在明显变化（李月臣等，2008a）。

2. 降水

重庆市多年平均降水量较为充沛，一般为 1000~1400mm，但东北部和东南部最多，在 1200~1400mm，西部最少，在 1000mm 左右（图 2-4）。多雨年份东南部最多可达 2306.5mm（1954 年金佛山站），东北部的城口站 1983 年总降水量也达 2012.9mm；年降水量最小值出现在西部的璧山，降水量只有 642.8mm（1961 年）。月降水量最大值出现在开州，1981 年 7 月总降水量达 721.5mm；最小值出现在长寿，1990 年 7 月降水量仅 6.1mm。5~10 月是降水最为集中的季节，可占全年降水量的 70%以上。6 月至 7 月上半月，是降水最为集中时期，为全年降水高峰。7 月下旬至 8 月下旬晴热少雨。9~10 月副高季节性南退，冷空气开始活跃，降水再次转多，常形成旷日持久的秋绵雨天气，为全年降水第二次高峰。气温和降水两相比较，基本属于雨热同季，有利于农作物生长发育。但 7~8 月是气候性伏旱期，连晴高温对工农业生产不利（李月臣等，2008a）。

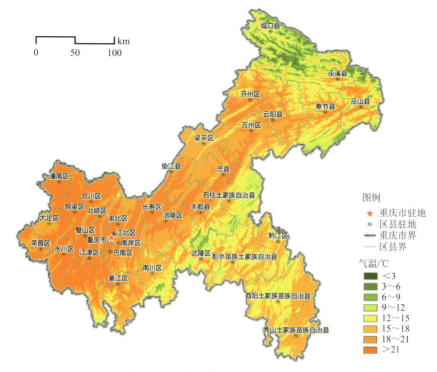

图 2-3 重庆市多年平均气温分布图

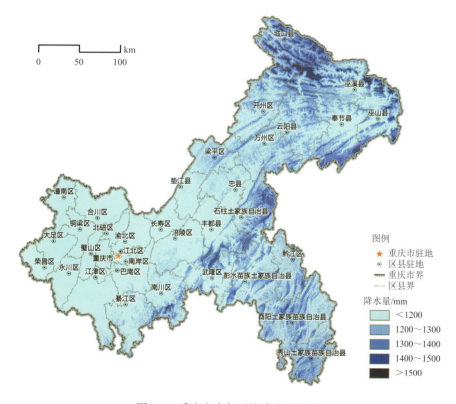

图 2-4 重庆市多年平均降水分布图

2.1.5 水文特征

重庆绝大部分属长江水系，水系形态呈网格状或树枝状，地表径流量大，渝东北、渝东南径流切割深，地表水资源较丰富但利用难度较大（图 2-5）。重庆市境内主要河流有东西走向的长江（境内长度 683.8km）和大致南北走向的嘉陵江（境内长度 153.8km），除此以外其他主要河流包括乌江（境内长度 219.5km）、涪江、渠江、綦江、御临河、龙溪河、赖溪河、芙蓉江、安居河、大宁河、小江、任河等。长江干流自西南向东北横穿全境，在境内与南北向的嘉陵江、渠江、涪江、乌江、大宁河五大支流及上百条中小河流，形成向心、不对称的网状水系。从空间特征上看，左岸河流多而长，呈格子状；右岸一般短而少，呈树枝状。由于重庆属亚热带季风气候，降水量较大，地表径流深大，水资源丰富，境内二、三级水系广泛发育，但限于复杂的地形地貌，区内尤其是渝东南和渝东北地区水系主要河流的下切深度均较深，为水资源的利用带来了困难。区内河流除任河注入汉江、酉水注入北河汇入沅江（入洞庭湖）外，其余均在本市境内汇入长江。据统计，境内流域面积大于 50km^2 的河流有 374 条，其中面积 50～100km^2 的河流有 167 条，100～500km^2 的河流有 152 条，500～1000km^2 的河流有 19 条，1000～3000km^2 的河流有 18 条，超过 3000km^2 的河流有 18 条（李月臣等，2008b）。

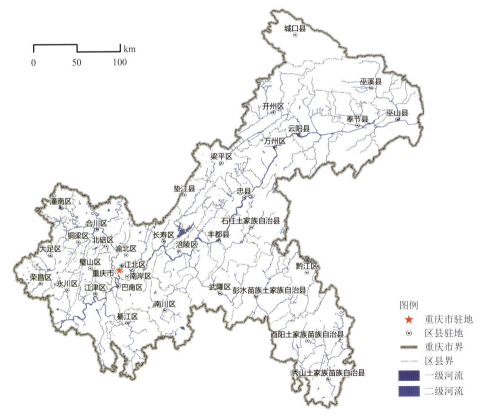

图 2-5　重庆市水系图

2.1.6　植被

在中国植被区划上，重庆市位于我国中亚热带北部栲类、桢楠林亚地带，是以壳斗科、樟科、山茶科等常绿乔木树种所组成的常绿阔叶林为基带的山地植被区域（图 2-6）。据《重庆市情概览（2021）》，至 2020 年末，重庆市森林面积 432.93 万 hm^2，森林覆盖率52.5%，森林蓄积量 2.41 亿 m^3。渝东南和渝东北分布最多，主城都市区分布较少，多为人工次生林。自然植被类型包括阔叶林、针叶林、灌草丛等。其中针叶林所占面积最大，主要包括松林、杉木、柏木林等。马尾松林和柏木林两类森林群落面积最大，多为天然次生林或半人工林。阔叶林植被包括常绿阔叶林、常绿落叶阔叶混交林、落叶阔叶林和竹林四种植被类型。阔叶类植被主要分布于东部、南部及渝东南的大娄山、巫山、大巴山区和平行岭谷丘陵区。竹林主要由暖性竹林群系构成，分布较广，从沿江河谷丘陵到低山、中山均有较大面积的分布；灌草和灌草丛植被包括常绿阔叶灌丛、灌草丛、常绿草叶灌丛等植被类型。其中，山地灌丛、山地草丛在中低山和丘陵都有较大面积的分布；栽培植被主要为水田和旱地作物，水稻、小麦、玉米、番薯和蔬菜经济作物等农田作物植被和果、茶、桑等园地植被。

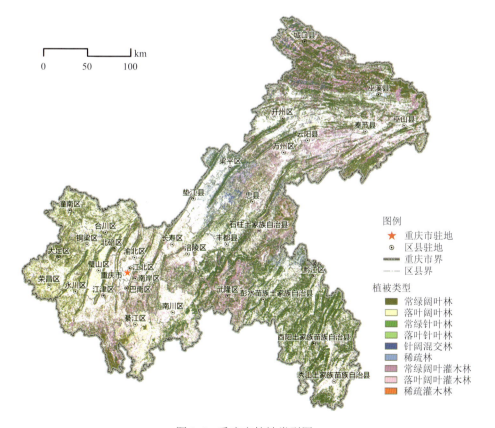

图 2-6　重庆市植被类型图

2.1.7　土壤

重庆市辖区内土壤类型多样,分为紫色土、黄壤、黄棕壤、水稻土、新积土、石灰(岩)土、棕壤、山地草甸土、红壤、黄褐土、粗骨土 11 个主要土壤类型(图 2-7)。紫色土是重庆市第一大类土壤,也是本市地带性土壤,占重庆市总土地面积的 31.10%,但紫色土土质疏松、土体浅薄,风化较快,保水抗旱能力差,水土流失快;黄壤是本市第二大类土壤,占总土地面积的 29.20%;水稻土是本市主要耕作土壤,占总土地面积的 14.65%,主要分布于 800m 以下的河谷阶地、丘陵、低山坡度的溶蚀槽坝。除以上三种主要的土壤类型外,重庆市的其他土壤类型还有石灰(岩)土、黄棕壤、新积土、山地草甸土等,集中分布于地形地貌较为复杂的中、低山区,其中新积土主要集中于大型水系的一、二级阶地上,山地草甸土集中分布于大于 1500m 的高山地带(李月臣等,2008b)。

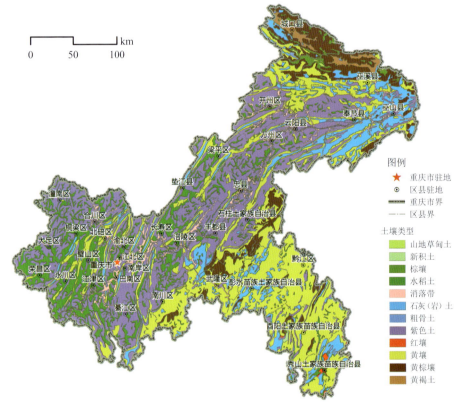

图 2-7　重庆市土壤类型图

2.1.8　生物多样性

重庆市生态系统类型主要包括山地森林生态系统、草地生态系统、水域生态系统、农业复合生态系统、村镇生态系统、城市生态系统六个一级类型，20 余个二级类型。重庆市有植物 343 科、1770 属、6950 种；动物 16 纲、89 目、390 科、2693 种（吴鹏飞和朱波，2008）。据重庆市林业局、重庆市农业农村委员会公布的《重庆市重点保护野生动物名录》和《重庆市重点保护野生植物名录》，重庆市域内分布有国家重点保护陆生野生动物 112 种，其中一级 14 种，二级 98 种；天然原生国家重点保护野生植物 84 种，其中一级 8 种，二级 76 种。此外，重庆市还有丰富的微生物资源，据调查统计，真菌类有 3 纲、16 目、31 科、70 属、190 种。从空间分布看，无论是植物还是动物生物多样性的空间分布特征均具有较强的空间聚集性，珍稀、濒危和特有动植物的大部分均集中分布于渝东南、渝东北地区的低、中山区，尤以大巴山、金佛山、方斗山—七曜山以及长江干支流河流湿地区域突出（图 2-8）。

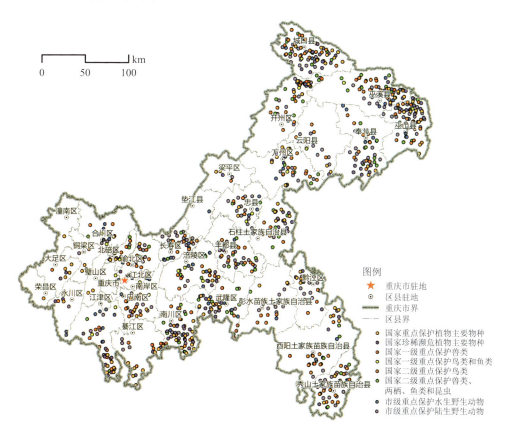

图 2-8　重庆市生物多样性分布图

2.2　生态条件评价

2.2.1　生态系统服务功能

由图 2-9 和表 2-1 可知，重庆市生态系统服务功能重要性以一般重要和重要等级为主，二者之和占区域总面积的 60%以上；极重要区次之，中等重要区面积略小，主城都市区以重要等级以下为主，极重要区面积极小，发展中可着重城市群、城市组团发展和产业联动适当兼顾生态建设。渝东北三峡库区城镇群发展区和渝东南武陵山区城镇群发展区生态系统服务功能重要性等级中虽然重要区面积略大于极重要区，但是极重要区面积占比远高于重庆市平均水平，这些区域的发展主要为生态保护，城镇发展次之，即采取"面上保护、点上开发"的模式。空间上，重庆市生态系统服务功能极重要区连片分布于渝东北的城口和巫溪等大巴山地区、奉节县的七曜山地区和渝东南的石柱、武隆、酉阳等区县；少量呈条带状分布于南山、铁峰山、精华山等山脉上。此外，还有少量呈斑块状分布在主城都市区的南川、綦江等区县；极小部分呈碎斑状分布于主城九区的"四山"管制区。该区域为人类提供的生态服务功能重要性很大，生态系统单元一旦被破坏就会对区域的生态环境质量产生严重的影响。中等重要区较多散布在渝东北和渝东南的生态系统服务功能极重要区周边。重要区连片分布的区域主要为渝东北的忠县、丰都县，渝东南的酉阳土家族苗族自治县（简称酉阳县）、秀山土家族苗族自治县（简称秀山县），主城都市区东部的南川区、綦江区等。此外，在主城九区也有少量条带状分布于"四山"管制区等山脉地区（赵予爽等，2017；李月臣等，2013）。

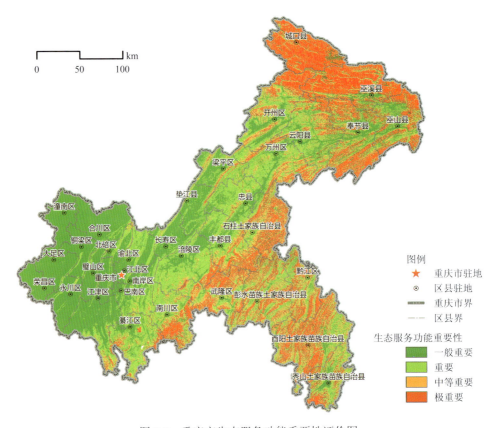

图 2-9　重庆市生态服务功能重要性评价图

表 2-1　重庆市生态系统服务功能重要性综合评价结果表

区域	面积及比例	等级			
		一般重要	重要	中等重要	极重要
重庆市	面积/km²	25669.71	26411.29	13713.52	16184.62
	比例/%	31.31	32.21	16.73	19.75
主城都市区	面积/km²	17446.01	8304.62	1656.16	1040.30
	比例/%	61.33	29.19	5.82	3.66
渝东北三峡库区城镇群	面积/km²	6628.69	11248.18	6266.26	9685.35
	比例/%	19.60	33.25	18.52	28.63
渝东南武陵山区城镇群	面积/km²	1595.01	6858.49	5791.10	5458.97
	比例/%	8.10	34.81	29.39	27.71

注：面积数据为影像图解译结果，与统计数据稍有出入；比例为四舍五入结果。

2.2.2　生态系统脆弱性

重庆市生态系统极敏感区面积 3482.32km²，占全市总面积的 4.23%；高度敏感区面积 10273km²，占全市总面积的 12.47%；中度敏感区面积 11934.13km²，占全市总面积的 14.48%。从空间分布上看，总体表现为东北部和东南部生态系统敏感性高，中西部地区不敏感或轻度敏感（图 2-10）。极敏感区域大致呈 "7" 字形沿城口、巫溪大部—巫山北部—奉节南部—石柱东南部—丰都东南部—武隆东南部分布；高度敏感区主要分布在东北部，以及涪陵—万州长江南岸的极敏感区的边缘地带；中度敏感区呈散点状分布在东北部、东南部和中部的主要山体区域。其中，土壤侵蚀以高、中度敏感性为主，占比分别为 57.16%、22.22%，主要分布在渝东北、渝东南地区，以城口、巫溪、武隆、石柱等山高坡陡、降水量大的地区最为明显；主城及以西地区土壤侵蚀敏感性较低，表现为轻度敏感和不敏感。石漠化极敏感区域相对较少，占全市总面积的 4.32%；石漠化中度敏感区和高度敏感区面积分别占石漠化总面积的 13.29% 和 7.8%。石漠化敏感区集中分布于渝东北地区和渝东南地区。石漠化极敏感区多集中成片分布于渝东北大巴山地区，高度敏感区主要分布在城口、巫溪、巫山、奉节、开州北部（高度以上石漠化敏感区比例基本在 40% 以上）及渝东南部分区域。生境极敏感和高度敏感地区面积总计 23335.10km²，占到全市总面积的 1/4 以上。中、高度以上生境敏感区呈零星斑块状分布，大致呈弧形沿城口—巫溪—巫山—奉节—云阳—万州—石柱—丰都—武隆—南川—万盛—綦江—江津分布。中、高度以上生境敏感区的空间分布与全市主要山系、山脉、山体分布具有较高的一致性。酸雨敏感性极高和高度敏感性区域占全市总面积近一半，中度酸雨敏感性区域占市域总面积的 35.95%。酸雨极敏感区零星散布，在万州、石柱、武隆一带相对集中，巫溪、黔江等区县有少量分布；高度敏感区成片分布于东北部大巴山地区、东南部武陵山区以及江津、綦江等地；中度敏感区主要分布于西部方山丘陵和中部平行岭谷地区；轻度和不敏感区沿江河带状分布，在江津、奉节、巫山境内相对集中成片（Liu et al.，2020；刘春霞等，2011）。

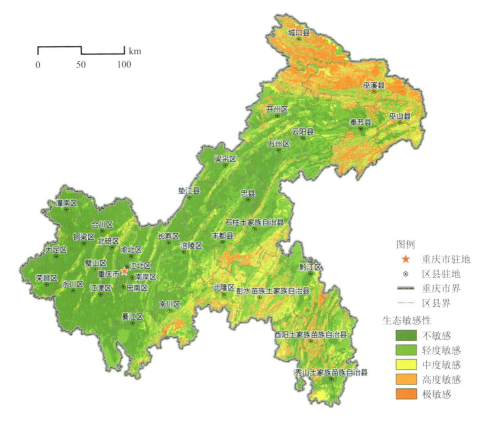

图 2-10　重庆市生态敏感性评价图

2.2.3　生态系统质量

由表 2-2 和图 2-11 可知，重庆市林地生态系统整体质量较好，"中""较高""高"等级质量占比 99.04%，较高质量主要分布在渝东北、渝东南地区。重庆市草地生态系统整体质量良好，"较高""高"等级质量占比 95.22%，与 2017 年相比，略微降低，渝东南地区的高质量占比最多，渝东北地区的高质量面积最大。近两年草地生态系统整体质量有所降低。重庆市耕地生态系统中等级质量面积占比 32.64%，"较低"等级质量面积占比 49.61%，耕地生态系统质量提升具有较大潜力。较高质量主要分布在渝东北和渝东南地区，主城都市区相对较低。2019 年耕地生态系统质量与 2017 年相比，"较高"等级减少，"中"等级增加，整体生态质量有降低趋势，然而"较高"等级生态质量也增加，占比为 17.43%，说明有部分区域耕地生态质量变好。主城都市区和渝东北地区均以"中"等级占比最大，只有渝东南地区农田生态质量以"较高"等级占比最大，且"高"等级占比也较大，为 43.49%。在空间上，2019 年耕地生态系统质量较 2017 年长寿、垫江和涪陵等区域"较高"等级明显向"中"等级转变，说明该区域耕地生态质量还有待提升。

表 2-2　重庆市生态系统质量评价结果表

土地类型	统计参数	低	较低	中	较高	高
林地	面积/km²	3.09	442.02	29663.33	16112.90	129.21
	比例/%	0.01	0.95	64.00	34.76	0.28
草地	面积/km²	0.15	3.18	164.86	2299.60	1045.85
	比例/%	0.04	0.09	4.69	65.45	29.77
耕地	面积/km²	32.80	10202.65	6713.33	3585.06	32.80
	比例/%	0.16%	49.61%	32.64%	17.43%	0.16%

注：面积数据为影像图解译结果，与统计数据稍有出入；比例为四舍五入结果。

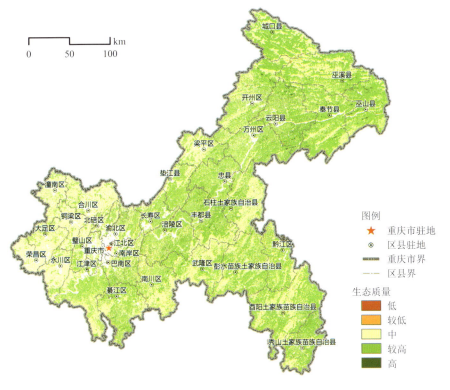

图 2-11　重庆市生态质量评价图

2.3　社会经济条件评价

2.3.1　人口与劳动力

据重庆市统计局统计资料，2020 年末重庆市户籍总人口 3412.71 万人，区内人口密度约为 415 人/km²，约为全国平均水平的 2.7 倍。2015～2020 年，人口年平均增长率 2.24‰。

2020 年末常住人口 3208.93 万人，其中城镇人口 2229.08 万人，乡村人口 979.85 万人。人口城镇化率持续增长，从 2015 年的 61.5%增长到 2020 年的 69.5%。2020 年重庆市常住人口年龄结构为 0～14 岁占 15.9%，15～64 岁占 67.02%，65 岁以上占 17.08%；总抚养比为 49.21%（其中，少儿抚养比为 23.73%，老年抚养比为 25.48%）。2020 年就业人口为 1676.01 万人，第一、第二、第三产业就业人口占比分别为 22.6%、25.1%、52.3%。

2.3.2　经济发展与产业结构

据重庆市统计资料，2020 年重庆市地区生产总值 25002.79 亿元（表 2-3）。按产业分，第一产业增加值 1803.33 亿元；第二产业增加值 9992.21 亿元；第三产业增加值 13207.25 亿元。三次产业结构比为 7.2∶40.0∶52.8。民营经济增加值 14759.71 亿元，增长 3.8%，占全市经济总量的 59.0%。人均 GDP 持续增加，由 2015 年的人均 52476 元增加为 2020 年的人均 78173 元。2015～2020 年，三次产业结构中第一产业基本保持稳定，第二产业比例逐渐降低，第三产业比例逐渐增加（图 2-12）。

表 2-3　重庆市经济结构表

年份	GDP/亿元	第一产业增加值/亿元	第一产业增加值比重/%	第二产业增加值/亿元	第二产业增加值比重/%	第三产业增加值/亿元	第三产业增加值比重/%	人均 GDP/元
2015	16040.54	1067.72	6.7	7208.01	44.9	7764.81	48.4	52476
2016	18023.04	1236.98	6.9	7765.38	43.1	9020.68	50.1	58327
2017	20066.29	1276.09	6.4	8455.02	42.1	10335.18	51.5	64176
2018	21588.8	1378.68	6.4	8842.23	41.0	11367.89	52.7	68464
2019	23605.77	1551.59	6.6	9391.96	39.8	12662.22	53.6	74337
2020	25002.79	1803.33	7.2	9992.21	40.0	13207.25	52.8	78173

资料来源：《重庆统计年鉴》（2015～2020 年）。

注：数据比重为四舍五入结果。

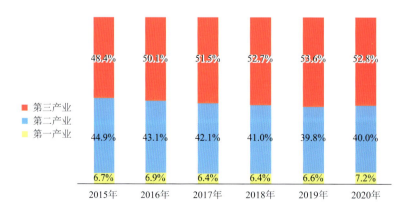

图 2-12　重庆市三次产业结构变化图

2.3.3　城市建设

2015～2020 年，重庆市建成区和建设用地面积表现为持续增加的趋势，建成区增长了 14.28%，建设用地增长了 23.74%。建设用地中以道路与交通设施用地增长最为快速，增长了 118.86km^2，其次为居住用地和工业用地，分别增长了 60.60km^2 和 58.87km^2，公共管理与公共服务用地增长了 38.24km^2，绿化与广场用地和商业服务业设施用地增长在 20km^2 以下，物流仓储用地略有增加，而公用设施用地则减少了 4.06km^2（表 2-4 和图 2-13）。

表 2-4　重庆市建成区和建设用地面积变化（2015～2020 年）

年份	建成区面积 /km^2	建设用地面积/km^2								
		合计	居住用地	公共管理与公共服务用地	商业服务业设施用地	工业用地	物流仓储用地	道路与交通设施用地	公用设施用地	绿化与广场用地
2015	1529.15	1301.20	412.80	113.14	81.82	256.81	29.28	219.14	42.02	146.19
2016	1494.47	1310.47	415.57	117.38	83.20	261.17	31.29	232.84	40.42	128.60
2017	1573.02	1351.74	418.60	122.53	86.26	259.97	33.46	252.69	38.59	139.64
2018	1653.02	1415.25	446.87	125.66	89.84	265.48	34.56	266.05	39.44	147.35
2019	1680.52	1467.05	463.56	129.56	91.69	277.97	33.52	274.11	39.70	156.94
2020	1747.47	1610.09	473.40	151.38	94.43	315.68	33.70	338.00	37.96	165.54

资料来源：《重庆统计年鉴》（2015～2020 年）。

注：数据比重为四舍五入结果。

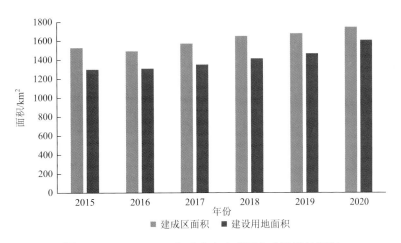

图 2-13　2015～2020 年重庆市建成区和建设用地面积

2.4　自然生态与社会经济问题诊断

重庆市水土流失和石漠化问题突出，生态系统敏感脆弱。全市水土流失面积 2.54 万 km^2，石漠化面积 0.77 万 km^2，是全国八个岩溶石漠化严重发生地区之一。水土流失和石漠化相互交织，破坏水土资源，造成泥沙淤积，加剧面源污染，是导致生态系统敏感脆弱的主要原因。山高坡陡区域尤为突出，其抗干扰能力与生态系统弹性普遍不足，存在较大的生态系统退化风险，亟待加强保护和修复。

局部生态系统退化趋势明显。在降水年际时空分布差异、水土流失、石漠化以及各种高强度生产建设活动的共同影响下，渝东北大宁河流域的巫山、巫溪，渝东南乌江沿岸的武隆、彭水、黔江，中心城区内部大片区域自然生态系统的结构和功能受到影响，退化形势严峻。2015～2019 年，约 1 万 km² 的自然生态系统生产能力下降，中心城区和区县城周边生态系统负向演替趋势明显，超过 1000km² 林草植被被各种人工、半自然地表替代，生态系统退化显著。

历史遗留及关闭矿山存量大、分布广。全市现存未治理历史遗留及关闭矿山面积 2980hm²，其中位于生态保护红线内 633hm²，自然保护区内 36hm²，"四山"管制区内 824hm²。矿山开采诱发地质灾害，压占土地资源，损毁地表植被，破坏地貌景观，降低山体水源涵养能力。全市采煤沉陷区共涉及 19 个区县，集中分布于"原五大矿务局"的矿区范围。其中，重点采煤沉陷区集中于北碚区、綦江区等五个区县（含万盛经开区），面积达 652km²，对区域生态环境破坏严重。

长江次级河流存在局部污染问题。全市水质情况总体良好。长江干流重庆段总体水质为优，2019 年，在 15 个国控监测断面中，Ⅰ～Ⅲ类水质的断面比例为 100%。支流存在局部污染问题，114 条支流中存在Ⅳ类、Ⅴ类和劣Ⅴ类水质断面比例分别为 8.6%、3.1% 和 0.5%，且以库区支流生态问题最为突出。库区 36 条次级河流 72 个断面中，水质呈富营养的断面比例为 25.0%，超标物质主要为粪污、农药化肥，主要是处理率低，消落带植被退化等原因造成的。

森林生态系统质量不高。全市森林资源总量丰富，但结构单一，质量不高，抗风险能力差。近半数为马尾松、柏木纯林，集中连片分布于渝东北、渝东南地区。幼中龄林比例大，低质低效林比例有扩大趋势，森林的防护效益和森林抗逆性差。

坡耕地占比大，耕地质量低。全市以山地和丘陵地貌为主，坡耕地多，优质耕地少，25°以上耕地 0.45 万 km²，高等耕地（5～8 等）0.37 万 km²。由于优质耕地分布不均，部分区域耕作强度过大，耕地地力透支严重；受采煤、隧道开挖等建设活动影响，耕地有退化加剧趋势。

地质灾害频发，威胁长江上游生态安全。全市地质灾害高发、易发，是全国地质灾害高发、易发省市之一。地质灾害点多、面广，滑坡和危岩崩塌是主要类型，其次为地面塌陷和地裂等。全市地质灾害高易发区面积约 1.34 万 km²，中易发区面积约 5.33 万 km²，已查明地质灾害隐患点 14543 处，近 70% 分布于渝东北、渝东南地区。

自然保护地管护压力大。全市地形地貌复杂，水热充沛，河流众多，环境异质性高，是全国 17 个生物多样性特点区域之一，分布有自然保护区 58 处，自然公园 159 处，它们对维持全市生物多样性发挥了重要作用。自然保护地分布集中的渝东北、渝东南和三峡库区，经济总量小，综合实力弱。山区经济社会发展与生态保护之间矛盾突出，自然保护地管护压力较大。

人居环境质量不高，城市韧性不足。2010～2019 年，全市城镇人口年均增长超 10 万人，城镇化率由 34%提高到 67%。随着城镇化进程加快，自然生态空间被大量侵占。加之"深挖高切""河岸硬化""河流加盖"等开发利用方式，导致城市山体和水体遭到严重破坏，削弱了城镇生态系统调节能力，降低了城镇生态品质。

2.5　本 章 小 结

本章主要分析了重庆市的地理位置、地质概况、地形地貌、气候（气温、降水）、水文特征、植被、土壤、生物多样性等自然基础；生态系统服务功能、生态系统脆弱性、生态系统质量等生态条件；人口与劳动力、经济发展与产业结构、城市建设等社会经济条件。对这些自然生态和社会经济要素的认识与理解有助于对后续章节的相关研究奠定必要的基础。

参 考 文 献

李月臣，赵纯勇，刘春霞，等. 2008a. 重庆市生态功能区划（修编）[S]. 重庆市环保局，重庆师范大学地理科学学院，重庆大学，西南大学.

李月臣，刘春霞，赵纯勇，等. 2008b. 三峡库区重庆段水土流失的时空格局特征[J]. 地理学报，63（5）：502-513.

李月臣，刘春霞，闵婕，等. 2013. 三峡库区生态系统服务功能重要性评价[J]. 生态学报，33（1）：168-178.

刘春霞，李月臣，杨华，等. 2011. 三峡库区重庆段生态与环境敏感性综合评价[J]. 地理学报，66（5）：631-642.

吴鹏飞，朱波. 2008. 重庆市生物多样性与生境敏感性评价[J]. 西南农业学报，21（2）：301-304.

赵予爽，刘春霞，李月臣，等. 2017. 重庆市生态系统服务功能重要性评价[J]. 重庆师范大学学报（自然科学版），34（3）：121-127.

Liu C，He Q，Li Y. 2020. Spatiotemporal evaluation of socio-ecological-economic system vulnerability：A county-level analysis of Chongqing，China[J]. Sustainability，12（9）：3912.

Liu C，Wang C，Li Y，et al. 2022. Spatiotemporal differentiation and geographic detection mechanism of ecological security in Chongqing，China[J]. Global Ecology and Conservation，35：e02072.

第3章 区域景观格局与过程

　　景观生态学研究强调景观格局与生态过程的相互关系（傅伯杰，2014；Gustafson，1998）。景观格局包括景观组成单元的类型、数据及空间分布与配置（孙然好等，2021），是大小和形状各异的景观要素的空间排列形式，是景观异质性的具体表现；生态过程是景观中生态系统物质、能量、信息流动和转化的总称，强调景观的动态特征（徐延达等，2010；苏常红和傅伯杰，2012）。景观格局与生态过程二者相互作用，相互影响，可以表达为"格局影响过程，过程改变格局"（张华兵等，2020），共同驱动景观的整体动态（徐延达等，2010）。伴随着城镇化进程的推进，土地利用/覆盖变化剧烈，景观格局破碎化趋势加剧，成为区域可持续发展的重大挑战（Li et al.，2011）。重庆作为典型的山地城市，与东部平原地区相比，下垫面自然景观格局受到地理环境的影响控制，表现出明显的异质性，具有多样化的景观组合特征。同时，作为成渝地区双城经济圈战略的重要承担者，重庆的城镇化、工业化将快速推进，城乡景观时空变化趋势明显，大量植被、农田被各种人文景观替代。而探讨这些景观组分的空间演变规律，对于理解景观过程导致的社会-经济-生态复合生态系统演变，实现社会效益、经济效益、生态效益协同发展具有重要的现实意义（田光进等，2002）。鉴于此，本章在多源时空数据的支撑下，借助 ArcGIS、Fragstats、GeoDa 等软件，对重庆市景观格局组成、结构变化、空间集聚及其时空演变进行分析，旨在掌握景观格局地理空间分异特征及其规律，为区域景观格局优化，提升生态-经济综合效益奠定基础。

3.1 区域景观格局

3.1.1 区域景观格局分析方法

　　景观的空间格局影响能量、物质及生物在景观中的运动，景观格局与生态学过程的关系是景观生态学研究的核心问题之一（邬建国，2007）。研究这一问题，需要定量地描述景观的空间特征。可以测量的景观格局特征包括一些直观的指标，如斑块数量、大小、形状及相对空间位置等基本特征和不同的分布类型、空间相关特征等统计特征。

　　1. 景观格局基本特征分析方法

　　主要围绕山水林田湖草各要素和土地利用/覆盖类型两方面开展，重点针对不同景观类型的数量特征、空间总体格局、区域地域差异及其在各地理环境因子上的空间分异特征等进行定量分析。其中，在具体分析时，利用 ArcGIS 栅格叠加分析功能，通过地理环境因子分级类型栅格数据与景观类型栅格数据叠加，分析各地理环境因子与景观类型的相关特征，掌握区域景观分布规律。

2. 景观格局空间分异分析方法

景观格局空间分析方法是用来研究景观结构组成特征和空间配置关系的分析方法，大致来看，该方法可分为两大类：景观格局指数方法和空间自相关分析方法。

1）景观格局指数

景观格局指数是指能够高度浓缩景观感觉信息，反映其结构组成和空间配置某些方面特征的简单定量指标（邬建国，2007）。为较准确地表征研究区景观组成、破碎度、连通性、多样性等景观格局特征，降低信息冗余度，结合相关研究（李秀珍等，2004；陈利顶等，2008；张月，2017；李晶和周自翔，2014；孙永光和赵冬至，2012；梁发超和刘黎明，2011；Pearce，1992；陈利顶和傅伯杰，1996），分别从景观斑块的破碎度、形状、聚集度、多样性四个方面，选择适宜的景观格局指数来反映景观格局的基本结构信息。①破碎度指标，主要表征景观斑块的破碎化程度，本章选择斑块密度（patch density，PD）和边界密度（edge density，ED）。②形状指标，主要表征景观格局的几何形状，本章选择平均形状指数（mean shape index，MSI）和面积加权平均斑块分维数（area-weighted mean patch fractal dimension，AWMPFD）。③聚集度指标，主要表征景观格局的空间配置特征，本书选用景观蔓延度指数（contagion，CONTAG）。④多样性指标，主要表征景观格局的组分，本书选用景观丰度密度（patch richness density，PRD）和香农多样性指数（Shannon's diversity index，SHDI）（表 3-1）。

表 3-1　景观格局指数

类型	景观格局指数	计算公式	说明
破碎度指标	斑块密度（PD）	$PD = N / A$ 每平方千米（A）的斑块数（N）。取值范围：PD>0，无上限	常用于表现景观单位面积上的异质性特征，可反映景观或某一类型斑块的破碎化程度（高燕，2014）
	边界密度（ED）	$ED = \dfrac{E}{A}10^6$ 景观中所有斑块边界总长度（E，m）除以景观总面积（A，m^2），再乘以 10^6（转换成 km^2）。取值范围：ED≥0，无上限	反映景观总体斑块的分化程度或破碎化程度（Zhang et al.，2017）
形状指标	平均形状指数（MSI）	$MSI = \dfrac{\sum\limits_{i=1}^{m}\sum\limits_{j=1}^{n}\left(\dfrac{0.25P_{ij}}{\sqrt{a_{ij}}}\right)}{N}$ 景观中每一斑块的周长（P_{ij}，m）除以面积（a_{ij}，m^2）的平方根，再乘以正方形校正常数 0.25，然后对所有斑块加和，再除以斑块总数（N）。取值范围 MSI≥1，无上限。当 MSI = 1 时，所有斑块为正方形；当斑块形状偏离正方形时，MSI 值增大	度量景观格局复杂性的重要指标之一，对许多生态过程均有影响
	面积加权平均斑块分维数（AWMPFD）	$AWMPFD = \sum\limits_{i=1}^{m}\sum\limits_{j=1}^{n}\left[\dfrac{2\ln(0.25P_{ij})}{\ln(a_{ij})}\left(\dfrac{a_{ij}}{A}\right)\right]$ 2 乘以景观中每一斑块的斑块周长（P_{ij}，m）的对数，0.25 为校正常数，除以斑块面积（a_{ij}，m^2）的对数，乘以斑块面积（a_{ij}，m^2）与景观总面积（A，m^2）之比，再对所有斑块加和。取值范围：1≤AWMPFD≤2	在某种程度上反映了人类活动对景观格局的影响，其值越小，斑块周长越简单，受人类活动干扰越大；反之，越小（邬建国，2007）

类型	景观格局指数	计算公式	说明
聚集度指标	景观蔓延度指数（CONTAG）	$$\text{CONTAG} = \left[1 + \sum_{i=1}^{m}\sum_{j=1}^{m}\frac{Q_{ij}\ln(Q_{ij})}{2\ln(m)}\right]\times 100$$ 式中，m 为斑块类型总数；Q_{ij} 为随机选择两个相邻栅格细胞属于类型 i 和 j 的概率。取值范围：$0<\text{CONTAG}\leqslant 100$	反映景观中不同斑块类型的非随机性或集聚程度（邬建国，2007）
多样性指标	香农多样性指数（SHDI）	$$\text{SHDI} = -\sum_{i=1}^{m}[P_i\ln(P_i)]$$ 每一斑块类型所占景观总面积的比例 P_i 乘以其对数 $\ln(P_i)$，然后求和，取负值。取值范围：$\text{SHDI}\geqslant 0$	反映景观类型丰富和复杂程度（邬建国，2007）

2）空间自相关分析

地理学第一定律提出"任何事物之间均相关，而离得较近的事物总比离得较远的事物相关性要高"（Tobler，1970）。空间自相关性（spatial autocorrelation）是指在空间上越靠近的事物或现象就越相似（邬建国，2007）。而空间自相关分析是检验具有空间位置的要素观测值与相邻空间点上的观测值是否具有关联性的方法。空间自相关分析包括全局自相关和局部自相关。其中，全局自相关主要分析空间数据在整个系统中表现出的数据特征，测量指标有 Geary 比率和 Moran's I 指数。局部自相关则分析局部表现出来的分布特征，具体包括空间集聚区、非典型区域、异常值等，一般用 G 统计量、Moran 散点图和 LISA 来测度。

（1）全局空间自相关。

Moran's I 指数反映空间邻接或空间邻近的区域单元属性值的相似程度，取值（–1，1），其中，1 表示空间数据之间存在强烈的正自相关；–1 表示空间数据之间存在强烈的负自相关；0 则表示空间数据是随机分布，不存在相关性。全局 Moran's I 指数公式如下：

$$I = \frac{1}{\sum_{i=1}^{n}\sum_{j=1}^{n}W_{ij}}\cdot\frac{\sum_{i=n}^{n}\sum_{j=1}^{n}W_{ij}(x_i-\bar{x})}{\sum_{i=1}^{n}(x_i-\bar{x})^2/n} \tag{3-1}$$

式中，W_{ij} 为邻接或距离空间权重矩阵；x_i 为观测值；$\bar{x}$ 为观测值平均值；n 为观测值个数。

用标准化统计 Z 来检验区域是否存在空间自相关关系，Z 的计算公式为

$$Z = \frac{I-E_n(I)}{\sqrt{\text{Var}(I)}} \tag{3-2}$$

$$E_n(I) = -1/(n-1) \tag{3-3}$$

式中，$E_n(I)$ 和 $\text{Var}(I)$ 分别为全局 Moran's I 指数的期望和方差。当 Z 值为正时，表明存在正的空间自相关，观测值趋于空间集聚；当 Z 值为负时，表明存在负的空间自相关，相似的观测值区域分散分布；当 Z 值为 0 时，观测值呈现独立随机分布。

（2）局部空间自相关。

局部空间自相关能够探索局部地区是否存在相似或相异的观察值是否聚集在一起（Anselin，2003），局部 Moran's I 指数计算公式如下：

$$I = \frac{(x_i - \overline{x})}{S^2} \sum_{j=1}^{n} W_{ij}(x_j - \overline{x}) \tag{3-4}$$

方差：

$$S^2 = \frac{1}{n} \sum_{i=1}^{n} (x_i - \overline{x})^2 \tag{3-5}$$

式中，x_i 为观测值；$\overline{x}$ 为观测值平均值；n 为观测值个数；W_{ij} 为区域 i 与区域 j 之间的影响程度。

同时，Moran's I 指数散点图能够更加直观体现某个区域与相邻区域的集聚类型。该图包括四个象限：第Ⅰ、第Ⅲ象限分别代表高值集聚、低值集聚；第Ⅱ、第Ⅳ象限分别代表"低-高"集聚、"高-低"集聚，如果大部分点集中在第Ⅰ、第Ⅲ象限，则说明存在显著的空间自相关。

3.1.2　数据获取与处理

研究所用数据由三部分组成：一是研究区基础性地理国情监测数据（2019 年），分类标准采用自然资源部发布的《基础性地理国情监测内容与指标》（CH/T 9029—2019）；二是城乡建设用地解译数据（2019 年），分类标准采用《城市用地分类与规划建设用地标准》（GB 50137—2011）；三是研究区基础测绘成果，包括 DEM 数据（1:5 万）、高清遥感影像（优于 1m、优于 2m）、各等级行政区划数据、地形地貌数据等，以及以上数据派生的数据，如海拔、坡度等。为便于空间运算，矢量数据均转化为栅格（TIF）数据，且与DEM 的栅格单元保持一致（25m×25m）。数学基础均统一转换为 CGCS2000 国家大地坐标系，1985 国家高程基准。

为获取最新的土地利用/覆盖数据，本章以地理国情监测、城乡建设用地解译为基础，融合形成覆盖全域的土地利用/覆盖景观分布数据。处理后的土地利用/覆盖景观综合为六大类型，分别是耕地、林地、草地、水域、建设用地和未利用地。

3.1.3　结果分析

1. 山水林田湖草景观格局

1）山格局特征分析

根据原国家测绘地理信息局 1:25 万地貌类型数据统计，重庆境内山地、丘陵、台地、平原分别占 75.33%、15.6%、5.33%、3.74%，山地和丘陵面积占全域面积的 90.93%，是典型的山地地区。由图 3-1 可以看出，从北至南，重庆中西部由平行岭谷区逐渐过渡到盆周山地，海拔逐渐升高；东部以中山地貌为主，山体密集，并以长江尾最低点两侧山体海拔迅速提升。由西向东，以华蓥山余脉、七曜山为界，形成完整的丘陵地貌—平行岭谷—盆周山地过渡特征，海拔逐渐升高，地形起伏变大。

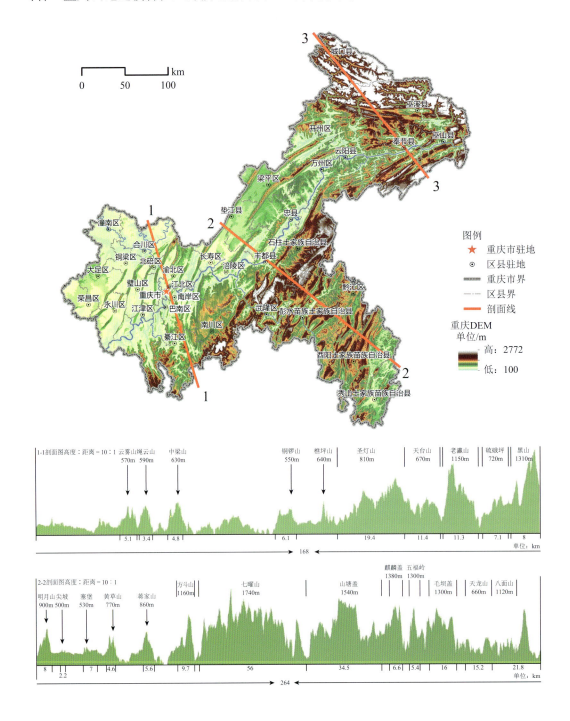

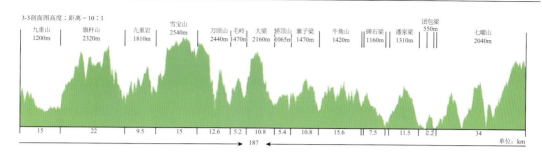

图 3-1　重庆市南北向地形剖面分析图

　　根据重庆地形地貌特征和地质构造特点（图 3-2），全市分布有大巴山、大娄山、武陵山、巫山-七曜山四大山系，中梁山、缙云山、云雾山、巴岳山等华蓥山余脉和其他独立的条带状山脉 23 条，多呈北东-南西向梳状分布。此外，还有其他基底面积大于 $5km^2$ 的团状重要独立山体 67 座。

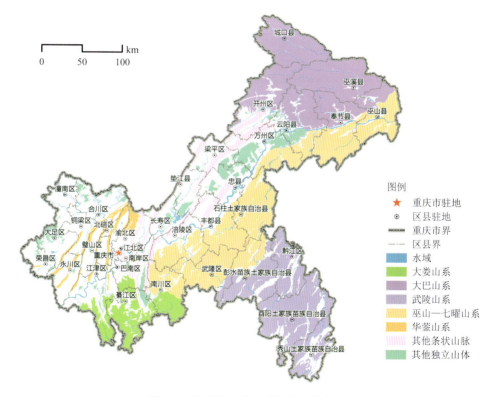

图 3-2　重庆市山系-山脉-山体分布图

　　大巴山：为断褶地质构造，由数列北西—南东走向的山脉组成，山势雄伟，大部分海拔在 1000～2000m。既是渝、陕、鄂界山，也是嘉陵江和汉江的分水岭及四川盆地和汉中盆地的界山。

巫山-七曜山：巫山、七曜山为渝鄂界山，均呈北东—南西走向。巫山规模不大，但地位重要。它不但是渝鄂界山，更是中国地势第二、三级阶梯分界线上的重要节点，也是四川盆地与长江中下游平原界线。七曜山，北起巫山县，向西南斜贯入奉节县南部，过湖北利川后，再延伸到石柱、丰都、武隆等区县境内。结合七曜山地质构造和区域方志等，以及其地理位置和作用，在重庆市层级将其与巫山视为同一地貌单元。

武陵山：位于湖北、湖南、重庆、贵州四省市境内，属云贵高原云雾山的东延部分，山系呈北东—西南走向，弧顶突向北西。为乌江和沅江、澧水分水岭。重庆境内，地势已相对低缓，该区域有一种顶面平缓、独具特色的台状山，称为"盖"，为典型的向斜平顶山。

大娄山：大部分位于贵州境内，呈东北—西南走向，延伸至重庆境内。是重庆与鄂、湘、黔的界山，也是贵州高原与四川盆地的界山，以及乌江水系和赤水河的分水岭。大娄山是云贵高原边缘往四川盆地的过渡区，多级侵蚀夷平面广泛分布，山体支离破碎，缺少其他山系常见的脉状山体，也是这个山系的地貌特征之一。

华蓥山：呈北东—西南走向，从四川境内延伸至重庆，形成云雾山、中梁山、缙云山等数条平行山岭，为重庆境内西部方山丘陵与中部"梳状"平行岭谷的界山，且重庆中心城区位于山侧，与长江、嘉陵江相交，山、水、城交融，其对重庆影响相对较大。

2）水格局特征分析

重庆江河纵横，水网密布，所有河流均属长江水系，境内流域面积大于 $50km^2$ 的河流有 510 条，流域面积大于 $100km^2$ 的河流有 274 条，流域面积大于 $1000km^2$ 的河流有 42 条，包括长江、嘉陵江、乌江、涪江、渠江、芙蓉江、阿蓬江、綦江、酉水等（图 3-3）。除任河注入汉江、酉水汇入北河入沅江（洞庭湖）、濑溪河和清流河入沱江外，其余河流均在境内入长江，汇三峡水库。

长江：长江总长度 6292km，流域总面积 179.6 万 km^2。在重庆，长江自江津石蟆镇流入境，呈近东南向切割川东褶带，于涪陵顺应向斜转向东北流入万州，随之转近东西向于奉节切割七曜山、巫山形成举世瞩目的瞿塘峡和巫峡，于巫山培石乡出境。

嘉陵江：嘉陵江为长江上游支流，河流长度 1132km，流域总面积 15.90 万 km^2。在重庆，自合川钱塘镇流入境，于合川与渠江、涪江汇合后呈东南向横切沥鼻、温塘、观音背斜，形成嘉陵江小三峡后流经沙坪坝、于渝中朝天门汇入长江。

乌江：乌江是长江南岸最大一级支流，古称群牁江，元代首次称乌江，发源于贵州境内。乌江自酉阳万禾乡入境，经彭水、武隆，在涪陵城区汇入长江，乌江横切构造，峡多流急，被称为乌江"天险"。

3）林田湖草格局特征分析

受地形地貌、土壤、区域下垫面、气候等自然条件影响，林田湖草的分布特征表现出明显的空间分异规律（图 3-4～图 3-6）。林包括针叶林、阔叶林、竹林三类，主要分布于在渝东北、渝东南及中部、西部的山岭之上，全市森林覆盖率约为 50.1%[①]，森林垂直带谱特征明显，近 50%的林地分布于海拔 800m 以上区域。田分为三大区域，即渝西方

[①] 资料来源：《2019 年重庆市生态环境状况公报》。

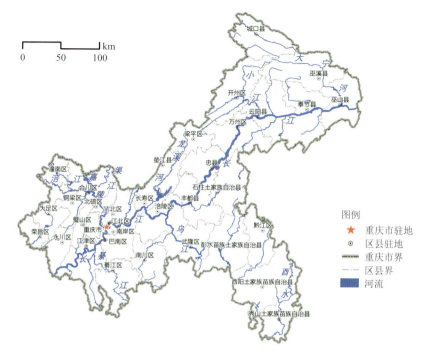

图 3-3　重庆市水系格局图

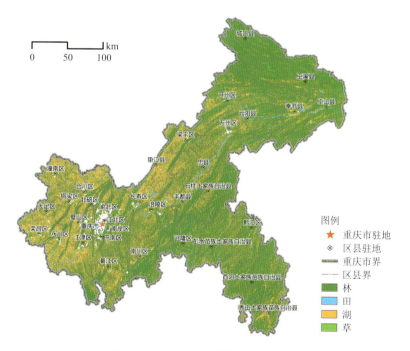

图 3-4　2019 年林田湖草空间分布图

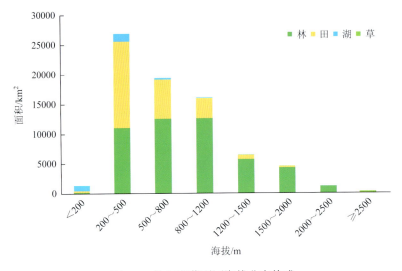

图 3-5 林田湖草不同海拔分布构成

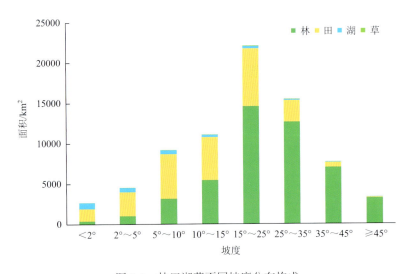

图 3-6 林田湖草不同坡度分布构成

山丘陵农业区、三峡库区山地农业区和渝东南喀斯特山地农业区[①]，超过 56%的田分布于渝西方山丘陵区和平行岭谷区海拔 200～500m 的区域。水主要为长江、嘉陵江、乌江等大型河流和水库。草规模较小，分布零散，57.64%的草地分布于海拔 200～400m 和 1500～2500m 的区域。尤其大巴山、阴条岭、五里坡、雪宝山、金佛山等地的亚高山草甸，是我国中低纬度区域面积最大、保存最原始的亚高山草甸。按坡度来看，林主要分布于 10°～35°，占林地总面积的 68.75%；田主要分布于 10°～25°，占田地总面积的 48.25%；水域主要分布于 10°以下区域，占水域总面积的 68.43%；草地主要分布于 10°～30°，占草地总面积的 55.69%。

---

① 资料来源：《重庆市生物多样性保护策略与行动计划》。

2. 土地利用/覆盖景观格局

1）土地利用/覆盖总体情况

基于融合形成的覆盖全域的地表覆盖数据成果，重庆全市分布有耕地、林地、草地、水域、建设用地、未利用地等多种土地利用/覆盖类型。统计发现，如图 3-7 所示，2019 年重庆全市林地和耕地占有绝对的空间优势，面积分别为 4.77 万 km²[①] 和 2.33 万 km²，二者之和约占总面积的 86% 以上；其次为建设用地面积，约为 0.55 万 km²，不到总面积的 7%；草地、水域和未利用地规模最小，约占总面积的 7.21%。

图 3-7　2019 年土地利用/覆盖类型比例

在自然山水作用下，土地利用/覆盖区域差异显著，林地、草地等主要分布于大巴山、巫山、七曜山、武陵山以及其他海拔相对较高的山岭之上，其中草地多分布于海拔 2000m 以上的亚高山草甸（图 3-8）。耕地、建设用地集中分布于平行岭谷区和渝西方山丘陵区，尤其长江、嘉陵江交汇处是全市中心城区所在，其他河流沿岸也是城镇布局的主要区域，人类活动强烈。未利用地多为裸土、裸岩和沙地等，规模小、分布零星。

2）土地利用/覆盖地域差异

从地域层面看（图 3-9 和图 3-10），渝东北和渝东南地区的林地面积最大，分别为 2.19 万 km² 和 1.40 万 km²，占全市林地总面积的 75.26%，多分布于酉阳、巫溪、奉节、城口、彭水等海拔较高的区县，主城新区的江津、南川等地也有较大规模的林地分布，为区域水源涵养、生物多样性保护等重要生态功能奠定了基础。耕地包括旱地、水田和园地，多分布于主城新区的江津、合川、涪陵、綦江和渝东北的垫江、丰都、梁平等区域，农业耕作条件好，是重要的农业生产区。建设用地以中心城区和主城新区分布最广，超过总面积的 60%，尤其中心城区建设用地占比超过区县总面积的 20%，是规模最大的城镇空间。草地以渝东北区域分布最广，面积约为 1324km²，具有重要的科研价值和生态功能。水域以主城新区分布最广，占比约 46.56%，尤其江津、合川、涪陵、长寿等地有长江、嘉陵江等大型河流分布。未利用地主要分布于渝东北地区，尤其以云阳、巫溪、奉节等地分布较多。

---

① 由于统计口径不同，与 2.1.6 节数据有所差异。

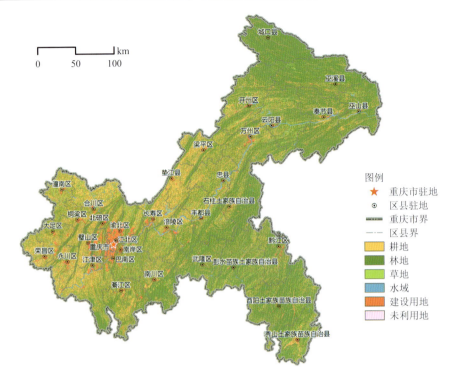

图 3-8　2019 年土地利用/覆盖分布图

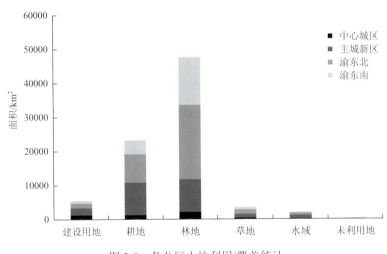

图 3-9　各分区土地利用/覆盖统计

3. 景观格局空间分异

1）景观格局指数分析

为保证尺度完整性和定量评价的准确性，利用 Fragstats 4.2 软件，采用 500m 的移动窗口，通过计算得到全市的破碎度指标、形状指标、聚集度指标和多样性指标的景观格

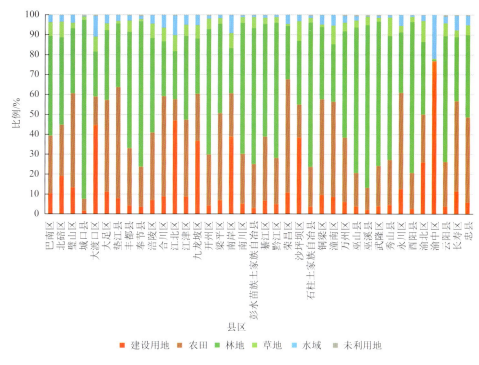

图 3-10　各区县土地利用/覆盖比例统计

局指数的空间分布数据(图 3-11～图 3-16)。数值上,全市破碎度指标 PD 为 24.38 个/km^2,
ED 为 118.69m/km^2,MSI 为 1.20,AWMPFD 为 1.38,聚集度指标 CONTAG 为 45.57,
SHDI 为 1.10。空间上,PD 和 ED 的高值区出现在中部的平行岭谷区、渝西方山丘陵区
等以耕地为主的区域,低值区主要分布于大巴山、巫山、七曜山、武陵山、金佛山、四
面山等海拔较高,以林地为主的区域,以及中心城区等地。MSI 和 AWMPFD 的低值区集
中分布于渝东北、渝东南等海拔较高的山区和中心城区,高值区则广泛分布于渝西方山
丘陵区和中部平行岭谷区的宽谷地带。聚集度指标 CONTAG 的高值区分布于大巴山、七
曜山、武陵山等海拔较高的山区和中心城区,低值区则广泛分布于渝西方山丘陵区、中
部平行岭谷区的宽谷地带和武陵山区的"盖"地貌区。SHDI 空间分布与 CONTAG 相反,
低值区主要分布于大巴山、七曜山、金佛山、四面山以及中心城区等地,高值区主要分
布于渝西方山丘陵区和平行岭谷区的宽谷地带。

　　总体来看,渝东北大巴山、巫山、七曜山,渝东南武陵山,渝南大娄山以及其他海
拔相对较高的区域,以林地斑块为主,斑块密度大,形状简单,破碎化程度低,景观集
聚程度高,景观多样性较低。该区域受人类活动干扰较低,各种生态功能和生态过程保
存完整。中部平行岭谷区和渝西方山丘陵区,以农田景观为主,受地形条件和人类耕作
活动影响,景观斑块密度高,边界密度高,景观斑块分布离散,聚集度较低,斑块形状
复杂多样,破碎化程度较高。中心城区以建设用地为主,受到高强度人类活动的干扰,
该区域景观斑块面积大,形状单一,以大量建设用地斑块为主,景观聚集度较高,景观
多样性水平较低。

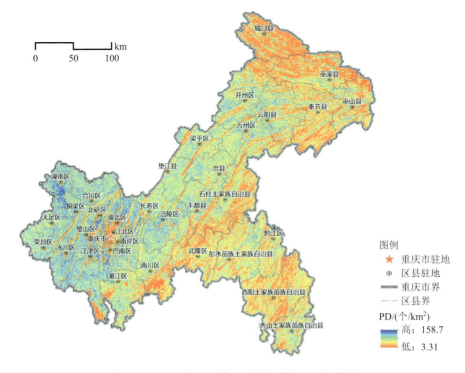

图 3-11　2019 年景观格局破碎度指标 PD 栅格图

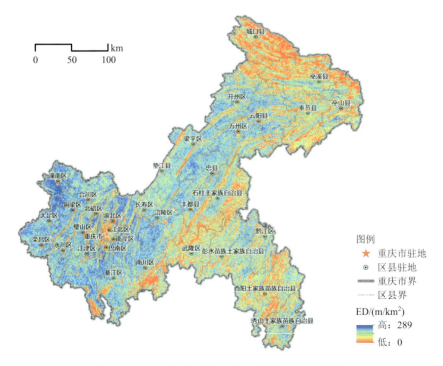

图 3-12　2019 年景观格局破碎度指标 ED 栅格图

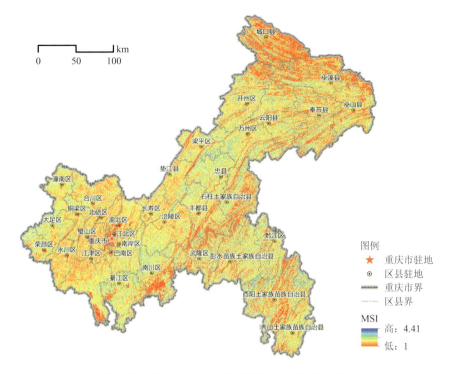

图 3-13 2019 年景观格局形状指标 MSI 栅格图

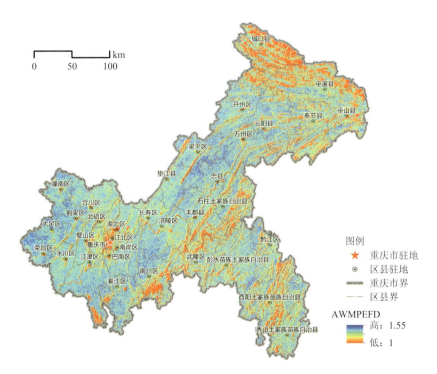

图 3-14 2019 年景观格局形状指标 AWMPFD 栅格图

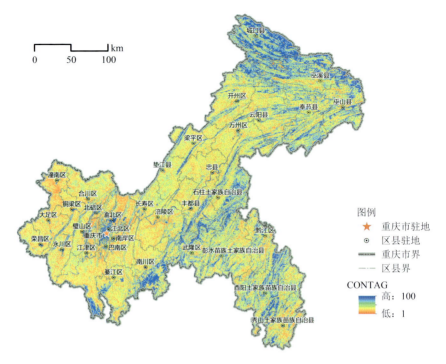

图 3-15　2019 年景观格局聚集度指标 CONTAG 栅格图

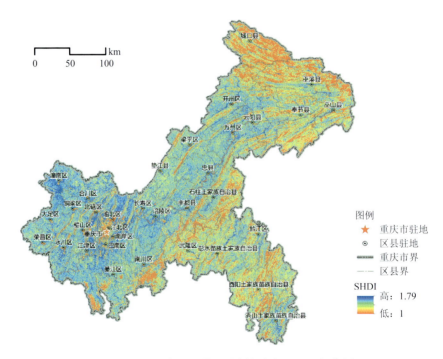

图 3-16　2019 年景观格局多样性指标 SHDI 栅格图

2）全局空间自相关分析

利用 GeoDa 软件计算得出各景观格局指数的全局 Moran's I，通过 999 次随机置换，peseudo P-value 为 0.001，说明在 99.9%的置信度下空间自相关是显著的。由表 3-2 和图 3-17 可知，全市景观格局的破碎度、形状、聚集度、多样性等指标的所有景观格局指数的全局 Moran's I 值总体上都大于 0，表现出显著的空间正相关性，说明对应景观格局特征具有不同程度的空间集聚效应。数值上，PD 的 Moran's I 值最大，为 0.793，说明全市景观格局的总体破碎化程度相对较高，空间集聚性较强。

表 3-2 各类型景观格局指数全局 Moran's I 指数

类型	景观格局指数	Moran's I	Z	P
破碎度指标	PD	0.793	323.3718	0.001
	ED	0.784	312.1508	0.001
形状指标	MSI	0.597	252.5418	0.001
	AWMPFD	0.743	298.9273	0.001
聚集度指标	CONTAG	0.740	294.2449	0.001
多样性指标	SHDI	0.767	311.2416	0.001

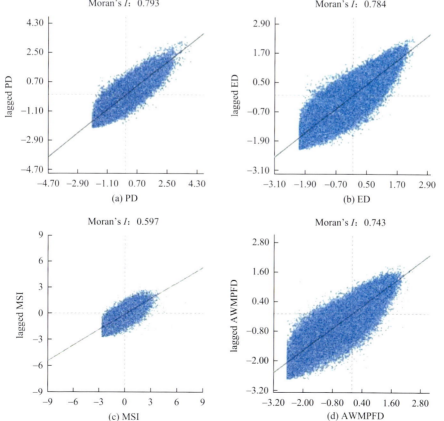

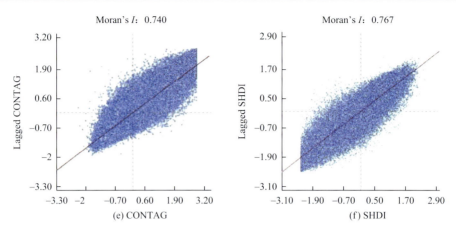

图 3-17　各景观格局指数 Moran's I 散点图

3）局部空间自相关分析

借助 ArcGIS 软件，以 1km×1km 为格网，采用 Zonal Statistics 工具，生成各景观格局指数的平均值作为基础图层，采用 Anselin Local Moran's I 工具得到研究区各景观格局指数的空间关联局部指标（local indicators of spatial association，LISA）聚类图（图 3-18～

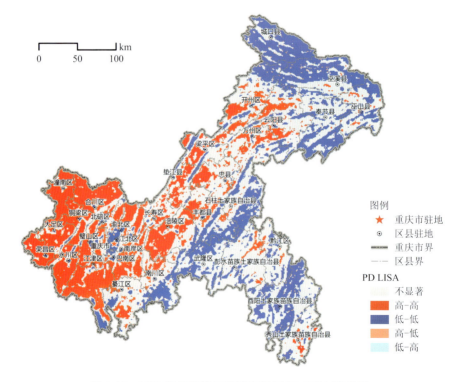

图 3-18　2019 年景观格局破碎度指标 PD LISA 聚类图

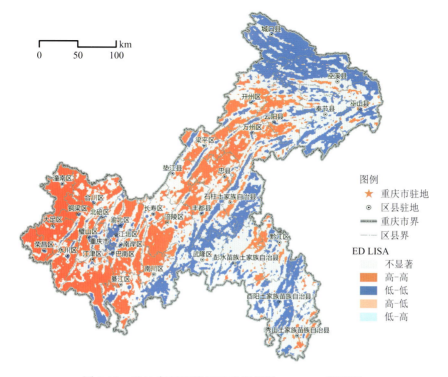

图 3-19　2019 年景观格局破碎度指标 ED LISA 聚类图

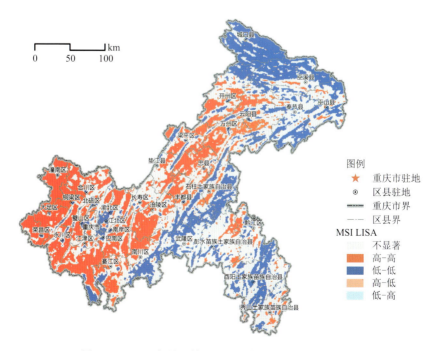

图 3-20　2019 年景观格局形状指标 MSI LISA 聚类图

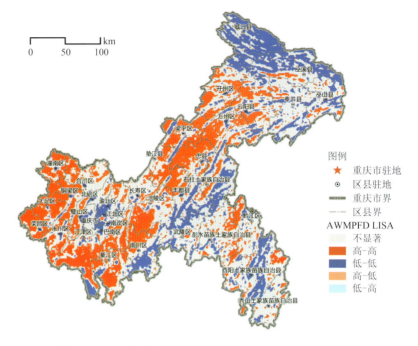

图 3-21　2019 年景观格局形状指标 AWMPFD LISA 聚类图

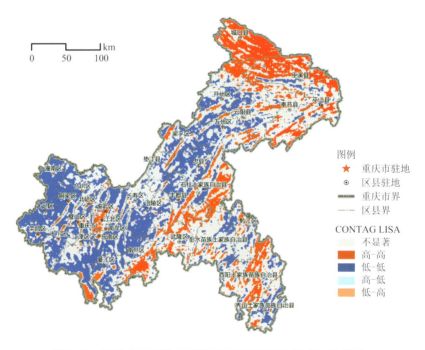

图 3-22　2019 年景观格局聚集度指标 CONTAG LISA 聚类图

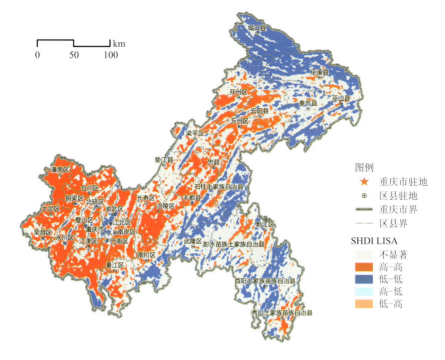

图 3-23 2019 年景观格局多样性指标 SHDI LISA 聚类图

图 3-23)。可以看出,研究区呈现出高-高集聚和低-低集聚的分布特点,高-低集聚和低-高集聚效应并不显著,侧面表明各景观格局指数在空间上存在显著的溢出效应,数值较高和较低的区域均会对邻近地区产生强烈的影响作用。综合来看,研究区中部平行岭谷区和渝西方山丘陵区破碎度指标、形状指标和多样性指标以高-高集聚为主,聚集度指标以低-低集聚为主。主要是因为该区域农业耕作强度大,受地形条件限制和人类活动影响,集中连片的农田分布较少,破碎化程度较高,斑块形状复杂多样。渝东南、渝东北以及其他海拔相对较高的区域和中西城区的破碎度指标、形状指标和多样性指标以低-低集聚为主,聚集度指标以高-高集聚为主。主要是因为该区域林地、建设用地等景观斑块规模大,分布集中连片,斑块单一,形状相对简单,景观多样性相对较低。

3.2 区域景观过程

3.2.1 区域景观过程分析方法

1. 景观结构演变分析方法

1)动态度分析

土地利用/覆盖动态度可以定量描述区域土地利用变化幅度和速度,对比较土地利用变化的区域差异和预测未来土地利用变化趋势具有积极的作用(王秀兰和包玉海,1999)。

包括单一类型动态度和综合变化动态度，分别对研究区各类土地利用类型的数量变化和速度变化进行分析，同时对整个研究区各类土地利用的数量和速度变化进行研究分析。单一土地利用动态度反映的是研究区域一定时间间隔内某种土地利用类型的数量变化情况，可以通过以下公式计算：

$$K_i = \frac{L_{i,T_1} - \Delta L_{i,T_1}}{L_{i,T_1} \times (T_2 - T_1)} \times 100\%$$
（3-6）

综合土地利用类型动态度刻画了考察时段内土地利用/覆盖的整体变化情况。其公式为

$$K = \frac{\sum_{i=1}^{n}(L_{i,T_1} - \Delta L_{i,T_1})}{\sum_{i=1}^{n} L_{i,T_1} \times (T_2 - T_1)} \times 100\%$$
（3-7）

式中，K_i 和 K 分别为某一单一土地利用类型变化的动态度和区域综合土地利用变化的动态度；L_{i,T_1} 为研究初期 i 类型土地利用类型的面积；$\Delta L_{i,T_1}$ 为研究期内 i 类型土地利用类型未发生变化的面积；T_1 和 T_2 分别为研究初期和末期（刘纪远，1996）。

2）重心迁移分析

重心迁移模型可以很好地从空间上描述土地利用/覆盖类型的时空演变过程（Taylor et al.，2000）。通过它考察土地覆盖类型的迁移，可在一定程度上了解区域土地利用空间格局的变化。将重心转移的方向、距离与区域自然条件相联系，定性层面上可以反映土地覆盖类型质量的总体变化趋势（李月臣和刘春霞，2007）。重心坐标一般以经纬度表示。t 年某种土地利用/覆盖类型分布重心坐标计算公式可以表示为

$$X_t = \sum_{i=1}^{n}(C_{ti} \times X_i) \bigg/ \sum_{i=1}^{n} C_{ti}$$
（3-8）

$$Y_t = \sum_{i=1}^{n}(C_{ti} \times Y_i) \bigg/ \sum_{i=1}^{n} C_{ti}$$

式中，X_t、Y_t 为 t 年某土地覆盖类型重心的经纬度坐标；C_{ti} 为第 i 个小区域该种土地覆盖类型的面积；X_i、Y_i 分别为第 i 个小区域的几何中心的经纬度坐标。

3）区域差异分析

土地利用/覆盖类型变化的区域差异分析是借助相对变化率指数来分析研究区某种土地利用/覆盖类型变化的区域差异及热点地区。可以用以下公式计算：

$$R = \frac{\left|L_{i,T_2} - L_{i,T_1}\right| \times L_{T_1}}{L_{i,T_1} \times \left|L_{T_2} - L_{T_1}\right|}$$
（3-9）

式中，L_{i,T_1}、L_{i,T_2} 分别为局部区域某一土地利用/覆盖类型研究初期、研究末期的面积；L_{T_1}、L_{T_2} 分别为全研究区该类型研究初期、研究末期的面积，绝对值消除了变化方向带来的混乱，便于局部区域间的比较。若 $R > 1$，表示该区土地利用/覆盖类型变化幅度大于整体变化幅度；若 $R < 1$，则表示该区土地利用/覆盖类型变化幅度小于整体变化幅度。

2. 景观格局演变分析方法

本章选取破碎度指标——ED、形状指标——MSI、聚集度指标——CONTAG、多样性指标 SHDI 对研究区景观格局演变进行分析，具体指标定义详见表 3-1。

3. 景观图谱分析方法

1）类型转移矩阵分析

类型转移矩阵能够定量说明景观要素之间的相互转化情况，揭示它们之间相互转化的比例和速率等特征，全面显示区域土地利用变化的细节结构特征（佟光臣等，2017；韩会然等，2015）。目前广泛采用的是一种二维矩阵，矩阵中行列元素的含义清晰，具有明确的统计关系，适合于表达研究时段内各要素类型变化情况。土地利用/覆盖转移矩阵可以反映土地利用/覆盖景观要素由 T 时刻向 $T+1$ 时刻的转化过程，可根据地图代数原理进行转移信息的提取，公式可表示为

$$C_{ij} = A_{ij}^{k} \times 10 + A_{ij}^{k+1} \tag{3-10}$$

式中，C_{ij} 为某一研究时间范围内的土地利用类型变化图；A_{ij}^{k} 和 A_{ij}^{k+1} 分别为研究区两个时间的土地利用类型图。土地利用/覆盖要素类型小于 10 时适用。该方法可以从数量上提取类型间的转移信息，由此求得反映土地利用/覆盖类型相互转化定量关系的转移矩阵。

2）地学信息图谱分析

地学信息图谱是计算机化的图谱，它继承了图谱的图形思维方式，又进一步发展了定量化和模拟分析的能力（齐清文，2016）。地学信息图谱就是应用地学分析的系列多维图解来描述现状，显示地球系统及各要素和现象的空间形态结构与时空变化规律，以及对地理过程进行反演与预测（陈述彭等，2000）。将各土地利用单元赋值为数值型，并根据以下图谱计算公式进行计算：

$$Y = G_1 \times 10^{n-1} + G_2 \times 10^{n-2} + \cdots + G_n \times 10^{n-n} \tag{3-11}$$

式中，n 为土地利用时期数目；G_1, G_2, $\cdots$, G_n 为不同时期的土地利用单元代码。利用地图代数，根据图谱计算公式得到土地利用图谱，并将图谱变化模式概括为六种类型：①前期变化型，2000～2005 年变化，而 2005～2015 年未变；②后期变化型，2000～2010 年未变，而 2010～2015 年变化；③中间过渡型，只在 2005～2010 年发生地类变化；④反复变化型，在 2000～2015 年至少发生两种地类变化且初期和末期地类相同；⑤持续变化型：在 2000～2015 年至少发生两种类型的变化，初期和末期地类不同；⑥稳定型，在 2000～2015 年地类保持不变（龚文峰等，2013）。

3.2.2　研究数据

本章使用的土地利用数据来源于重庆市国土部门生产的 2000 年、2005 年、2010 年、2015 年土地利用分类数据。为了验证该数据集的准确性，对四期数据随机生成 1000 个点，

结合高分影像数据和野外调查对一级分类结果，即耕地、林地、草地、建设用地、水域、未利用地六类，并结合统计年鉴公布数据对解译结果进行验证。结果显示，总体精度均大于93%，总体 Kappa 系数均大于88%，能够满足研究需求。

3.2.3 结果分析

1. 景观结构演变过程

1）景观数量变化分析

2000～2015 年，耕地和林地在研究区景观结构中占据绝对优势地位，由表 3-3 可以看出，二者总占比在研究时段内均超过 88%，其中，耕地面积呈减少趋势，林地呈递增态势；草地面积占比经过 2005 年短暂增加后，总体呈减少态势，由 2005 年的 8.40% 下降到 2015 年的 2.43%；水域和建设用地呈上升趋势，其中建设用地是增长最为迅速的地类，由 2000 年的 648.99km^2（占比 0.79%）增加到 2015 年的 3270.13km^2（占比 3.96%），增长了 4 倍多；未利用地占比均为最小，除 2005 年占比断崖式下跌外，其他几个时间点占比差别不大。

表 3-3　土地利用/覆盖统计表

年份	项目	耕地	林地	草地	水域	建设用地	未利用地
2000	面积/km^2	42868.28	31340.83	6573.22	1038.49	648.99	18.30
	比例/%	51.97	37.99	7.97	1.26	0.79	0.02
2005	面积/km^2	41005.35	32239.61	6931.27	1283.04	1023.67	5.17
	比例/%	49.71	39.08	8.40	1.56	1.24	0.01
2010	面积/km^2	35800.18	40368.40	2496.37	1824.65	1979.99	18.52
	比例/%	43.40	48.94	3.03	2.21	2.40	0.02
2015	面积/km^2	34722.95	40558.79	2001.79	1914.08	3270.13	20.37
	比例/%	42.09	49.17	2.43	2.32	3.96	0.02

由表 3-4 和图 3-24～图 3-28 可以看出，2000～2005 年，渝东北地区除建设用地外各土地利用类型的相对变化率均大于 1，超过了研究区整体变化水平，渝东南林地和耕地的相对变化率大于 1，建设用地最低，仅为 0.01，主城新区林地相对变化率最高，为 3.43，其次为耕地和建设用地，相对变化率大于 1，其他地类小于 1，中心城区除水域和未利用地小于 1 外，其他均大于 1，尤其草地的相对变化率达到 46.5，其次为林地，变化率为 9.9；2005～2010 年，渝东北除耕地和林地外，其他土地利用类型相对变化率均大于 1，未利用地相对变化率达 8.91，渝东南仅草地的相对变化率小于 1，未利用地相对变化率高达 28.79，主城新区仅建设用地相对变化率高于 1，中心城区变化主要集中在林地、耕地

和草地，其他地类相对变化率小于 1；2010～2015 年，渝东北地区各土地利用类型除水域相对变化率为 1 外，其余均小于 1，渝东南仅未利用地相对变化率小于 1，同时主城新区也只有建设用地相对变化率小于 1，而中心城区除水域和建设用地小于 1 外，其他变化均大于研究区整体变化水平，其中未利用地相对变化率为 121.67，其次为林地，相对变化率为 10.65。从整个研究时段来看，2000～2015 年，渝东北地区除耕地和建设用地外，其他土地利用类型的相对变化率均大于 1，未利用地最高，为 16.27，渝东南除林地和草地外，其他均大于 1，未利用地高达 203.20，主城新区仅未利用地和建设用地的相对变化率大于 1，中心城区仅未利用地、林地和耕地的相对变化率大于 1。

表 3-4 2000～2015 年土地利用/覆盖变化的区域差异分析表

时期	类型	渝东北	渝东南	主城新区	中心城区
2000～2005 年	耕地	1.35	1.29	1.25	3.52
	林地	1.21	1.81	3.43	9.9
	草地	1.04	0.48	0.07	46.5
	水域	1.55	0.78	0.74	0.55
	建设用地	0.49	0.01	1.14	1.36
	未利用地	1.24	0.96	0.92	0.86
2005～2010 年	耕地	0.43	2.02	0.65	2.29
	林地	0.98	1.19	0.51	2.45
	草地	1.12	0.86	0.51	1.25
	水域	1.35	2.28	0.64	0.38
	建设用地	1.52	2.50	1.31	0.44
	未利用地	8.91	28.79	0.3	0.37
2010～2015 年	耕地	0.41	1.02	1	4.32
	林地	0.74	3.03	1.66	10.65
	草地	0.68	1.34	1.33	1.63
	水域	1	1.13	1.87	0.01
	建设用地	0.86	1.81	0.91	0.97
	未利用地	0.83	0.19	1.40	121.67
2000～2015 年	耕地	0.63	1.26	0.83	2.51
	林地	1.01	0.85	0.85	3.3
	草地	1.07	0.95	0.72	0.74
	水域	1.48	1.42	0.75	0.37
	建设用地	0.95	1.56	1.20	0.77
	未利用地	16.27	203.20	8.21	7.14

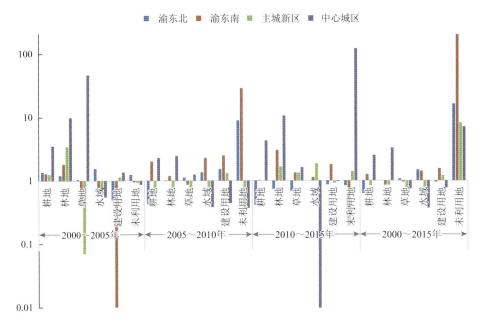

图 3-24　2000~2015 年土地利用/覆盖变化的区域差异分析

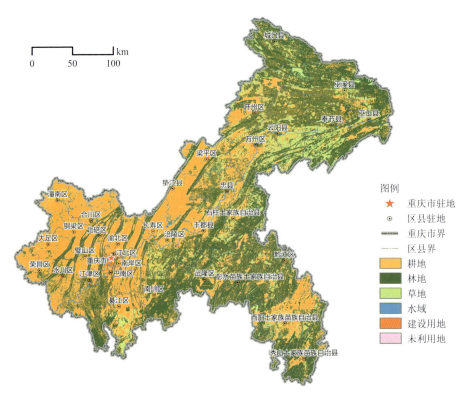

图 3-25　2000 年土地利用/覆盖类型图

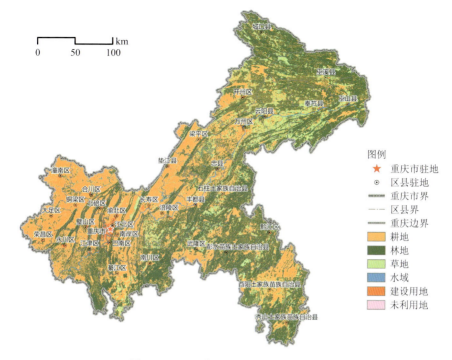

图 3-26　2005 年土地利用/覆盖类型图

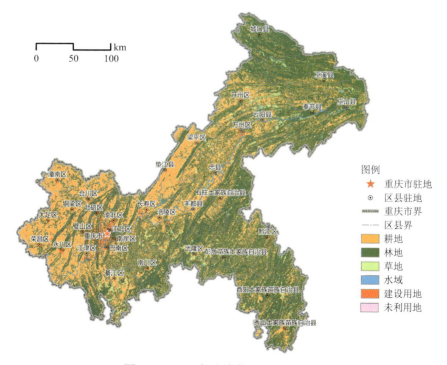

图 3-27　2010 年土地利用/覆盖类型图

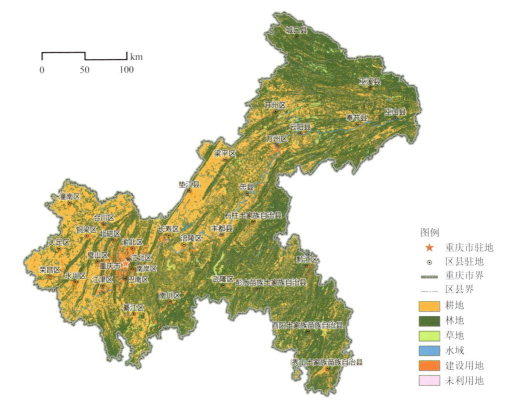

图 3-28　2015 年土地利用/覆盖类型图

2）景观动态度变化分析

2000～2015 年综合动态度呈降低态势（表 3-5），由 2000～2010 年的 3.85 降至 2010～2015 年的 1.96，2000～2015 年整体综合动态度为 3.95。2000～2010 年，草地和未利用地变化最为剧烈，远大于综合动态度，其次为耕地，变化动态度为 3.91，稍大于综合动态度，其余均小于综合动态度；2010～2015 年，只有林地变化动态度小于综合动态度，同时，未利用地和草地变化仍最为剧烈（图 3-29）。从整个研究时段范围来看，2000～2015 年，未利用地和草地变化远大于综合动态度，其余均小于综合动态度。

表 3-5　土地利用/覆盖动态度分析

时期	综合动态度	耕地	林地	草地	水域	建设用地	未利用地
2000～2010 年	3.85	3.91	2.72	9.17	2.43	3.25	9.62
2010～2015 年	1.96	2.03	1.38	7.59	3.1	4.13	12.49
2000～2015 年	3.95	2.74	1.79	6.23	1.58	1.79	6.59

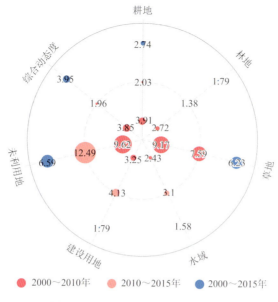

图 3-29　土地利用/覆盖动态度分析

3）景观重心变化分析

由图 3-30 和表 3-6 可以看出，研究期内耕地重心先向东南移动 1.63km，再向西北移动 2.23km，最后向东北移动 1.79km，由 2000～2015 年土地利用/覆盖类型图分析可知，2005 年武隆区耕地面积明显增加导致重心向西南移动，到 2010 年渝东南地区耕地面积的明显减少导致重心向西北移动，2015 年渝东南耕地面积减少而渝东北耕地面积增加导致重心向东北移动。2005 年渝东南尤其武隆区有大量林地转为耕地，导致林地重心向西北移动 2.89km，2010 年全市林地面积明显提升，渝东北大量草地转化为林地，同时主城新区和中心城区林地面积明显增加，导致林地重心向北移动 3.15km，2015 年林地与 2010 年对比变化不大，渝东南林地面积稍有增加，导致重心向南移动 0.3km。2000～2010 年渝东北地区草地面积大幅减少，导致草地重心一直向西南移动，两个时间段分别移动 1.24km 和 41.28km，到 2015 年，由于綦江区、涪陵区草地面积明显减少，同时渝东北草地面积增加，导致重心又向东北移动 13.59km。由于渝东北地区水域面积持续增加，水域重心在 2000～2005 年和 2005～2010 年持续向东北移动，分别移动了 4.25km 和 16.68km，到 2015 年由于开州区、石柱土家族自治县（简称石柱县）水域面积减少和主城新区水域面积增加导致重心又向西南移动 4.11km。建设用地重心变化主要是由中心城区建设用地变化导致的，可以看出，2000～2005 年主城区建设用地面积明显增大，导致建设用地重心向西北移动 14.44km，2005～2010 年，中心城区在槽谷内继续扩展的同时，铜梁区、合川区、长寿区、梁平区、开州区等区县建设用地明显增加，从而导致建设用地重心向东北移动 15.42km，2010～2015 年，中心城区东部的鱼嘴组团和龙兴组团等扩展明显，同时南部的各区县建设用地面积也明显增加，从而使重心向东南移动 7.76km。未利用地重心在 2000～2005 年向西南移动 43.13km，到 2010 年向东北移动了 228.30km，到 2015 年向东南移动了 31.40km。

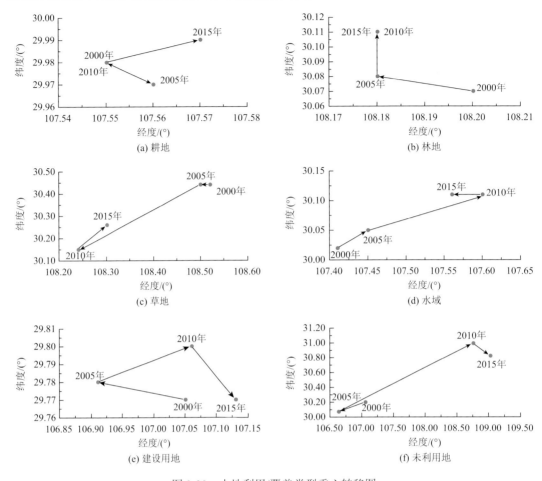

图 3-30 土地利用/覆盖类型重心转移图

表 3-6 土地利用/覆盖类型重心变化

类型	2000 年		2005 年		2010 年		2015 年		迁移方向	迁移距离/km
	x/(°)	y/(°)	x/(°)	y/(°)	x/(°)	y/(°)	x/(°)	y/(°)		
耕地	107.549	29.978	107.558	29.965	107.553	29.985	107.569	29.993	东南—西北—东北	→1.63→2.23→1.79
林地	108.205	30.072	108.177	30.081	108.178	30.109	108.179	30.106	西北—北—南	→2.89→3.15→0.30
草地	108.516	30.444	108.503	30.440	108.242	30.145	108.303	30.255	西南—西南—东北	→1.24→41.28→13.59
水域	107.413	30.025	107.446	30.051	107.602	30.114	107.560	30.113	东北—东北—西南	→4.25→16.68→4.11
建设用地	107.055	29.768	106.906	29.780	107.063	29.804	107.135	29.772	西北—东北—东南	→14.44→15.42→7.76
未利用地	107.047	30.202	106.627	30.066	108.752	30.991	109.016	30.823	西南—东北—东南	→43.13→228.30→31.40

2. 景观格局演变过程

本节从破碎度指标、形状指标、聚集度指标、多样性指标四个角度对研究区 2000～2015 年景观格局状况进行分析，每个指标选取一个指数，具体指数状况见表 3-7。

表 3-7　土地利用/覆盖景观层次空间格局特征

年份	ED	MSI	CONTAG	SHDI
2000	33.456	2.0575	62.6303	1.0045
2005	33.5142	2.1482	61.3657	1.0426
2010	38.5656	2.1111	61.7813	0.9936
2015	40.6308	1.9195	60.5414	1.0209

1）破碎度指标分析

由图 3-31 可知，2000～2015 年耕地和林地的区域 ED 均较大，表明耕地和林地的景观类型斑块边缘较为复杂化，斑块形状的不规则程度较大，草地、水域、建设用地、未利用地的边缘密度较小。从数值上看，2000～2015 年研究区景观格局边缘密度指数（ED）除草地外整体呈增长状态。从空间上看（图 3-32～图 3-35），2000～2015 年，渝东北北部景观格局 ED 降低明显，主要得益于大片林地的增加；主城新区的 ED 指数升高趋势最为明显，主要由于大片耕地转为林地、建设用地等，斑块复杂性提升，景观破碎度提高。渝东南、渝东北南部等则由前期耕地、林地、草地交替分布变为以林地为主的林耕地混合型景观，ED 持续偏高。总的来看，随着越来越多的耕地转化为林地，主城新区 ED 或将持续性升高，而渝东北北部 ED 也将随着林地斑块的增大增多而降低。

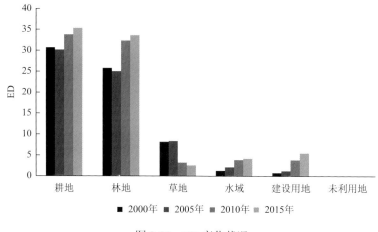

图 3-31　ED 变化状况

2）形状指标分析

2000～2015 年，各景观类型的 MSI 总体均较低（图 3-36～图 3-39），除耕地外，其他土地利用/覆盖类型均有较大的波动，说明景观格局发生较大变化，其中林地、草地、水域、建设用地为"倒 U 形"波动，呈先增后减态势，未利用地为"U 形"波动，呈先减后增态势。但从综合来看，由图 3-40 可知，2000～2015 年 MSI 呈波动降低趋势。从空间上看，2000～2015 年，渝东北北部的 MSI 在经历了 2005 年的短暂升高之后逐渐降低，

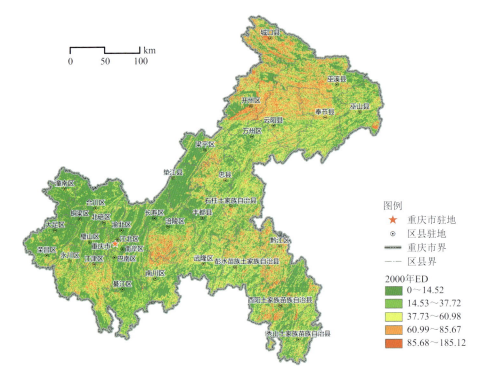

图 3-32　2000 年景观格局破碎度指标 ED 栅格图

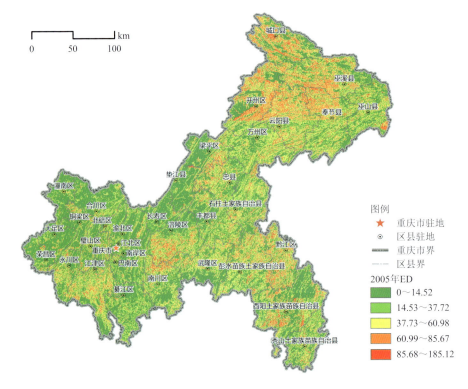

图 3-33　2005 年景观格局破碎度指标 ED 栅格图

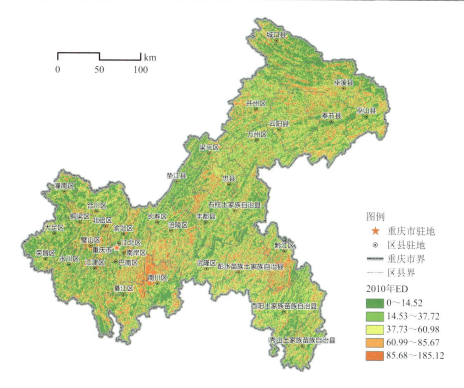

图 3-34　2010 年景观格局破碎度指标 ED 栅格图

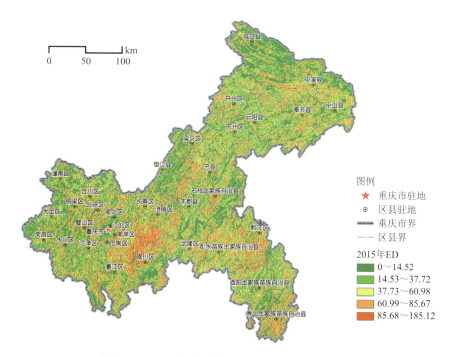

图 3-35　2015 年景观格局破碎度指标 ED 栅格图

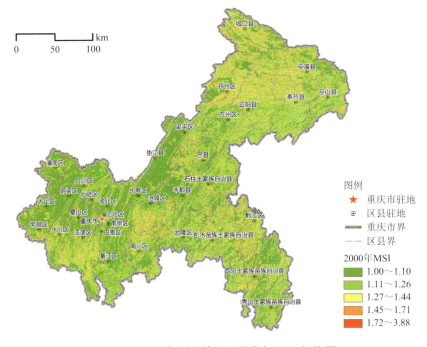

图 3-36　2000 年景观格局形状指标 MSI 栅格图

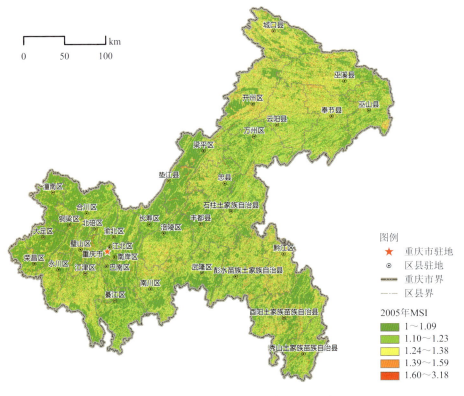

图 3-37　2005 年景观格局形状指标 MSI 栅格图

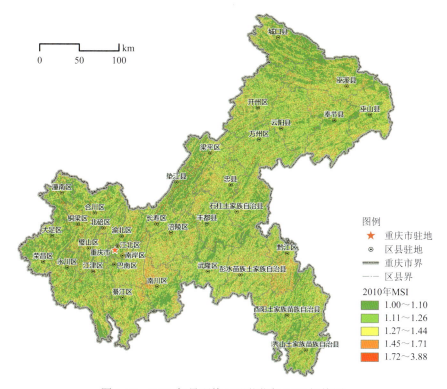

图 3-38　2010 年景观格局形状指标 MSI 栅格图

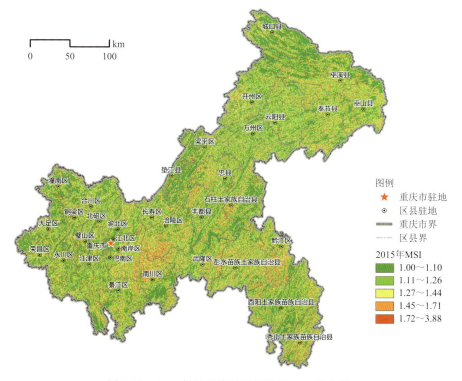

图 3-39　2015 年景观格局形状指标 MSI 栅格图

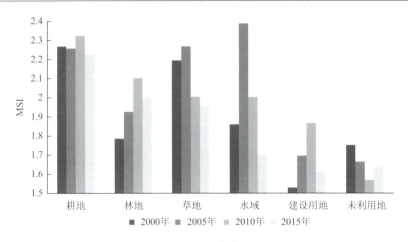

图 3-40　MSI 变化状况

整体呈降低态势，主要是由于 2000～2005 年草地面积的增加，导致林地和草地的混合程度提高，之后大片草地又退还为林地，同时大量耕地转为林地，使林地大量连片增加；除渝东北北部外，其他地区整体呈增长态势，尤其主城新区和垫江、梁平两地 MSI 增长显著，主要由于大量耕地退还为林地，从而使景观多样性和复杂性提升；渝东南、渝东北南部等则由前期耕地、林地、草地交替分布变为以林地为主的林耕地混合型景观，景观呈现一种持续的破碎性，因而与其他地区相比，其 MSI 变化较小。总的来看，随着全市退耕还林政策成果的显现，渝东北和渝东南等海拔较高的山区将会增加大片高质量林地，MSI 低值区或与山体走向呈现高度一致性。

3）聚集度指标分析

2000～2015 年各景观的 CONTAG 呈波动下降趋势（图 3-41）。从空间上看（图 3-42～图 3-45），2000～2015 年，CONTAG 高值区主要分布于有大片耕地的主城新区和梁平、

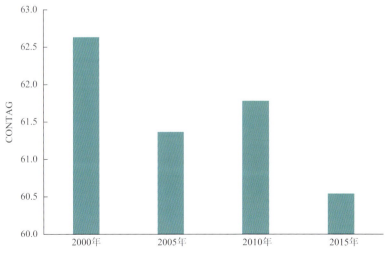

图 3-41　CONTAG 变化状况

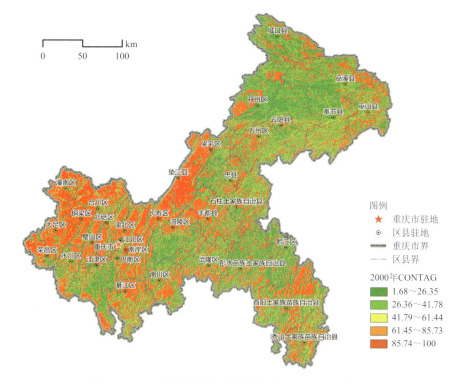

图 3-42　2000 年景观格局聚集度指标 CONTAG 栅格图

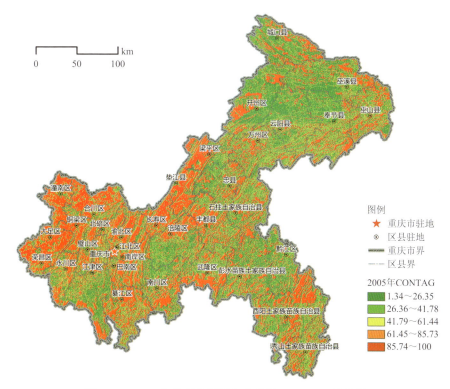

图 3-43　2005 年景观格局聚集度指标 CONTAG 栅格图

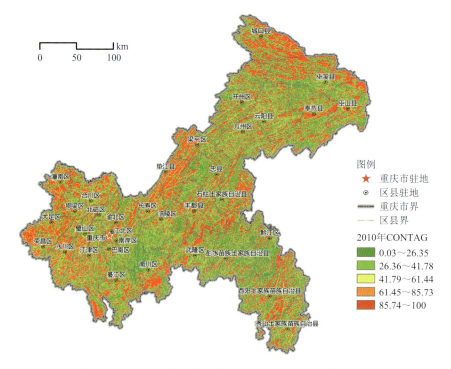

图 3-44   2010 年景观格局聚集度指标 CONTAG 栅格图

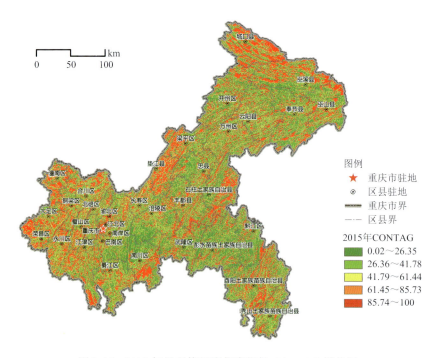

图 3-45   2015 年景观格局聚集度指标 CONTAG 栅格图

垫江等地，大片耕地作为优势斑块类型形成了良好的连接性；渝东北北部则明显增加了大量连片的 CONTAG 高值区，主要是由于初期的林地、耕地、草地高度混杂景观逐渐过渡为以大片林地为主导的景观格局；渝东北南部和渝东南等海拔较高的山区由于增加大片高质量林地，其 CONTAG 逐渐与山体山脉走向趋于一致。中心城区随着城镇不断扩张，大量自然和半自然地表转换为建设用地斑块，CONTAG 逐渐升高。总的来看，随着退耕还林政策的实施与成果显现，山体山脉等高质量林地分布区或将成为主要的 CONTAG 高值区，而主城新区等分布大量耕地的地区也将由于林地斑块的增加而使景观格局更加复杂，聚集度将进一步降低，从而 CONTAG 将持续降低。

4）多样性指标分析

研究区 2000～2015 年景观格局 SHDI 状况见图 3-46～图 3-49。由图 3-50 可以看出，2000～2015 年 SHDI 呈波动增长态势，2005 年达到最高值，2010 年为最低值。从空间上看，研究初期连片的 SHDI 高值区主要分布于渝东北北部，连片低值区主要分布于有大片耕地的主城新区和梁平、垫江等地，随着退耕还林政策的实施，渝东北北部由林地、耕地和草地混合的景观格局变为了以林地为主的景观格局，景观多样性降低，而主城新区、中心城区和梁平、垫江等地则有大量耕地转为林地和建设用地，景观格局复杂化，导致景观多样性增加，SHDI 升高；渝东北南部和渝东南由于持续的景观格局变化，由草地、耕地、林地的高度混杂格局变为以林地为主的林耕地混合景观格局。总的来说，随着人类活动的不断加剧，主城新区、垫江、梁平等地景观多样性或将更加复杂，斑块将更加破碎，SHDI 也将继续升高，而渝东北、渝东南等海拔较高的山区，随着退耕还林政策的不断实施，林地质量和数量不断提升，SHDI 将进一步降低。

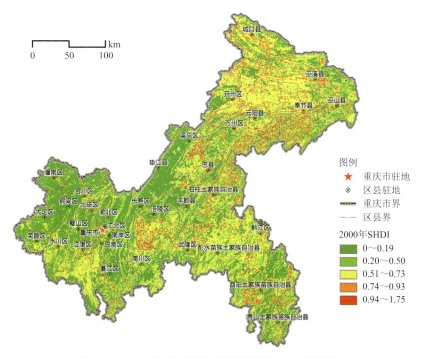

图 3-46　2000 年景观格局多样性指标 SHDI 栅格图

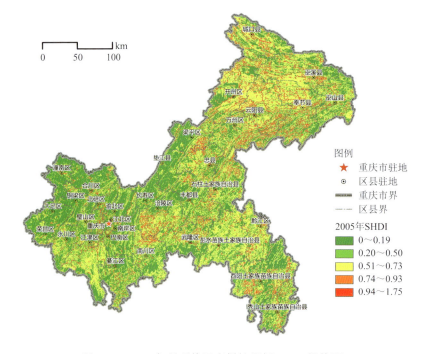

图 3-47　2005 年景观格局多样性指标 SHDI 栅格图

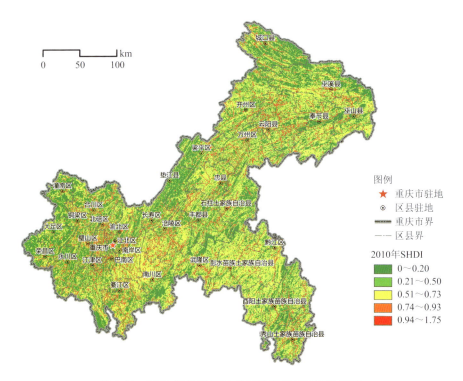

图 3-48　2010 年景观格局多样性指标 SHDI 栅格图

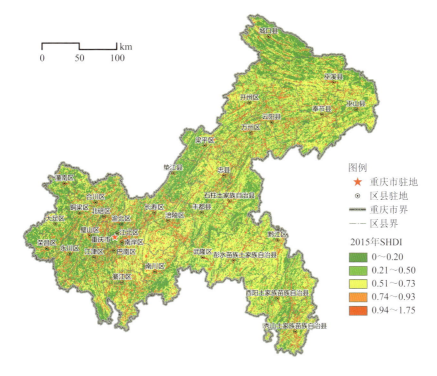

图 3-49 2015 年景观格局多样性指标 SHDI 栅格图

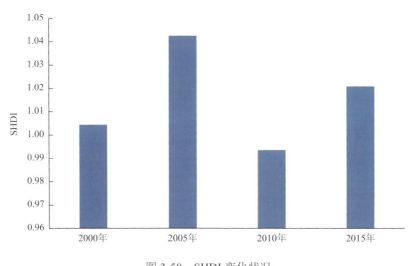

图 3-50 SHDI 变化状况

3. 景观演化图谱

1）转移矩阵分析

由 2000～2015 年研究区土地利用/覆盖类型转移矩阵结果（表 3-8～表 3-11）和土地利用/覆盖类型转移状况（图 3-51）可以看出，2000～2005 年和 2005～2010 年，耕地主要转为林地-草地-建设用地-水域，林地主要转为耕地-草地-水域-建设用地，草地主要转为林地-耕地-水域-建设用地，2010～2015 年耕地、草地、林地转为建设用地的比例均较 2000～2005 年和 2005～2010 年有显著提高，且其他地类转为建设用地的权重也均有较大幅度增长，说明重庆在 2010～2015 年城镇化进程加快；水域和建设用地在三个时间段的转化则比较稳定；未利用地在各时段转移状况分别为耕地-水域-林地-草地-建设用地、耕地-林地-水域-建设用地-草地、林地-建设用地-耕地-草地-水域。从整体上看，2000～2015 年土地利用转移状况，各土地利用类型主要转向了耕地和林地，其次是水域和草地，转向未利用地最少，从增长比例看，耕地减少 19%，水域增加 84.26%，林地增加 29.41%，草地减少 69.55%，体现了重庆推进森林、河流、湿地等自然生态系统保护修复的成果，但草地的退化还应引起足够重视，需采取更多措施。

表 3-8　2000～2005 年土地利用/覆盖类型转移矩阵　　　　（单位：%）

土地利用/覆盖类型		2005 年					
		耕地	林地	草地	水域	建设用地	未利用地
2000 年	耕地	89.26	7.26	1.55	0.77	1.16	0
	林地	6.98	91.25	1.31	0.26	0.20	0
	草地	4.36	6.41	88.83	0.32	0.08	0
	水域	12.19	5.76	0.97	79.94	1.14	0
	建设用地	20.39	7.07	0.78	2.70	69.06	0
	未利用地	35.19	8.40	2.94	25.56	3.01	24.9
	增长比例	−4.34	2.86	5.45	23.52	57.73	−71.76

注：增长比例是指 2005 年各土地利用/覆盖类型相对 2000 年的增长幅度。

表 3-9　2005～2010 年土地利用/覆盖类型转移矩阵　　　　（单位：%）

土地利用/覆盖类型		2010 年					
		耕地	林地	草地	水域	建设用地	未利用地
2005 年	耕地	62.47	31.45	2.77	1.1	2.19	0.02
	林地	23.56	72.67	2.39	0.71	0.65	0.02
	草地	33.66	56.07	8.39	1.07	0.75	0.06
	水域	9.71	6.6	0.46	81.83	1.39	0.01
	建设用地	12.56	6.81	0.35	2.15	78.11	0.02
	未利用地	48.86	27.92	0.26	4.81	3.27	14.88
	增长比例	−12.69	25.21	−63.98	42.21	93.42	258.53

表 3-10　2010～2015 年土地利用/覆盖类型转移矩阵　（单位：%）

土地利用/覆盖类型		2015 年					
		耕地	林地	草地	水域	建设用地	未利用地
2010 年	耕地	89.86	5.89	0.35	0.61	3.28	0.01
	林地	4.72	93.08	0.79	0.28	1.12	0.01
	草地	10.58	25.75	62.06	0.48	1.12	0.01
	水域	6.51	6.31	0.27	84.52	2.31	0.08
	建设用地	13.22	5.60	0.30	1.41	79.34	0.13
	未利用地	9.69	32.54	7	1.20	12.01	37.56
	增长比例	−3.01	0.47	−19.81	4.90	65.16	10.01

表 3-11　2000～2015 年土地利用/覆盖类型转移矩阵　（单位：%）

土地利用/覆盖类型		2015 年					
		耕地	林地	草地	水域	建设用地	未利用地
2000 年	耕地	58.97	31.84	2.17	1.74	5.27	0.01
	林地	22.66	73.15	2.02	0.82	1.32	0.03
	草地	32.6	58.22	6.57	1.23	1.36	0.02
	水域	10.54	9.54	0.48	76.29	3.14	0.01
	建设用地	12.82	8.32	0.73	4.88	73.17	0.08
	未利用地	34.52	28.42	0.00	28.02	7.96	1.08
	增长比例	−19	29.41	−69.55	84.26	403.87	11.39

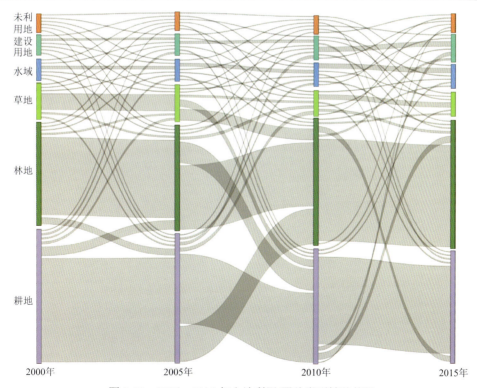

图 3-51　2000～2015 年土地利用/覆盖类型转移状况

2）景观变化图谱分析

由景观类型变化图谱分析可知（表 3-12 和图 3-52）：稳定型图谱在整个研究区面积最大，面积占比达到 53.6%，为 44210.81km²，其中面积最大类型为"耕地-耕地-耕地-耕地"，占该类图谱面积 50.26%，面积为 22222.11km²，其次为"林地-林地-林地-林地"，占该图谱面积的 46.54%，说明农林业在重庆的生产结构中占据重要地位，稳定型图谱分布较均匀，主要分布于主城新区及渝东北的北部和南部地区；中间过渡型图谱面积占 27.61%，为 22779.03km²，其中面积最大类型为"耕地-耕地-林地-林地"，面积为 10263.82km²，占该类型图谱的 45.06%，其次为"林地-林地-耕地-耕地"，占该类型的 23.94%，中间过渡型图谱主要表现为林地耕地草地之间的转化，耕地转出面积最多，林地转入面积最多，得益于"退耕还林"政策的实施，在空间分布上（图 3-53），中间过渡型图谱区域主要分布在渝东北、渝东南及主城新区的东部和南部；反复变化型图谱面积占比 6.9%，为 5694.00km²，其中"耕地-林地-耕地-耕地"面积占比最大，占该类型面积的 19.55%，其次为"林地-耕地-林地-林地"和"耕地-耕地-林地-耕地"，占比分别为 18.16% 和 17.14%，此类型多体现于林地和耕地之间的反复变化，一定程度上体现了重庆农业发展与生态发展之间的矛盾和探索过程，从空间上看，反复变化型图谱较多分布于主城新区、中心城区、武隆区南部及秀山县；前期变化型图谱面积 3675.54km²，占整个研究区面积的 4.46%，其中以"耕地-林地-林地-林地"与"林地-耕地-耕地-耕地"类型为主，分别占该类型图谱的 42.25% 和 22.8%，同反复变化型图谱一样，依然以耕地和林地之间的转化为主，在空间上较多分散于主城新区和中心城区；后期变化型图谱面积占研究区总面积的 3.85%，分布较为分散，其中"耕地-耕地-耕地-林地"和"耕地-耕地-耕地-建设用地"在该类型图谱中占据绝对优势，二者分别占比为 34.13% 和 27.58%，在空间上与前期变化型分布较为一致；持续变化型图谱占研究区总面积的 3.58%，此类型图谱分布及构成过于破碎，无明显优势地类变化组合，其中占比前三的分别为"耕地-耕地-林地-建设用地""耕地-草地-林地-林地""耕地-耕地-草地-林地"，占比分别为 8.23%、7.68%、7.43%，在空间分布上与建设用地分布有较多关联性。

表 3-12　景观类型变化图谱分析

图谱变化类型	面积/km²	面积占比/%	最大图谱演变类型	面积/km²
稳定型	44210.81	53.60%	耕地-耕地-耕地-耕地	22222.11
中间过渡型	22779.03	27.61%	耕地-耕地-林地-林地	10263.82
反复变化型	5694.00	6.90%	耕地-林地-耕地-耕地	1113.07
前期变化型	3675.54	4.46%	耕地-林地-林地-林地	1553.01
后期变化型	3177.66	3.85%	耕地-耕地-耕地-林地	1084.58
持续变化型	2951.07	3.58%	耕地-耕地-林地-建设用地	242.75

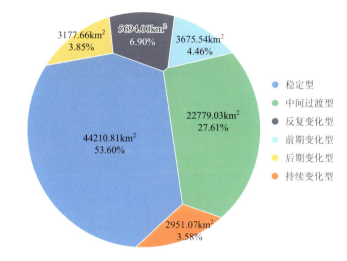

图 3-52　景观类型变化图谱分析

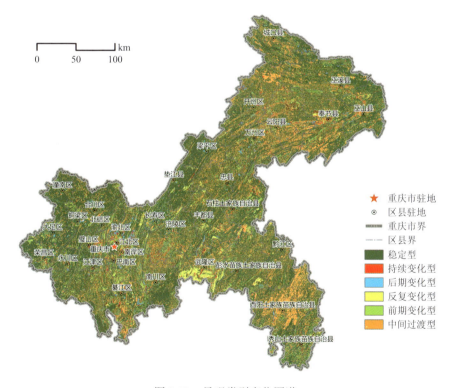

图 3-53　景观类型变化图谱

3.3　本章小结

本章对研究区的景观格局特征和景观格局演变过程进行了深入细致的分析，从分析中初步得出研究区景观格局特征和演变规律。

结果显示：①研究区以山地为主，自西向东，以华蓥山余脉和七曜山为界，形成完整的丘陵地貌—平行岭谷—盆周山地过渡特征，海拔逐渐升高，地形起伏变化大。根据地貌特征和地质构造特点，研究区分布有大巴山、武陵山、巫山—七曜山、大娄山四大山系及多处独立山体。研究区江河纵横，水网密布，长江自西向东纵贯全境，嘉陵江、乌江一南一北形成了不对称、向心状网状水系。②2019 年研究区林地和耕地占有绝对空间优势，二者合计占比超过总面积的 86%以上，其次为建设用地，约为 0.55 万 km²，草地、水域和未利用地规模最小，不足 8%。2000～2015 年，林地面积增长明显，未利用地和草地变化较为剧烈，各土地利用/覆盖类型动态变化表现出明显的区域差异特征，中心城区是耕地、林地、草地在整个研究时段内持续剧烈变化的地区。③受到人类活动影响和地形条件限制，2019 年渝西方山丘陵区、中部平行岭谷区以耕地为主，斑块形状复杂多样，景观破碎，聚集度低，分布离散。渝东北、渝东南等海拔较高的区域以林地为主，中心城区以建设用地为主，斑块类型单一，形状简单，聚集度高，分布连续。2000～2015 年主城新区和梁平、垫江等地大片耕地转为其他土地利用类型，导致破碎化程度逐渐升高，景观复杂性提升，多样性逐渐增加，渝东南和渝东北高海拔区由于林地质量与数量的提升，其景观破碎度、景观多样性等指标逐渐与山体山脉走向呈现高度一致性。④景观类型变化图谱以稳定型图谱和中间过渡型图谱为主，在主城新区、渝东北和渝东南分布较为均匀，其中，稳定性图谱主要以耕地、林地的稳定为主，而中间过渡型则主要表现为林地和耕地之间的转化。

参 考 文 献

陈利顶, 傅伯杰. 1996. 黄河三角洲地区人类活动对景观结构的影响分析——以山东省东营市为例[J]. 生态学报, 16（4）: 337-344.

陈利顶, 刘洋, 吕一河. 2008. 景观生态学中的格局分析: 现状、困境与未来[J].生态学报, 28（11）: 5521-5531.

陈述彭, 岳天祥, 励惠国. 2000. 地学信息图谱研究及其应用[J]. 地理研究, 19（4）: 337-343.

傅伯杰. 2014. 地理学综合研究的途径与方法: 格局与过程耦合[J]. 地理学报, 69（8）: 1052-1059.

高燕. 2014. 云蒙湖流域土地利用变化的尺度效应研究[D]. 济南: 山东师范大学.

龚文峰, 袁力, 范文义. 2013. 基于地形梯度的哈尔滨市土地利用格局变化分析[J].农业工程学报, 29（2）: 250-259, 303.

韩会然, 杨成凤, 宋金平. 2015. 北京市土地利用变化特征及驱动机制[J]. 经济地理, 35（5）: 148-154, 197.

李晶, 周自翔. 2014. 延河流域景观格局与生态水文过程分析[J].地理学报, 69（7）: 933-944.

李秀珍, 布仁仓, 常禹, 等. 2004. 景观格局指标对不同景观格局的反应[J]. 生态学报, 24（1）: 123-134.

李月臣, 刘春霞. 2007. 北方 13 省土地利用/覆盖动态变化分析[J]. 地理科学, 27（1）: 45-52.

梁发超, 刘黎明. 2011. 景观格局的人类干扰强度定量分析与生态功能区优化初探——以福建省闽清县为例[J]. 资源科学, 33（6）: 1138-1144.

刘纪远. 1996. 中国资源环境遥感宏观调查与动态研究[M]. 北京: 中国科学技术出版社.

齐清文. 2016. 地理信息科学方法论[M]. 北京: 科学出版社.

苏常红, 傅伯杰. 2012. 景观格局与生态过程关系及其对生态系统服务的影响[J]. 自然杂志, 34（5）: 277-283.

孙然好, 孙龙, 苏旭坤, 等. 2021. 景观格局与生态过程的耦合研究: 传承与创新[J]. 生态学报, 41（1）: 415-421.

孙永光, 赵冬至. 2012. 河口湿地人为干扰时空动态及景观响应——以大洋河口为例[J]. 生态学报, 32（12）: 3645-3655.

田光进, 张增祥, 张国平, 等. 2002. 基于遥感与 GIS 的海口市景观格局动态演化[J]. 生态学报, 22（7）: 1028-1034.

佟光臣, 林杰, 陈杭, 等. 2017. 1986-2013 年南京市土地利用/覆被景观格局时空变化及驱动力因素分析[J].水土保持研究, 24（2）: 240-245.

王秀兰，包玉海. 1999. 土地利用动态变化研究方法探讨[J]. 地理科学进展，（1）：83-89.

邬建国. 2007. 景观生态学——格局、过程、尺度与等级[M]. 2 版. 北京：高等教育出版社.

徐延达，傅伯杰，吕一河. 2010. 基于模型的景观格局与生态过程研究[J]. 生态学报，30（1）：212-220.

张华兵，高卓，王娟，等. 2020. 基于"格局-过程-质量"的盐城海滨湿地生境变化分析[J]. 生态学报，40（14）：4749-4759.

张月. 2017. 近 40 年艾比湖湿地自然保护区生态干扰度时空动态及景观格局变化[J]. 生态学报，37（21）：7082-7097.

Anselin L. 2003. Spatial externalities，spatial multipliers，and spatial econometrics[J]. International Regional Science Review，26（2）：153-166.

Gustafson E J. 1998. Quantifying landscape spatial pattern：what is the state of the art?[J]. Ecosystems，1（2）：143-156.

Li J，Song C，Cao L，et al. 2011. Impacts of landscape structure on surface urban heat islands: A case study of ShangHai，China[J]. Remote Sensing of Environment，115：3249-3263.

Pearce M C. 1992. Pattern analysis of forest cover in southwestern Omtario[J]. The East Lakes Geographer，27：65-76.

Taylor J C，Brewer T R，Bird A C. 2000. Monitoring landscape change in the national parks of England and Wales using aerial photo interpretation and GIS[J]. International Journal of Remote Sensing，21（13）：2737-2752.

Tobler W R. 1970. A computer movie simulating urban growth in the detroit region[J]. Economic Geography，46（2）：234-240.

Zhang D，Wang W J，Zheng H F，et al. 2017. Effects of urbanization intensity on forest structural-taxonomic attributes，landscape patterns and their associations in Changchun，Northeast China: Implications for urban green infrastructure planning[J]. Ecolindic，80：286-296.

第4章 区域景观过程的生态-经济价值评估

一个地区的生物资源与植物的初级净生产力息息相关，初级净生产力在一定程度上决定着生态系统服务功能的强弱，因此不同的土地利用布局生态服务功能不同（Fu et al.，2009）。土地利用方式的变化使土地覆被发生改变，从而影响到生态系统服务价值的变化，当前土地利用方式主要以人类经济活动为主导，其他社会活动为辅，这一模式往往导致区域生态系统服务功能退化，生态服务价值降低（吴娇，2018）。城镇化是土地利用与土地覆盖变化的重要动力，其通过改变城乡生态系统结构从而对生态服务价值产生影响，因此在城镇化快速发生的区域，生态系统服务功能研究对城市可持续发展非常重要（胡和兵等，2013；刘桂林等，2014）。研究表明，区域生态系统服务价值的高低与景观格局变化的关系非常密切，城市化进程中耕地、水域、草地等生态用地的减少是生态系统服务价值下降的主要原因（万利，2009；程广斌和琚小倩，2021；张发等，2021）。同时，合理的政策和适度的经济发展能在很大程度上改善研究区目前的环境状态（顾泽贤等，2016）。由前文可知，重庆的城镇化、工业化快速推进，大量植被、农田被各种人文景观替代，景观格局变化趋势显著，这必将导致区域生态经济价值的变化，并进一步影响城市化的可持续发展。

本章首先针对重庆市城镇化过程中引起的生态经济服务功能价值变化，借鉴国内外相关研究方法与模型，通过 InVEST 模型及当量因子模型分析重庆 2000~2015 年生态系统服务价值演变规律。其次，对重庆人口密度及 GDP 进行了空间化精细模拟，以分析其2000~2015 年社会经济发展情况。最后，基于 InVEST 模型生态价值分析结果及 GDP 空间化结果，结合城镇化过程中的景观格局演变情况，对重庆市 2000~2015 年生态-经济效益损益在时间序列、空间差异层面上进行评估和比较。

4.1 区域生态价值评估

生态系统服务功能是生态系统及其生态过程所形成与维持的人类赖以生存的自然环境条件和效用（李月臣等，2007；Le Maitre et al.，2007；Fu et al.，2009）。生态系统服务功能的研究是价值评估的基础，价值评估是将生态系统服务功能进行货币化的评价过程（李文华等，2008）。生态系统服务价值的定量评估能够帮助人类清晰认知生态资产，为区域景观演变的生态损益评价奠定基础。

4.1.1 生态价值评估分析方法

1. InVEST 模型

InVEST 模型（integrated valuation of ecosystem services and trade-offs，生态系统服务

和交易的综合评估模型）是美国斯坦福大学、大自然保护协会（The Nature Conservancy，TNC）与世界自然基金会（World Wide Fund For Nature，WWF）联合开发用于生态系统服务功能价值空间化定量评估的模型工具，包括淡水、海洋生态、陆地生态系统评估三大模块，此模型能够较好地融合生态过程，并且适合不同区域尺度（孙传谆等，2015；何君，2017），其最大的优势是可以与 GIS 和遥感相关软件结合起来，实现生态系统服务功能价值评估结果的可视化表达。

1）生物栖息地模型

采用 InVEST-Habitat Quality 模块对生境质量指数进行评价得到栖息地质量，计算结果为 0～1，值越高，栖息地质量越好。生境质量评价是根据生境斑块在所处基质中受到的各种威胁的综合影响来进行的，影响生境质量的要素包括五个方面：栖息地本身的土地利用类型、每种胁迫源（如不同土地利用活动）本身的胁迫强度、每种栖息地类型对于每种威胁源的敏感程度、栖息地（生境斑块）与胁迫源的空间距离以及土地受政策法律保护的程度，具体公式如下：

$$Q_{xj} = H_j \left(1 - \left(\frac{D_{xj}^z}{D_{xj}^z + K^z} \right) \right) \tag{4-1}$$

式中，Q_{xj} 为土地利用与土地覆盖 j 中栅格 x 的生境质量；H_j 为土地利用与土地覆盖 j 的生境适合性；D_{xj}^z 为土地利用与土地覆盖或生境类型 j 栅格 x 的生境胁迫水平；K 为半饱和常数，通常取 D_{xj} 最大值的一半；z 为归一化常量，通常取值 2.5。

$$D_{xj} = \sum_{r=1}^{R} \sum_{y=1}^{Y_r} \left(W_r \bigg/ \sum_{r=1}^{R} W_r \right) r_y i_{rxy} \beta_x S_{jr} \tag{4-2}$$

式中，R 为胁迫因子；y 为胁迫因子 r 栅格图层的栅格数；Y_r 为胁迫因子所占栅格数；W_r 为胁迫因子的权重，取值 0～1；r_y 为栅格 y 的胁迫值（0 或 1）；i_{rxy} 为栅格 y 的胁迫因子值 r_y 对生境栅格 x 的胁迫水平；β_x 为栅格 x 的可达性水平，取值 0～1；S_{jr} 为生境类型 j 对胁迫因子 r 的敏感性，取值 0～1。

$$i_{rxy} = 1 - (d_{xy} / d_{r\max}) \tag{4-3}$$

式中，d_{xy} 为栅格 x 与栅格 y 之间的直线距离；$d_{r\max}$ 为胁迫因子 r 的最大影响距离。

InVEST 生境模型的参数为景观类型敏感性和胁迫因子，各胁迫因子通过研究区 TM 影像解译获得，包括耕地、农村建设用地、城区建设用地、工矿及交通用地。一个生境类型对外界胁迫的敏感度是基于景观生态学生物多样性保护的一般原则而定的（肖强等，2014；Forman，1995）。一般而言，天然环境对于外来威胁因子的敏感度最大，其次是半人工环境，而人工环境对外界生态胁迫因子的敏感度相对较小或根本不受影响。

2）土壤保持模型

本章利用 InVEST 模型中改进的 USLE 土壤保持模块对重庆市 2000 年、2005 年、2010 年、2015 年不同景观的土壤保持功能进行评价。其原理是土壤保持量为潜在土壤侵蚀量与实际土壤侵蚀量之差，具体公式如下。

土壤流失量 USLE：

$$\text{USLE} = R_i \cdot K_i \cdot \text{LS}_i \cdot C_i \cdot P_i \tag{4-4}$$

土壤保持量 T_h：

$$T_h = R_i \cdot K_i \cdot \text{LS}_i \cdot (1 - C_i \cdot P_i) \tag{4-5}$$

式中，USLE 为潜在土壤侵蚀量；T_h 为土壤保持量；R_i 为降水侵蚀力，根据气象数据计算得到；K_i 为土壤可蚀性因子；LS_i 为地形因子；C_i 为植被覆盖因子；P_i 为水土保持措施因子。

（1）降水侵蚀力 R_i。

降水侵蚀力 R_i 是一个栅格数据集，本章计算式采用相关研究中适合南方地区的年 R_i 值估算式（周伏建和黄炎和，1995）：

$$R_i = \sum_{i=1}^{12} 0.3046 P_i - 2.6398 \tag{4-6}$$

式中，R_i 为年侵蚀力 [J·cm/(hm²·h)]；P_i 为多年月平均降水量（mm）。

（2）土壤可蚀性因子 K_i。

K_i 值是土壤抵抗水蚀能力大小的一个相对综合指标：K_i 值越大，土壤的抗侵蚀能力越小；K_i 值越小，土壤的抗侵蚀能力越强。本章参考相关研究（吴昌广等，2010），采用几何平均粒径模型修正公式计算出各土种可蚀性 K_i 值（表 4-1），该方法较好地避免了人为随意性的干扰，并且通过对照全国土壤可蚀性 K_i 值的小区实测资料和四川遂宁紫色土的可蚀性 K_i 值验证关于三峡库区的 K_i 值，可信度较高。

表 4-1　重庆市土壤类型 K_i 值

土壤类型	红壤	黄壤	黄棕壤	黄褐土	棕壤	水稻土
K_i 值	0.0075	0.0156	0.0168	0.0192	0.0072	0.0157
土壤类型	新积土	暗棕壤	石灰土	紫色土	粗骨土	山地草甸土
K_i 值	0.0185	0.0113	0.0171	0.0184	0.0077	0.0176

（3）地形因子 LS_i。

地形起伏度是地面一定距离范围内最大的高程差，地形是导致土壤侵蚀的最直接的因素。以 DEM 为数据源，通过 ArcGIS 栅格邻域计算工具，取 3×3 窗口提取最大值（MaxDEM）与最小值（MinDEM）计算地形起伏度。

（4）植被覆盖因子 C_i。

植被覆盖度指在相同降水、地形以及土壤条件下，某一特定作物或植被条件下土壤流失量与连续休闲土地土壤流失量的比值。目前，对 C 因子估算应用最多的是蔡崇法等在三峡库区建立的关系式（蔡崇法等，2000；冯强和赵文武，2014）。公式如下：

$$
\begin{array}{ll}
C = 1 & f_c = 0 \\
C = 0.6508 - 0.3436 \lg f_c & 0 < f_c \leqslant 78.3\% \\
C = 0 & f_c > 78.3\%
\end{array}
\tag{4-7}
$$

式中，f_c 为植被覆盖度。

利用 Gutman 模型提取植被覆盖度 f_c：

$$f_c = \frac{\mathrm{NDVI} - \mathrm{NDVI_{soil}}}{\mathrm{NDVI_{veg}} - \mathrm{NDVI_{soil}}} \tag{4-8}$$

式中，f_c 为植被覆盖度；$\mathrm{NDVI_{soil}}$ 为完全裸土或无植被区域的 NDVI 值；$\mathrm{NDVI_{veg}}$ 为完全被植被覆盖的像元的 NDVI 值。

（5）水土保持措施因子 P_i。

水土保持措施因子（P_i）是一种基于经验和物理过程的混合模型，是采取专门措施后的土壤流失量与顺坡种植时的土壤流失量之比，其值在 0～1，0 代表根本不会发生土壤侵蚀的地区，1 代表未采取任何水土保持措施的地区。本章参考吴昌广等（2010）在三峡库区中的相关研究对耕地采用 Wener 经验公式 [式（4-9）] 来估算重庆市耕地的 P 值（Lufafa et al.，2003）：

$$P_i = 0.2 + 0.03S \tag{4-9}$$

式中，S 为坡度；水体和人工表面的 P 因子赋值为 0，林地、草地和未利用地的 P 因子赋值为 1。

（6）土壤保持养分价值。公式如下：

$$V_h = T_h \times \sum C_i \times p_i \tag{4-10}$$

式中，V_h 为土壤保持养分价值；T_h 为土壤保持量；i 为土壤中养分种类；C_i 为土壤中第 i 类养分含量；p_i 为第 i 类养分的市场价格，其中土壤养分含量来源于全国土壤污染状况调查报告——重庆市土壤污染状况调查报告，根据近年来国产化肥平均价格，尿素、过磷酸钙、氯化钾价格分别按 200 元/t、500 元/t、2000 元/t 计算。

3）水源涵养模型

InVEST 模型中水源涵养模型根据水量平衡原理，即研究区每个像元的水源供给量等于降水量减去实际蒸发后的水量，通过年降水量、地表蒸发量、植被蒸散量、土壤厚度、根系深度计算流域产水量，再结合地形因素、土壤渗透性计算水源涵养量，包括冠层截留量、土壤含水量、枯落物持水量以及地表产流。具体方法如下：

$$Y_{xj} = P_x - \mathrm{AET}_{xj} \tag{4-11}$$

$$Y_{xj} = (1 - \mathrm{AET}_{xj} / P_x) \times P_x \tag{4-12}$$

式中，Y_{xj} 为景观类型 j 中栅格单元 x 上的年水源供给量（mm）；P_x 为单元格 x 上的年降水量（mm）；AET_{xj} 为景观类型 j 中单元格 x 上的年实际蒸散量（mm）。

$$\frac{\mathrm{AET}_{xj}}{P_x} = \frac{1 + \omega_x + R_{xj}}{1 + \omega_x + R_{xj} + 1/R_{xj}} \tag{4-13}$$

式中，$\dfrac{\mathrm{AET}_{xj}}{P_x}$ 为实际蒸散量与降水量的比值；R_{xj} 为森林景观类型 j 中单元格 x 上的 Budyko 干燥指数（潜在蒸散量与降水量的比值）；ω_x 为非物理参数，表示植被年所需水量与年降水量的比值。

$$\omega_x = Z \times (\text{AWC}_x / P_x) \qquad (4\text{-}14)$$

式中，Z 为经验常数，反映区域降水季节性特征，其值位于 $1 \sim 10$（1 表示降水集中在夏季或者均匀分布，10 表示降水集中在冬季），重庆市各地降水量多集中在下半年（5～10 月），下半年占全年降水量的 75%～82%，故根据相关研究及专家意见，取值为 2；AWC_x 为单元格 x 的植物含水量（mm）。

$$R_{xj} = (k_{xj} \times \text{ET}_{0x}) / P_x \qquad (4\text{-}15)$$

式中，ET_{0x} 为单元格 x 的潜在蒸散量（mm）；k_{xj} 为植被蒸散系数，即不同发育期作物蒸散量 ET 与潜在蒸散量 ET_0 的比值，由植被叶面积指数 LAI 计算。

$$\text{ET}_0 = 0.0013 \times 0.408 \times \text{RA} \times (T_{\text{avg}} + 17) \times (\text{TD} - 0.0123P)^{0.76} \qquad (4\text{-}16)$$

式中，RA 为太阳顶层辐射[MJ/($\text{m}^2 \cdot \text{d}$)]；$T_{\text{avg}}$ 为日最高均温和日最低温均值的平均值（℃）；TD 为日最高温均值和日最低温均值的差值（℃）。

$$\text{AWC}_x = \min(\text{Max}_{\text{Soil Depth}_x}, \text{Root Depth}_x) \times \text{PWAC}_x \qquad (4\text{-}17)$$

式中，$\text{Max}_{\text{Soil Depth}_x}$ 为最大土壤深度；Root Depth_x 为根系深度；PWAC_x 为植被可利用水，利用土壤质地计算：

$$\begin{aligned} \text{PWAC}_x = {} & 54.509 - 0.132\text{sand} - 0.003\text{sand}^2 - 0.055\text{silt} - 0.006\text{silt}^2 \\ & - 0.738\text{clay} + 0.007\text{clay}^2 - 2.688\text{OM} + 0.501\text{OM}^2 \end{aligned} \qquad (4\text{-}18)$$

式中，sand 为土壤砂粒含量（%）；silt 为土壤粉粒含量（%）；clay 为土壤黏粒含量（%）；OM 为土壤有机质含量（%）。

根据水平衡原理，水源涵养量应为输入水量（降水）与输出水量（蒸散和地表径流）之差（李盈盈，2015）。本章利用 SCS 模型（符素华等，2012）对何君（2017）研究中的水源涵养方法进行了修正，具体如下：

$$W_{xj} = Y_{xj} - Q_{xj} \qquad (4\text{-}19)$$

式中，W_{xj} 为栅格单元 x 上的水源涵养量（mm）；Y_{xj} 为景观类型 j 中栅格单元 x 上的年水源供给量（mm），由 InVEST 模型水源涵养模型求取；Q_{xj} 为单元格 x 上的地表径流量（mm），利用 SCS 模型求取。

4）固碳模型

InVEST 模型中陆地生态系统部分的碳模块基于土地利用类型图和不同地类对应的四大碳库（地上生物量、地下生物量、死亡有机质和土壤）的碳密度、木材砍伐速率等来计算固碳总量、不同地类固定的碳数量及研究时段内固定或释放的碳。除了四大基本碳库之外，模型还考虑到涉及木材衰减率、轮伐期等数据的第五大碳库，由于我国目前的木材市场不尽完备，木材衰减率等数据难以获得，故本章仅考虑基本碳库的碳储量。除此之外，InVEST 模型还可以根据当前的碳价格、碳贴现率、市场贴现率等经济指标计算碳存储和碳汇的现实意义及社会价值。由于研究目的需要和数据获取的限制，本章仅考虑地类固碳情况，对碳汇的经济价值不予计算。通过大量查阅文献资料（韩晋榕，2013；朱华娟，2013）和报告获得全国水平的三大基本碳库碳密度数据，分析碳密度影响因素，然后结合全国和研究区实际情况，并咨询专家意见构建修正体系得到研究区碳密度数据。

5）调节气候价值

城市林地通过蒸腾作用、蒸散作用对周边环境的温度有降低作用，目前国内外学者对绿地面积、类型对周边区域降温效果进行了大量研究（Declet-Barreto et al.，2013；何介南等，2011；罗婷婷，2012），城市林地的降温作用范围在几十米至几百米之间，基本在 500m 范围内且面积达到 2hm^2 以上的城市林地才有降温效果，本章提取四期城镇建设用地 500m 范围内且面积大于 2hm^2 的草地和林地作为研究区城市林地。城市林地在夏季的降温作用可以直接减少空调的使用，因此城市林地的降温功能可用替代成本法（即减少空调的耗电量）来衡量。根据相关研究，一棵大树一昼夜蒸发量的调温效果等于 1046kJ，相当于 10 台空调工作 20h，以室内空调耗电 0.86 千瓦时/台，电费按 0.52 元/千瓦时计算（何君，2017）。

6）净化环境价值

生态系统净化环境功能主要体现在吸收有害物质 SO_2、NO_x，以及滞留过滤降尘和飘尘三个方面。采用替代成本法（即其他治理环境污染措施的成本）代替生态系统净化环境功能的价值。

（1）吸收 SO_2 的价值。

研究认为，阔叶林和针叶林对 SO_2 的吸收能力为 88.65kg/（hm^2·a）和 215.6kg/（hm^2·a），因数据分类精度问题，本章取其平均值 152.13kg/（hm^2·a）作为吸收 SO_2 的能力，每治理 $1tSO_2$ 的成本为 3000 元。

（2）吸收 NO_x 的价值。

目前，汽车尾气脱氮治理的代价是 1.6 万元/t，1hm^2 林地一年可以吸收氮氧化物 380kg，通过研究区现有林地核算吸收 NO_x 的价值。

（3）滞留过滤降尘和飘尘的价值。

粉尘是大气污染的重要指标之一，植物对烟灰、粉尘有明显的阻挡、过滤和吸附作用。研究认为，针叶林、阔叶林的滞尘能力分别为 33.2t/hm^2、10.11t/hm^2，由于数据分类精度问题，本章取其平均值 21.66t/hm^2 作为滞尘能力，削减粉尘成本为 170 元/t，核算研究区滞留过滤降尘和飘尘的价值。

2. 价值当量模型

基于单位面积价值当量因子核算生态系统服务价值的方法，简称为当量因子法。当量因子法是在区分不同种类生态系统服务功能的基础上，基于可量化的标准构建不同类型生态系统各种服务功能的价值当量，然后结合生态系统的分布面积进行评估（Costanza et al.，1997；谢高地等。2003）。Costanza 等于 1997 年提出了全球生态系统单位面积生态系统服务价值当量表。2003 年，我国学者谢高地通过问卷调查的方式，最终根据 200 多位生态学专家的综合意见，结合我国资源环境、生态状况的具体情况，制定出全国单位面积生态系统服务价值当量因子表（表 4-2）。

表 4-2　全国单位面积生态系统服务价值当量因子表

服务价值	林地	草地	耕地	水域	未利用地
气体调节	3.5	0.8	0.5	0.9	0
气候调节	2.7	0.9	0.89	8.78	0
水源涵养	3.2	0.8	0.6	17.94	0.03
土壤形成与保护	3.9	1.95	1.46	0.86	0.02
废物处理	1.31	1.31	1.64	18.18	0.01
生物多样性保护	3.26	1.09	0.71	2.50	0.34
食物生产	0.1	0.3	1	0.2	0.01
原材料	2.6	0.05	0.1	0.04	0

由于全国单位面积生态系统服务价值当量因子表是谢高地等依据全国的生态系统情况而确定的，而生态系统服务价值的变化会随研究区具体情况而变化（Konarska et al.，2002），为了保证生态系统服务价值的准确性以及在研究区域空间上的差异性，在传统当量因子表的基础上，结合重庆市的具体情况，对重庆市的生态系统服务价值当量因子表进行修订（吴娇，2018），结果如表 4-3 所示。

表 4-3　重庆市生态服务价值当量因子表

服务价值	林地	草地	耕地	水域	建设用地	未利用地
气体调节	3.17	0.74	0.45	0.78	−0.14	0
气候调节	2.84	0.95	0.94	9.23	0	0
土壤保持	3.38	1.69	1.26	0.74	0	0.02
水源涵养	3.31	0.83	0.62	18.55	−1.68	0.03
生物多样性保护	2.82	0.94	0.61	2.16	0	0.29
废物处理	1.13	1.13	1.42	15.74	−0.06	0.01
食物生产	0.09	0.26	0.87	0.17	0	0.01
原材料	2.25	0.04	0.09	0.03	0	0

以 1hm² 耕地平均每年自然粮食的产值作为一个当量因子，计算食物生产功能单位面积的服务价值，其他生态系统生态服务价值是指生态系统产生该生态服务相对于农田食物生产服务贡献的大小，具体计算方式为

$$E_a = 1/7 \times a \times T_i \tag{4-20}$$

式中，E_a 为某种土地利用类型的某种服务功能提供的经济价值（元/hm²）；T_i 为研究区每年的粮食经济产值（元/hm²），本章取 2000～2015 年的平均值，为 2841.16 元/hm²；a 为生态系统服务价值的当量因子；1/7 指没有人力投入的自然生态系统提供的经济价值是现有单位面积农田提供的食物生产经济价值的 1/7。最终得到重庆市修正后的生态系统服务价值系数表，见表 4-4。

表 4-4 修正后的重庆市生态系统服务价值系数表 （单位：元/hm²）

服务价值	林地	草地	耕地	水域	建设用地	未利用地
气体调节	1285.33	299.61	184.59	316.26	-400.23	0.00
气候调节	1152.35	384.12	379.85	3747.27	0.00	0.00
水源涵养	1342.78	335.69	251.77	7527.94	-4784.81	12.59
土壤形成与保护	1370.46	685.23	513.04	302.20	0.00	7.03
废物处理	460.33	460.33	576.30	6388.45	-184.38	3.51
生物多样性保护	1145.56	383.03	249.49	878.50	0.00	119.48
食物生产	35.14	105.42	351.40	70.28	0.00	3.51
原材料	913.64	17.57	35.14	14.06	0.00	0.00

利用多源遥感信息及单位面积生态系统服务价值当量因子，计算各栅格单项生态系统服务价值及总生态系统服务价值。生态系统服务总价值评估模型如下：

$$V_i = V_{ig} + V_{it} \tag{4-21}$$

食物生产及原材料提供生态系统服务价值评估模型：

$$V_{ig} = S_i \times m\_G \times H_n \times \frac{m\_\mathrm{NPP}_i}{m\_\mathrm{NPP}'} \tag{4-22}$$

土壤保持、生物多样性保护、气体调节、气候调节、水源涵养、净化环境生态系统服务价值评估模型：

$$V_{it} = S_i \times m\_G \times H_n \times \frac{m\_\mathrm{NDVI}_i}{m\_\mathrm{NDVI}'} \tag{4-23}$$

式中，S_i 为第 i 个栅格的面积；m_G 为单位面积生态系统服务价值当量因子；H_n 为标准生态系统生态服务价值当量因子经济价值量；m_NPP_i、m_NDVI_i 分别为第 i 个栅格内特定地表覆盖类型的 NPP、NDVI；m_NPP'、m_NDVI' 分别为重庆市特定地表覆盖类型的生态系统的平均 NPP、NDVI。

4.1.2 数据获取

使用数据包括：

（1）基础地理信息数据。

（2）2000 年、2005 年、2010 年和 2015 年土地利用现状 25m 栅格数据集，土地利用现状数据由 2000 年、2005 年、2010 年 Landsat 4、Landsat 5 TM 影像以及 2015 年 Landsat 8 TM 影像数据（来源于地理空间数据云. http://www.gscloud.cn/）解译得到，由于重庆地区多云，选取影像集中在 7～9 月。

（3）1995～2015 年重庆市 34 个气象监测站点逐日降水数据（来源于国家气象科学数据中心，http://data.cma.cn/）。

（4）第二次全国土壤调查土壤数据（来源于土壤科学数据库，http://vdb3.soil.csdb.cn/）以及全国土壤污染状况调查公报——重庆市土壤污染状况调查报告。

（5）2000 年、2005 年、2010 年和 2015 年重庆市统计年鉴、国民经济和社会发展统计公报（来源于中国统计信息网，http://www.tjcn.org/）。

4.1.3　结果分析

1. 基于 InVEST 模型的区域生态价值评估

1）生物栖息地价值分析

2000～2015 年研究区生境质量指数平均值高达 0.9674，远高于全国其他区域的生境质量指数，这得益于研究区丰富的自然资源和极高的物种多样性。2000 年、2005 年、2010 年和 2015 年研究区平均生境质量指数分别为 0.9759、0.9704、0.9689 和 0.9546，研究区年平均生境质量指数呈逐年下降的趋势，2010～2015 年下降幅度最大。由图 4-1 可知，重庆市"一区两群"生境质量指数由高至低分别为：渝东南武陵山区城镇群、渝东北三峡库区城镇群、主城都市区，年平均生境质量指数分别为 0.9825、0.9736、0.9523。除了渝东北三峡库区城镇群的生境质量指数略有增加外，其余两个区域均呈下降趋势，其中，主城都市区生境质量指数下降趋势最为明显。

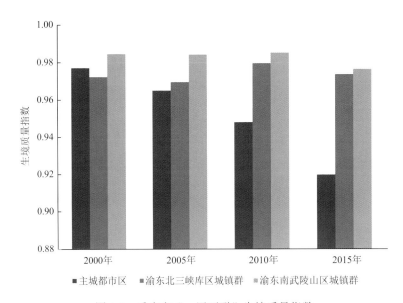

图 4-1　重庆市"一区两群"生境质量指数

由生境质量指数分布图（图 4-2）可知，研究区生境质量最差的区域主要分布在中心城区及各个区县的城镇所在地，且范围随着城镇扩张而不断增大。从空间上看，2000～2005 年渝东北、渝东南由于山高坡陡、耕地较多，生境质量较差，生境质量指数较差的区域主要分布在七曜山、铁峰山、酉阳县南部一带。城市发展新区的生境质量整体较好，生境质量指数较差的区域集中分布在綦江区且生境质量好转趋势明显，但由于区县城镇的不断扩张，生境质量恶化程度略大于好转强度。中心城区及其周边由于城镇化建设、人类开发活动强度大于生态环境保护的强度，导致生境质量显著下降，生境质量沿

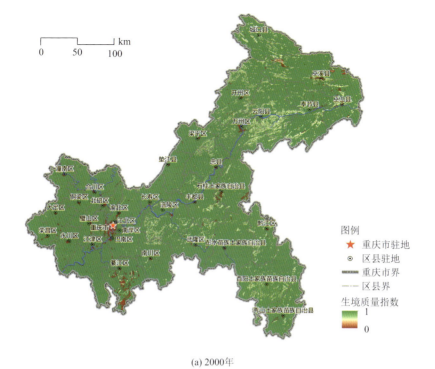

(a) 2000年

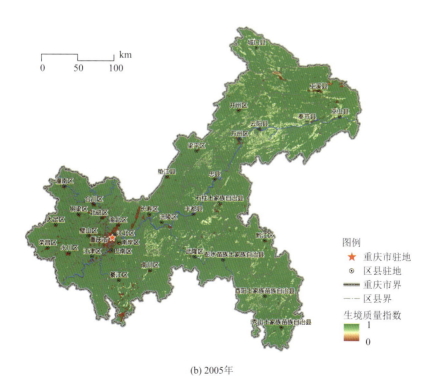

(b) 2005年

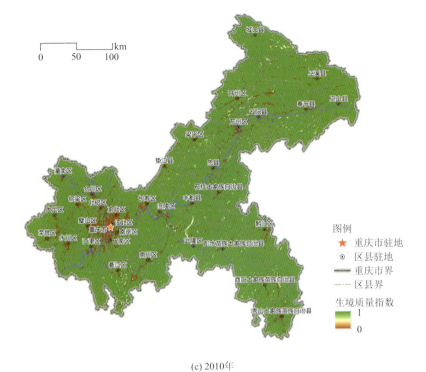

(c) 2010年

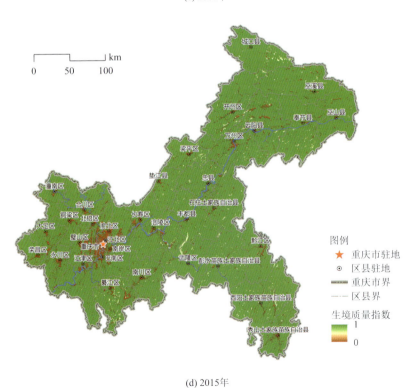

(d) 2015年

图 4-2　生境质量指数分布图

着中心城区呈辐射状恶化。研究区生境质量提高的区域与林地增加的区域一致，生境质量降低的区域与城镇化扩张区域一致，表明退耕还林还草工作的开展有效促进了研究区生境质量的提高，而快速的城镇化和工业化对研究区生境质量产生了极大的破坏。

　　2000 年、2005 年、2010 年、2015 年重庆市生物栖息地价值分别为 91.77 亿元、90.93 亿元、95.12 亿元、94.21 亿元（图 4-3），总体上呈增加趋势，15 年间平均价值为93.01 亿元，增加了 2.44 亿元。"一区两群"中，生物栖息地价值由高至低分别为渝东北三峡库区城镇群、主城都市区、渝东南武陵山区城镇群，其平均价值分别为 37.54 亿元、32.63 亿元、22.84 亿元，渝东北三峡库区城镇群、渝东南武陵山区城镇群的生物栖息地价值均有所增加，主城都市区的生物栖息地价值下降趋势显著。生物栖息地价值计算采用的是生境质量指数最高的区域来核算，由此可知渝东北、主城都市区的生物栖息地价值（生境质量高的区域）高于渝东南，但生境质量整体水平较渝东南低，因此，渝东南武陵山区城镇群在优越的生态环境基础上，要不断提高区域内部的生境质量，打造高质量、高水平的生物栖息地。渝东北和主城都市区要注重提高区域生境质量整体水平，避免生物栖息地两极分化。

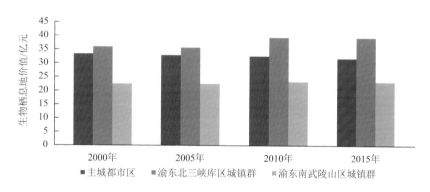

图 4-3　2000 年、2005 年、2010 年、2015 年重庆市"一区两群"生物栖息地价值

　　分区县统计研究区四期生物栖息地价值（图 4-4），研究区生物栖息地价值最高的是酉阳县，15 年间生物栖息地价值平均值为 5.90 亿元；其次为彭水县、巫溪县、奉节县、开州区，生物栖息地平均价值分别为 4.62 亿元、4.47 亿元、4.41 亿元、4.39 亿元；最低的为中心城区所包含的渝中区、大渡口区、江北区等区，生物栖息地价值不足 1 亿元。2000~2015 年渝北区、江津区、九龙坡区、沙坪坝区、巴南区、北碚区、合川区、永川区、江北区、长寿区、大足区、南岸区、璧山区、铜梁区、南川区、垫江县、荣昌区、彭水县、大渡口区、潼南区、渝中区 21 个区县的生物栖息地价值均有所减少，其余 17 个区县生物栖息地价值均有所增加；其中渝北区、江津区减少最多，减少的价值分别为 0.29 亿元、0.16 亿元；奉节县、云阳县生物栖息地价值增加最多，分别增加了 0.86 亿元、0.54 亿元。

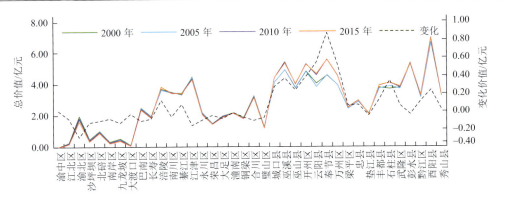

图 4-4　2000 年、2005 年、2010 年、2015 年重庆市各区县生物栖息地价值统计

2）土壤保持价值分析

通过统计得到研究区四期土壤保持量分别为 9.59×10^8t、8.96×10^8t、9.60×10^8t、11.98×10^8t，15 年间研究区土壤保持量有所波动，整体上呈增加趋势。

分"一区两群"来看（图 4-5），渝东南武陵山区城镇群、渝东北三峡库区城镇群、主城都市区的年平均土壤保持总量分别为 2.13×10^8t、5.92×10^8t、1.98×10^8t。渝东北三峡库区城镇群土壤保持量最高，占全区土壤保持量的一半以上。2000～2015 年土壤保持量呈增加趋势，且 2010～2015 年增幅最大；其次为渝东南武陵山区城镇群和主城都市区，两个区域土壤保持量呈先减后增趋势。

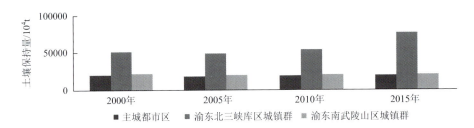

图 4-5　2000 年、2005 年、2010 年、2015 年重庆市"一区两群"土壤保持量

图 4-6（a）～（d）为 2000 年、2005 年、2010 年、2015 年四期研究区土壤保持量空间分布图，研究区四期平均土壤保持量分别在 34.88～158.56t/hm²、29.28～133.60t/hm²、33.12～150.56t/hm²、36.96～167.04t/hm²，土壤保持量高值区主要位于研究区东北部城口大巴山—巫溪阴条岭、七曜山—方斗山—金佛山一带，且高值区范围逐渐扩大，主要是因为此地区海拔较高，虽然降水量相对丰富，对土壤有一定的冲刷和侵蚀，但植被覆盖良好，加之人类活动干扰较小，土壤保持功能较好。中西部平坦区域为土壤保持量低值区，土壤多为紫色土，紫色土土质疏松、土体浅薄、风化较快，不利于土壤保持，且中西部地区为研究区城镇化建设的主要区域，建设用地的不断扩张以及对自然资源的过度开采导致中西部地区的土壤保持量较低。

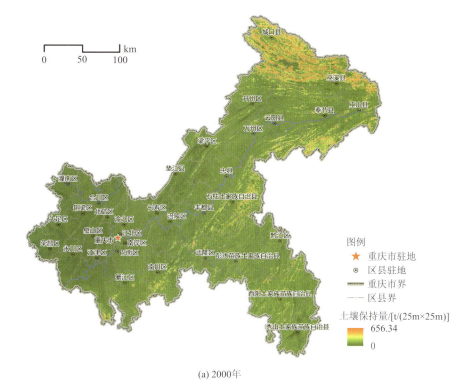

(a) 2000年

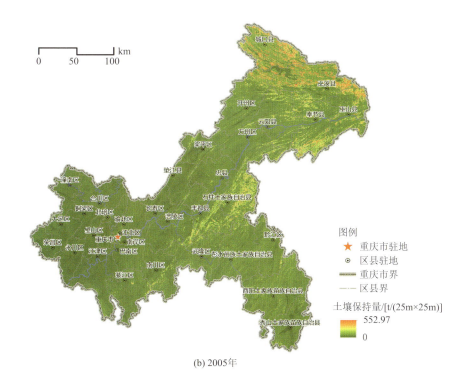

(b) 2005年

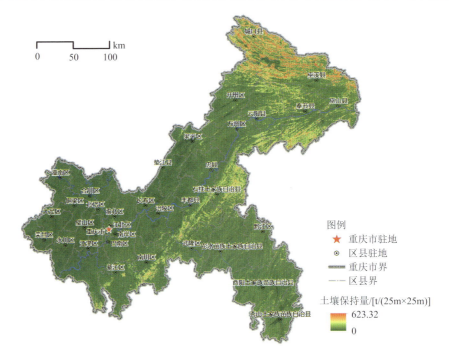

(c) 2010年

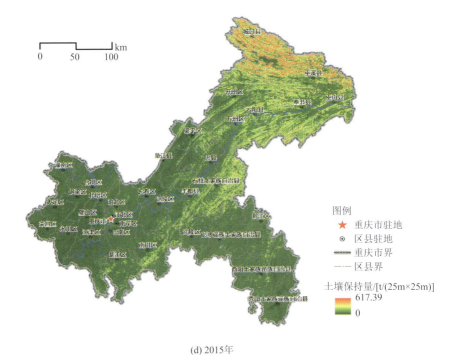

(d) 2015年

图 4-6 土壤保持量分布图

　　将四期土壤保持量结合研究区各个土壤类型的养分含量及化肥价格计算得到研究区四期土壤保持价值，研究区四期土壤保持总价值分别为 247.61 亿元、231.40 亿元、247.73 亿元、309.76 亿元，平均价值分别为 3001.82 元/hm²、2805.30 元/hm²、3003.27 元/hm²、3755.15 元/hm²。对"一区两群"进行分区统计，得到研究区四期"一区两群"土壤保持价值。由图 4-7 可知，土壤保持价值为渝东北三峡库区城镇群＞渝东南武陵山区城镇群＞主城都市区，但是后两者差距不大。2000～2015 年"一区两群"内部的土壤保持价值波动较大，特别是 2010～2015 年渝东北三峡库区城镇群土壤保持价值显著增加，而其余两区土壤保持价值整体呈现减少的趋势，主要是人为活动导致生态环境破坏。

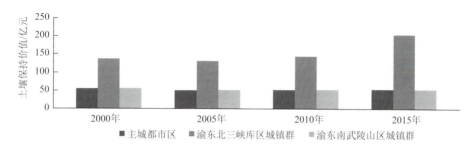

图 4-7　2000～2015 年重庆市"一区两群"土壤保持价值

　　将四期土壤保持价值按区县进行统计（图 4-8），研究区 38 个区县中，土壤保持价值最高的区县为城口县，2000 年、2005 年、2010 年、2015 年城口县的土壤保持价值最高，分别为 27.73 亿元、23.76 亿元、29.50 亿元、40.23 亿元，15 年间土壤保持价值增加了 12.50 亿元；其次为巫溪县、奉节县，土壤保持平均价值为 29.37 亿元、19.86 亿元，分别增加了 11.70 亿元、8.11 亿元。土壤保持价值最低的区县主要分布在中心城区，土壤保持价值在 1 亿元左右。

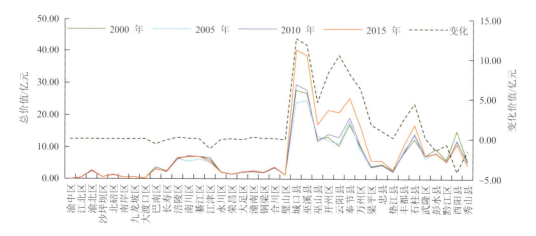

图 4-8　2000 年、2005 年、2010 年、2015 年重庆市各区县土壤保持价值统计

3）水源涵养价值分析

根据模型计算结果，研究区四期年均水源涵养量分别为 197.24×10⁸m³、195.03×10⁸m³、207.68×10⁸m³、211.67×10⁸m³，15 年间增加了 14.43×10⁸m³。研究区 15 年来年均水源涵养量为 202.91×10⁸m³，其中渝东北三峡库区城镇群的水源涵养贡献率最大，高达 48.93%，其次为渝东南武陵山区城镇群和主城都市区，占比分别为 28.26%、22.81%。

渝东北三峡库区城镇群与主城都市区年均水源涵养量在 2000～2015 年基本呈增加趋势（图 4-9），2015 年较 2000 年分别增加了 5.53×10⁸m³ 与 4.63×10⁸m³；渝东南武陵山区城镇群 15 年间年均水源涵养量波动较大，整体呈减—增—减趋势，2005～2010 年年均水源涵养量大幅增加，增幅达 22.53%，2015 年年均水源涵养量较 2000 年增加了 4.27×10⁸m³。

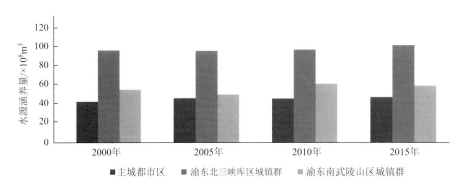

图 4-9　2000～2015 年重庆市"一区两群"年均水源涵养量

从空间分布（图 4-10）来看，研究区年均水源涵养量空间分布差异显著，呈现出东南、东北向中西部方向递减的趋势，这与重庆市地形地貌特征和四期年均降水量的分布情况高度一致。其中，年均水源涵养量高值区集中分布在渝东北的城口大巴山和开州区雪宝山、渝东南海拔较高的山区，此区域虽然海拔较高，潜在蒸散量较大，但年均降水量大加之植被覆盖良好，使此区域水源涵养量较高。低值区主要分布在中西部区域以及渝东北海拔较低的河谷地带，此区域由于年降水量低且植被覆盖相对较差，年均水源涵养量较少。

通过统计重庆市已建水库、在建水库和规划水库的总库容及投资，得到研究区水库平均单位库容造价 35.49 元。在水源涵养量的基础上计算得到研究区四期的水源涵养价值。研究区 2000 年、2005 年、2010 年、2015 年水源涵养价值分别为 7000.18 亿元、6921.53 亿元、7370.47 亿元、7512.14 亿元，15 年间年水源涵养价值增加了 511.96 亿元。对"一区两群"进行分区统计，得到研究区"一区两群"四期水源涵养价值。由图 4-11 可知，"一区两群"水源涵养价值为：渝东北三峡库区城镇群＞渝东南武陵山区城镇群＞主城都市区，与水源涵养量的分布格局一致。

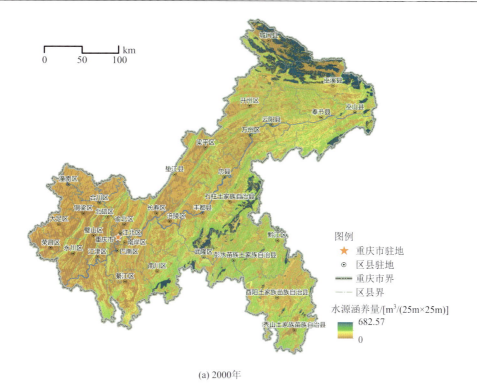

(a) 2000年

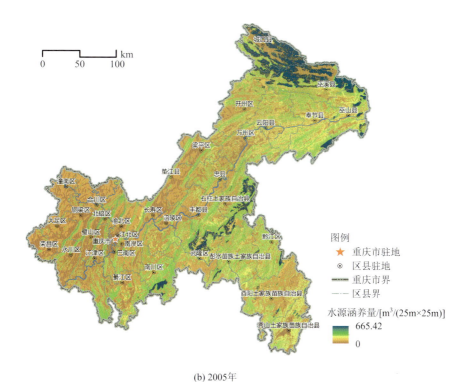

(b) 2005年

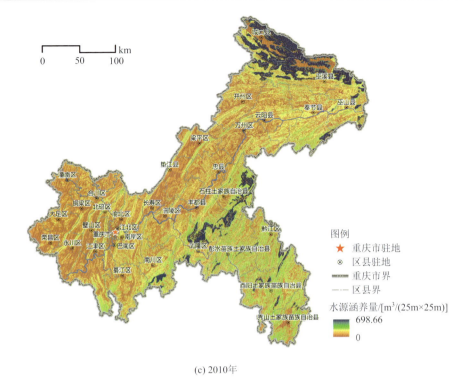

(c) 2010年

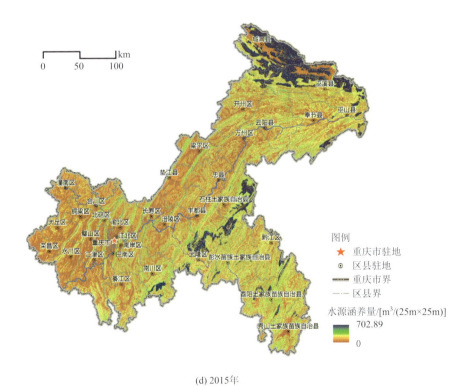

(d) 2015年

图 4-10　水源涵养量分布图

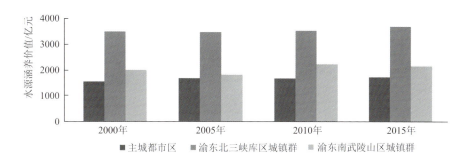

图 4-11　2000 年、2005 年、2010 年、2015 年重庆市"一区两群"水源涵养价值

将四期水源涵养价值按区县进行统计（图 4-12），研究区 38 个区县中，水源涵养价值最高的区县为城口县，2000 年、2005 年、2010 年、2015 年水源涵养价值分别为 659.53 亿元、656.74 亿元、705.25 亿元、729.38 亿元，15 年间水源涵养平均价值为 687.73 亿元，增加了 69.85 亿元；其次为巫溪县、酉阳县，年均水源涵养平均价值分别为 681.31 亿元、465.30 亿元。水源涵养价值最低的区县主要分布在中心城区，水源涵养价值在 50 亿元左右。2000~2015 年，奉节县减少了 23.93 亿元，为全市减少最多的区县；酉阳县增加了 133.98 亿元，为全市增值最大的区县。

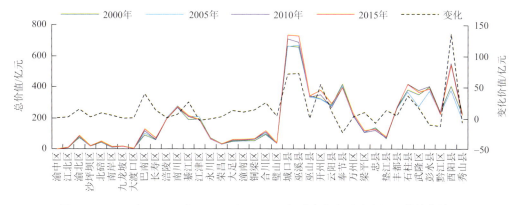

图 4-12　2000 年、2005 年、2010 年、2015 年重庆市各区县水源涵养价值统计

4）固碳价值分析

根据模型计算结果，研究区四期固碳量分别为 2.21×10^8t、2.24×10^8t、2.49×10^8t、2.48×10^8t，15 年间增加了 0.27×10^8t，增幅达到 12.22%。研究区 15 年年均固碳量为 2.36×10^8t，其中渝东北三峡库区城镇群的固碳量最大，高达 42.98%，其次为主城都市区和渝东南武陵山区城镇群，占比分别为 29.38% 和 27.64%。

渝东北三峡库区城镇群和主城都市区的固碳量变化趋势一致（图 4-13），呈先增后减趋势，其中，2000~2010 年固碳量呈增加趋势，且 2005~2010 年增加趋势明显，2010~2015 年固碳量略有下降，15 年间固碳量分别增加了 0.12×10^8t 和 0.07×10^8t，增幅分别为 12.50% 和 10.60%；渝东南武陵山区城镇群在 2000~2005 年固碳量有所降低，2005~2015 年呈增加趋势，15 年间固碳量增加了 0.08×10^8t，增幅为 12.50%。

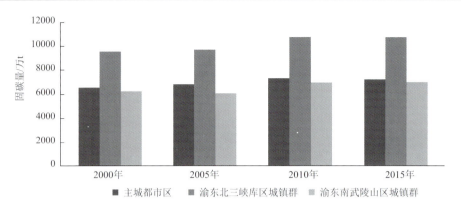

图 4-13　2000 年、2005 年、2010 年、2015 年重庆市"一区两群"年均固碳量

　　从空间分布（图 4-14）来看，由于不同年份的土地利用各个类型的碳密度是相同的，故计算得到的研究区四期栅格固碳量区间均为 0～2.99t/(25m×25m)，其中最高值为林地的栅格固碳量，最低值为水体栅格的固碳量。其中固碳量高值区集中分布在渝东北、渝东南、南部金佛山和中心城区四山一带植被较好的区域。低值区主要分布在长江及其支流所在的水域。

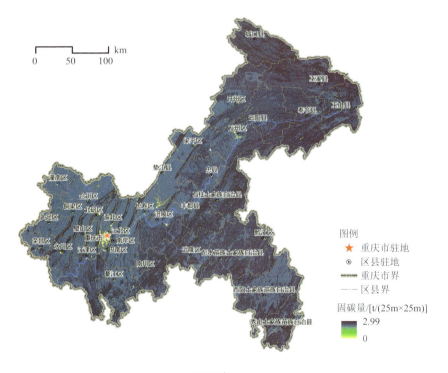

(a) 2000年

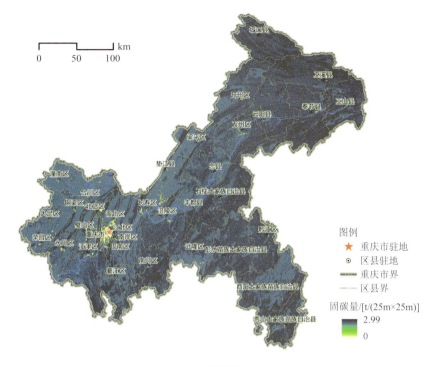

(b) 2005年

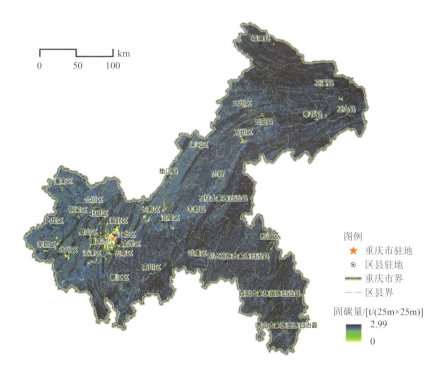

(c) 2010年

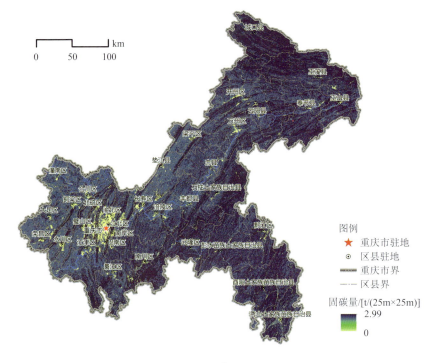

(d) 2015年

图 4-14　固碳量分布图

　　根据重庆市相关研究，固碳价格按 114.94 元/t 计算，在固碳量的基础上计算得到研究区四期的固碳价值。研究区 2000 年、2005 年、2010 年、2015 年固碳价值分别为 254.52 亿元、257.36 亿元、285.73 亿元、284.91 亿元，15 年间固碳价值增加了 30.39 亿元，与研究区的土地利用变化情况关系显著。由图 4-15 可知，"一区两群"固碳价值为：渝东北三峡库区城镇群＞主城都市区＞渝东南武陵山区城镇群，与固碳量的分布格局一致。15 年间，三个区域整体均呈增加趋势，其中，渝东北三峡库区城镇群增加最多，增加了 13.63 亿元。

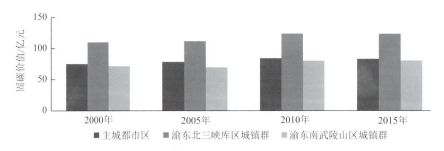

图 4-15　2000 年、2005 年、2010 年、2015 年重庆市"一区两群"固碳价值

　　将四期固碳价值按区县进行统计（图 4-16），研究区 38 个区县中，2000 年、2005 年、2010 年、2015 年酉阳县的固碳价值最高，分别为 15.51 亿元、15.63 亿元、21.09 亿元、21.21 亿元；2005 年巫溪县固碳价值最高，为 15.78 亿元。15 年间酉阳县固碳平均价值为 18.36 亿元，增加价值最大，增加了 5.7 亿元；其次为巫溪县、彭水县，年固碳平均价值分别为 16.76 亿元、15.27 亿元，分别增加了 2.45 亿元、0.03 亿元。固碳价值最低的区县主要分布在中心城区，固碳价值在 1 亿元左右。2000～2015 年固碳价值减少的区县为江津区、永川区、忠县三个区县，其中，江津区以减少 0.63 亿元为全市减少最多的区县，其余 35 个区县的固碳价值均呈增加趋势，酉阳县为全市增值最大的区县。

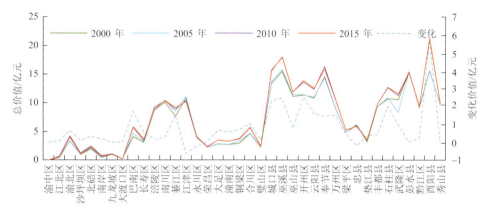

图 4-16　2000 年、2005 年、2010 年、2015 年重庆市各区县固碳价值统计

　　5）调节气候价值分析

　　结合相关研究以林地林木 100 株/hm² 计算，根据研究区实际情况，日平均温度大于 30℃开始使用空调，根据气象部门日气温统计，2000 年、2005 年、2010 年、2015 年研究区日均气温大于 30℃的天数分别为 83 天、90 天、82 天、81 天。通过研究区各年的城市林地分布计算得到四期的气候调节价值。

　　通过提取城镇建设用地 500m 范围内且面积达到 2hm² 以上的城市林地斑块，得到对研究区具有降温效果的四期城市林地，其面积分别为 124.39km²、320.09km²、611.51km²、853.31km²，15 年间增加了 728.92km²。分 "一区两群" 统计可知（图 4-17），渝东南武陵山区城镇群 15 年间城市林地面积呈持续增加趋势，增加了 191.29km²。主城都市区 2000～2010 年呈增加趋势，2010～2015 年城市林地有所减少，15 年间城市林地增加了 372.46km²。渝东北三峡库区城镇群的城市林地面积波动较大，2000～2005 年林地面积随着城市用地的扩张而增加；2005～2010 年由于城镇大规模建设侵占了城市周边的林地，加之城镇内部配套绿地还未形成规模，故城市林地有所降低；2010～2015 年随着城镇建设的完善，城镇周边林地大面积增加。

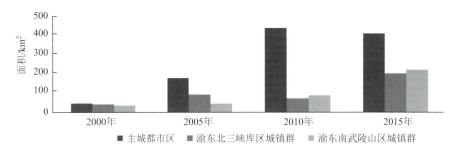

图 4-17　2000 年、2005 年、2010 年、2015 年重庆市 "一区两群" 城市林地面积

由于对城市起降温作用的主要提取的是城镇建设用地周边的林地，由图 4-18 可知，研究区林地斑块较大的区域集中分布在中心城区周边的中梁山、南山一带，其余区县的林地分布比较分散，且随着建设用地的扩张，斑块越来越多，斑块的面积越来越大。

根据重庆市相关研究，利用提取的四期城市林地数据计算得到研究区 2000 年、2005 年、2010 年和 2015 年调节气候价值。研究区 2000 年、2005 年、2010 年、2015 年调节气候价值分别为 92.40 亿元、257.70 亿元、448.58 亿元、618.15 亿元，15 年间年调节气候价值增加了 354.21 亿元，与研究区的城市林地分布关系显著。对 "一区两群" 进行分区统计，得到研究区四期调节气候价值。由图 4-19 可知，渝东南武陵山区城镇群在 2000~2015 年调节气候价值均呈大幅增加趋势，15 年间调节气候价值增加了 137.95 亿元；主城都市区在

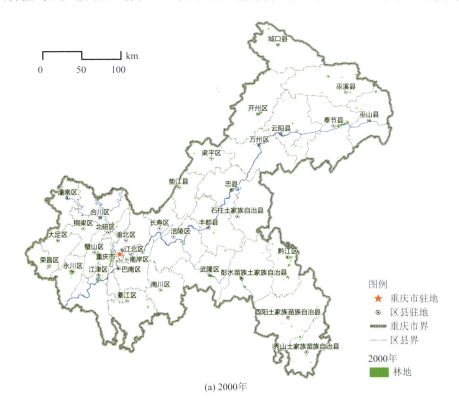

(a) 2000年

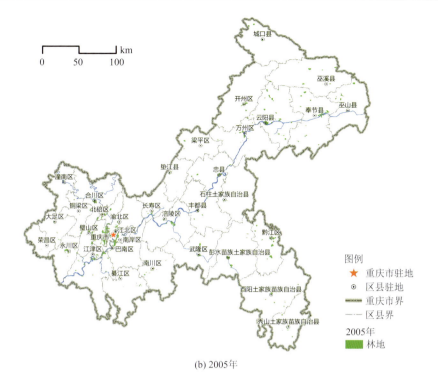

(b) 2005年

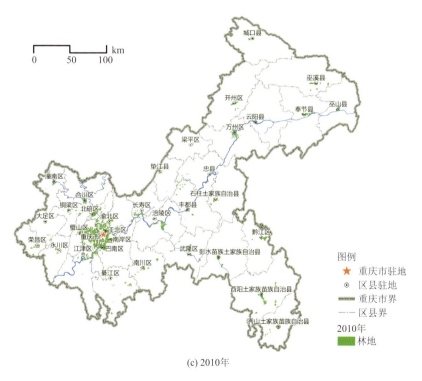

(c) 2010年

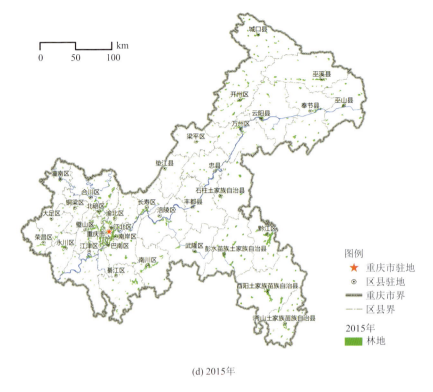

(d) 2015年

图 4-18　城市林地分布图

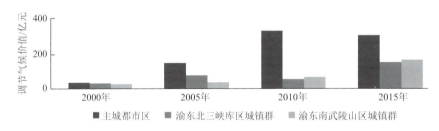

图 4-19　2000 年、2005 年、2010 年、2015 年重庆市"一区两群"调节气候价值

2000~2010 年调节气候价值增加趋势明显，2010~2015 年有一定程度降低。渝东北三峡库区城镇群调节气候价值随着林地面积的波动而上下浮动。

　　将四期调节气候价值分区县统计（图 4-20），研究区 38 个区县调节气候价值均呈增加趋势，增加最多的是酉阳县，15 年间增加了 46.23 亿元；渝中区气候调节价值增加最少，15 年间仅增加了 0.56 亿元；巴南区、南川区、渝北区、长寿区为增幅较大的区县。2000 年、2005 年、2010 年、2015 年城市林地的调节气候价值较高的分别为黔江区、云阳县、沙坪坝区、酉阳县，其价值分别为 9.88 亿元、20.60 亿元、47.64 亿元、50.03 亿元。

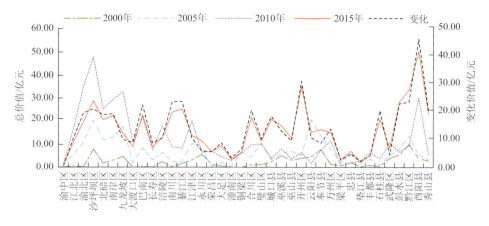

图 4-20　2000 年、2005 年、2010 年、2015 年重庆市各区县调节气候价值统计

6）净化环境价值分析

利用四期林地数据计算得到研究区 2000 年、2005 年、2010 年、2015 年净化环境价值分别为 204.93 亿元、210.85 亿元、264.02 亿元、265.26 亿元，单位面积林地的净化环境价值为 0.65 元/(m^2·a)。

从研究区林地生态系统净化环境价值来看，2000～2015 年净化环境价值增加了 60.33 亿元，增幅为 29.44%。其中，2005～2010 年增加最多，增加了 53.17 亿元，主要是 2005～2010 年研究区退耕还林工程取得了较大成果，林地面积大幅增加。从净化环境价值组成情况来看（表 4-5），林地生态系统净化环境价值主要为吸收 NO_x 的价值，所占比例高达 90%以上，其次为吸收 SO_2 的价值，所占比例在 7%左右，由于降尘所需的成本较低，降尘价值所占比例不足 1%。

表 4-5　2000～2015 年林地吸收 SO_2、NO_x、降尘价值　　　（单位：亿元）

价值	2000 年	2005 年	2010 年	2015 年
吸收 SO_2	14.37	14.79	18.51	18.68
吸收 NO_x	190.44	195.94	245.36	246.43
降尘	0.1160	0.1193	0.1493	0.1507
合计	204.93	210.85	264.02	265.26

分"一区两群"（图 4-21）来看，净化环境价值由高至低为：渝东北三峡库区城镇群＞渝东南武陵山区城镇群＞主城都市区，其平均价值分别为：104.38 亿元、72.20 亿元、66.73 亿元，2015 年"一区两群"林地净化环境的价值均高于 2000 年，表明研究区林地生态系统由于面积的不断增加对环境的净化作用逐渐增强。除渝东南武陵山区城镇群在 2000～2005 年有所下降、主城都市区在 2010～2015 年有所下降外，其余阶段各区均呈上升趋势，表明在中西部区域在未来城市建设过程中，要注意对林地的保护，从而有效利用林地吸收空气中的 SO_2、NO_x 和降尘的功能。

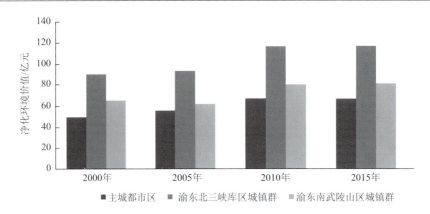

图 4-21 2000 年、2005 年、2010 年、2015 年重庆市 "一区两群" 净化环境价值

结合区县进行统计分析（图 4-22），2010 年、2015 年研究区 38 个区县中净化环境价值最高的均为酉阳县，其净化环境价值分别为 21.51 亿元、21.79 亿元，2005 年净化环境价值最高的是巫溪县，其价值为 15.44 亿元，2000 年最高的为彭水县，其价值为 15.09 亿元。15 年来，净化环境价值减少的区县为江津区、永川区、忠县，其中江津区减少最多，减少了 0.79 亿元；其余 35 个区县的净化环境价值均呈增加趋势，其中酉阳县以增加 9.92 亿元为研究区 15 年间净化环境价值增加最多的区县。

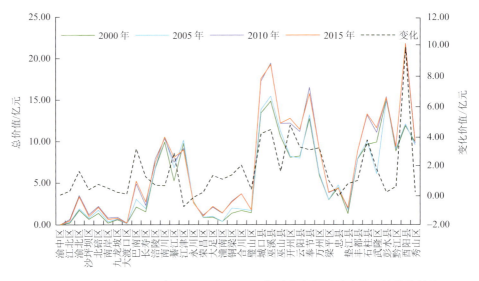

图 4-22 2000 年、2005 年、2010 年、2015 年重庆市各区县净化环境价值统计

7）生态价值综合分析

将四期的生物栖息地价值、土壤保持价值、水源涵养价值、固碳价值、调节气候价值、净化环境价值六类生态价值叠加分析得到 2000 年、2005 年、2010 年、2015 年研究区生态效益分布图（图 4-23）。通过分布图可知，2000 年、2005 年研究区高值区域主要分布于渝东南、渝东北，此区域人口相对较少且城镇化程度较低，生态环境优越，故生

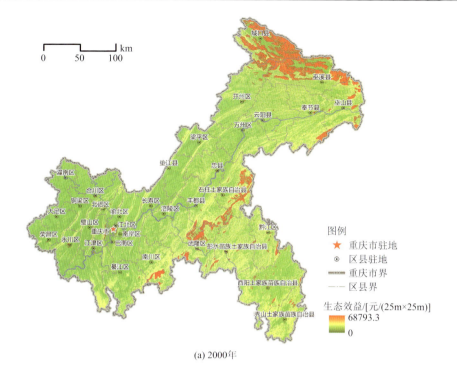

(a) 2000年

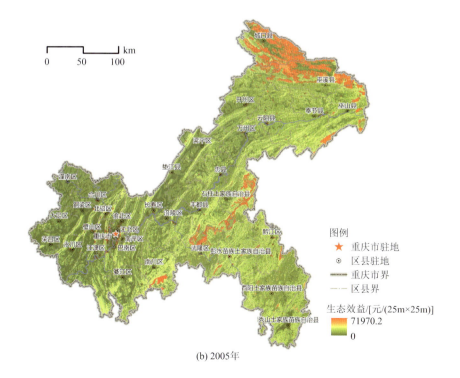

(b) 2005年

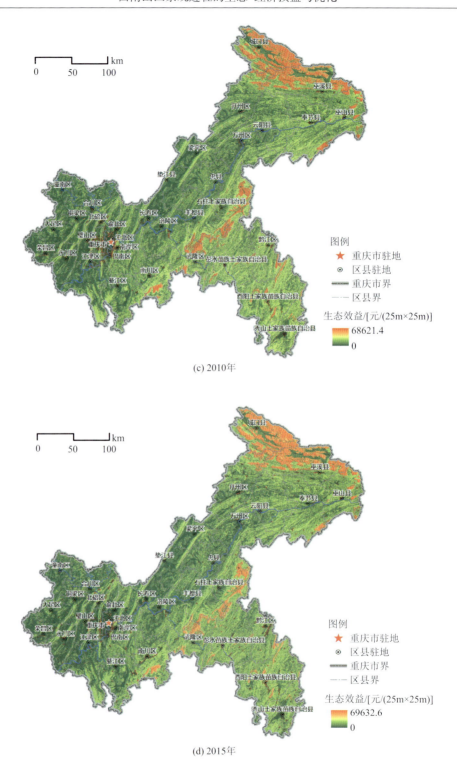

(c) 2010年

(d) 2015年

图 4-23　生态效益分布图

态效益较好；低值区则分布在中西部城镇化程度较高的平坦区域，受城镇化和本身自然条件的影响，此区域生态效益整体上远远差于渝东南和渝东北；且高值区与低值区界限明显，相差较大，说明在 2000~2005 年，研究区生态效益两极分化十分严重。2010 年、2015 年高值区与低值区的界限逐渐模糊，表明研究区生态效益发展较为均衡，整体上得到良好的改善。通过统计可知四期的生态总效益分别为 7891.39 亿元、7972.08 亿元、8714.04 亿元、9092.24 亿元，2000~2010 年的 10 年间，城镇迅速扩张对生态环境造成了极其严重的破坏，导致研究区生态效益呈直线下降趋势，2010~2015 年，由于在城镇化建设的同时兼顾对生态环境保护，且得益于退耕还林还草、高山生态移民等政策的实施，研究区生态效益得到了大幅的提升。

将研究区生态效益分“一区两群”统计（图 4-24），生态效益由高至低分别为：渝东北三峡库区城镇群＞渝东南武陵山区城镇群＞主城都市区，所占研究区生态效益比例分别为：47.69%、27.70%、24.61%。除渝东南武陵山区城镇群 2005 年生态效益较 2000 年降低了 183.31 亿元外，其余两区生态效益均呈增长趋势，特别是主城都市区 15 年间增加了 458.24 亿元，在“一区两群”中生态效益增加最多。

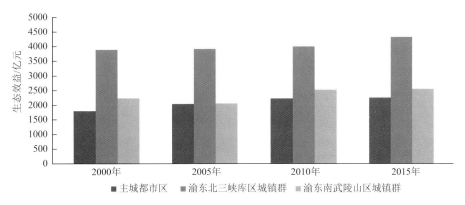

图 4-24　2000 年、2005 年、2010 年、2015 年“一区两群”生态效益分布图

将四期生态效益结果分区县统计（表 4-6），城口县生态效益最高，2000 年、2005 年、2010 年、2015 年生态效益分别为 719.94 亿元、714.88 亿元、775.29 亿元、827.67 亿元，2015 年较 2000 年增加了 108.27 亿元；其次为巫溪县和酉阳县，生态效益平均值分别为 758.51 亿元和 541.23 亿元。渝中区以 1.29 亿元为全市生态效益最低的区域。忠县为全市生态效益降低最大的区县，15 年间减少了 2.74 亿元，酉阳县以增加 192.16 亿元为全市生态效益增加最多的区县。

表 4-6　2000 年、2005 年、2010 年、2015 年区县生态效益统计 （单位：亿元）

区县	2000 年	2005 年	2010 年	2015 年	合计
渝中区	0.26	1.82	2.16	0.90	5.14
江北区	10.12	16.01	30.10	22.16	78.39
渝北区	83.01	101.29	131.74	118.58	434.62

续表

区县	2000 年	2005 年	2010 年	2015 年	合计
沙坪坝区	28.24	43.26	71.91	51.09	194.50
北碚区	49.81	67.58	80.55	77.42	275.36
南岸区	14.76	26.81	47.64	38.55	127.76
九龙坡区	24.90	38.06	54.47	34.33	151.76
大渡口区	4.19	5.59	15.11	13.14	38.03
巴南区	102.43	124.62	155.29	167.67	550.01
长寿区	67.40	75.76	77.67	90.00	310.83
涪陵区	221.28	231.50	236.68	233.13	922.59
南川区	295.97	307.94	305.83	326.21	1235.95
綦江区	212.64	235.19	242.61	266.11	956.55
江津区	226.48	248.08	237.95	230.40	942.91
永川区	85.24	90.07	80.53	88.88	344.72
荣昌区	37.22	39.61	44.61	44.62	166.06
大足区	56.12	62.53	70.24	78.35	267.24
潼南区	58.79	62.95	69.30	73.13	264.17
铜梁区	60.00	76.70	78.44	81.13	296.27
合川区	105.91	115.82	132.80	153.55	508.08
璧山区	43.65	58.23	54.97	57.31	214.16
城口县	719.94	714.88	775.29	827.67	3037.78
巫溪县	718.77	731.43	762.20	821.65	3034.05
巫山县	381.60	380.05	376.18	397.72	1535.55
开州区	362.52	360.32	398.01	463.24	1584.09
云阳县	319.31	330.37	308.31	356.13	1314.12
奉节县	470.49	464.96	456.82	468.93	1861.20
万州区	253.90	255.27	259.22	280.96	1049.35
梁平区	122.52	124.24	121.56	137.01	505.33
忠县	154.94	160.61	138.58	152.20	606.33
垫江县	75.84	83.31	83.70	91.10	333.95
丰都县	295.05	292.41	301.81	306.82	1196.09
石柱县	414.74	404.26	462.74	480.87	1762.61
武隆区	382.81	301.43	419.08	406.03	1509.35
彭水县	445.89	421.14	451.65	456.31	1774.99
黔江区	273.72	266.99	273.74	283.69	1098.14
酉阳县	453.78	427.00	638.19	645.94	2164.91
秀山县	257.14	223.96	266.34	269.33	1016.77
合计	7891.38	7972.05	8714.02	9092.26	33669.72

2. 基于价值当量的区域生态价值评估

1）气体调节生态服务价值空间格局评价

从空间分布看（图 4-25），重庆市 2000 年、2005 年、2010 年、2015 年四期气体调节生态服务价值均表现为东北部、东南部及中部石柱、丰都、武隆、南川、綦江等区县略高于其他区县；而中心城区及各区县城镇地带服务价值相对较低，且逐渐减少；渝西地区气体调节生态服务价值呈相对稳定状态。

从时间序列看，2000~2010 年重庆市气体调节生态服务价值呈增长趋势；2010~2015 年由于南川、涪陵、武隆等区县植被覆盖有所减少，因此其生态服务价值逐渐降低。

图 4-26 为重庆市不同土地利用类型气体调节生态服务价值对比，2000~2015 年，林地生态系统服务价值占总值的比例分别为 81.63%、82.35%、88.55%、88.76%，呈现逐渐增加的趋势；其次是耕地生态系统，占比分别为 14.16%、13.22%、9.8%、9.82%，呈现先减少后增长的趋势，且后两期耕地的生态服务价值低于前两期；草地、水域生态服务价值所占比例较小；建设用地气体调节生态服务价值的贡献率为负，且逐年减少。

2）气候调节生态服务价值空间格局评价

从空间分布看（图 4-27），重庆市 2000 年、2005 年、2010 年、2015 年四期气候调节生态服务价值具体表现为东北部、中部及东南部部分区县较高，渝西和中心城区除四山分布地区外整体较低。

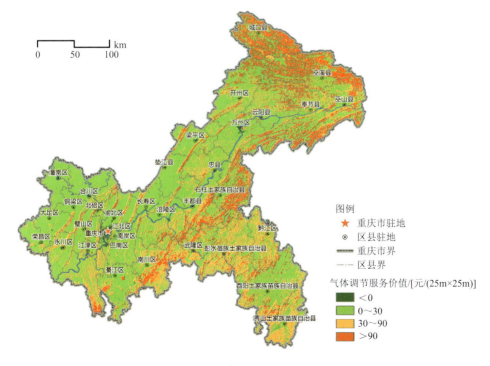

(a) 2000年

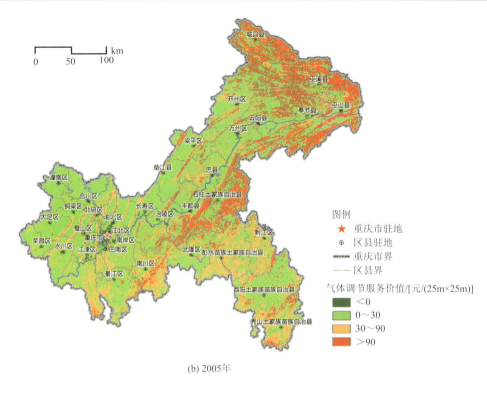

(b) 2005年

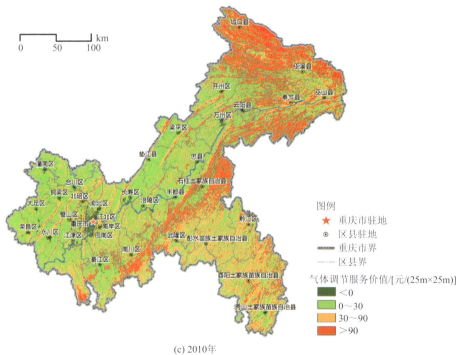

(c) 2010年

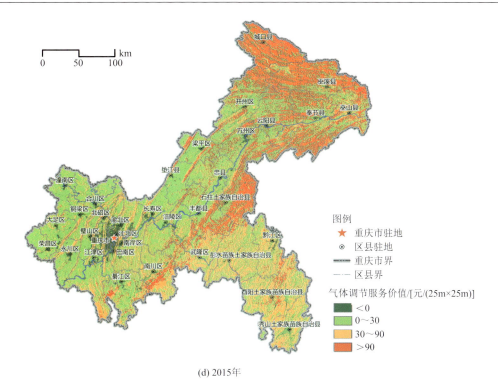

(d) 2015年

图 4-25　气体调节生态服务价值分布图

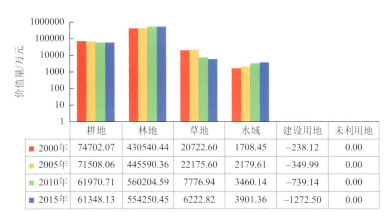

	耕地	林地	草地	水域	建设用地	未利用地
■ 2000年	74702.07	430540.44	20722.60	1708.45	−238.12	0.00
■ 2005年	71508.06	445590.36	22175.60	2179.61	−349.99	0.00
■ 2010年	61970.71	560204.59	7776.94	3460.14	−739.14	0.00
■ 2015年	61348.13	554250.45	6222.82	3901.36	−1272.50	0.00

图 4-26　重庆市不同土地利用类型气体调节生态服务价值对比

　　从时间序列看，2000～2010 年重庆市气候调节生态服务价值呈增长趋势；2010～2015 年由于南川、涪陵、武隆等区县植被覆盖有所减少，因此其生态服务价值逐渐降低；渝西和中心城区生态服务价值在 2000～2005 年有明显降低趋势，2005～2010 年稍微增长，但长寿、垫江、梁平生态服务价值有所降低；2010～2015 年渝西、中心城区及长寿、垫江、梁平的生态服务价值呈增长趋势。

(a) 2000年

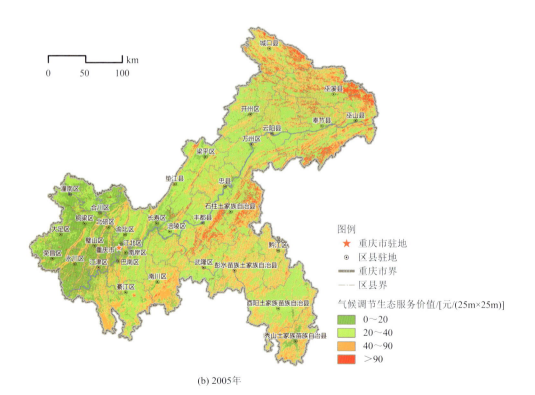

(b) 2005年

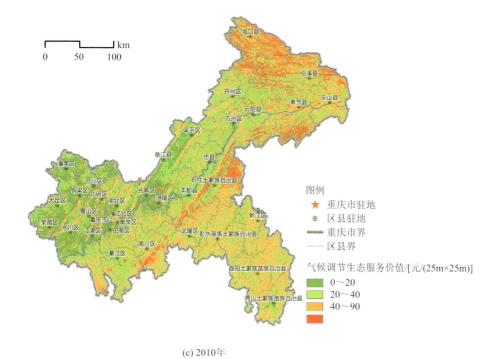

(c) 2010年

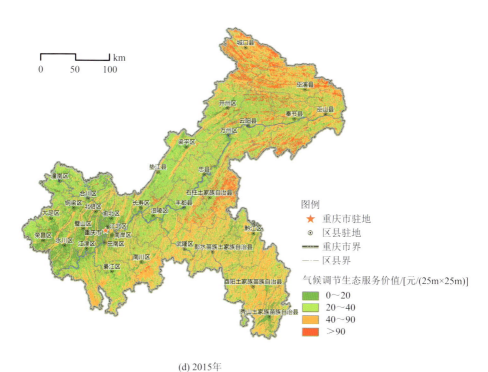

(d) 2015年

图 4-27　气候调节生态服务价值分布图

图 4-28 为重庆市不同土地利用类型气候调节服务价值对比,2000~2015 年,林地生态系统服务价值所占总价值的比例分别为 33.72%、66.22%、73.57%、73.15%,呈现先增加后减少的趋势,且 2000~2005 年比重增长最快;其次是耕地生态系统,占比分别为 51.76%、24.77%、18.97%、18.87%,呈逐渐减少的趋势,2000~2005 年变化最大;水域生态系统服务价值所占比例在 2000~2005 年从 7.57%降低至 4.28%,并在 2005~2015 年逐渐增加至 6.8%;草地生态服务价值所占比例较小,且呈逐年降低趋势。

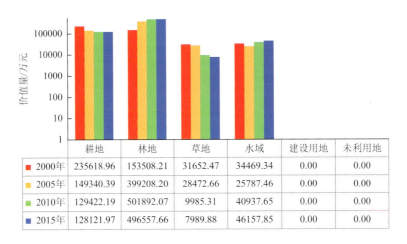

图 4-28   重庆市不同土地利用类型气候调节服务价值对比

3)土壤保持生态服务价值空间格局评价

从空间分布看(图 4-29),重庆市 2000 年、2005 年、2010 年、2015 年四期土壤保持生态服务价值具体表现为渝西地区、中心城区、长寿、垫江、梁平、忠县较低;东北部和东南部相对较高。

从时间序列看,2000~2005 年重庆市土壤保持生态服务价值变化不大,相对稳定;2005~2010 年生态服务价值明显增长,2010~2015 年其价值虽有所降低,但变化不大,基本保持稳定;2000~2015 年,中心城区生态服务价值呈逐渐降低趋势。

图 4-30 为重庆市不同土地利用类型土壤保持服务价值对比,2000~2015 年,林地生态系统服务价值占总价值的比例分别为 34.16%、35.4%、75.22%、75.71%,呈逐渐增长趋势,且 2005~2010 年比例增长最快;其次是耕地生态系统,占比分别为 53.35%、51.13%、22.1%、22%,呈逐渐减少趋势,2005~2010 年变化最大;草地生态系统服务价值所占比例在 2000~2015 年从 12.08%逐渐降低至 1.82%,且前两期生态服务价值明显高于后两期;水域和未利用地所占比例较少,可以忽略不计。

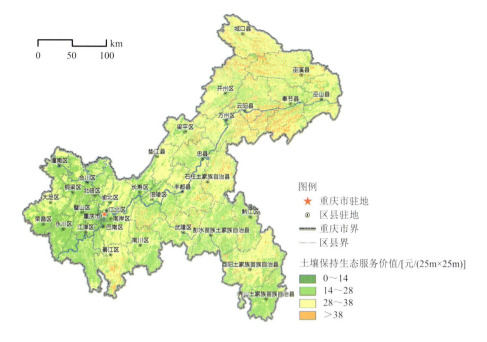

(a) 2000年

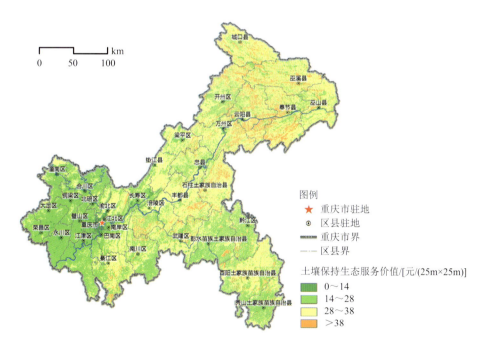

(b) 2005年

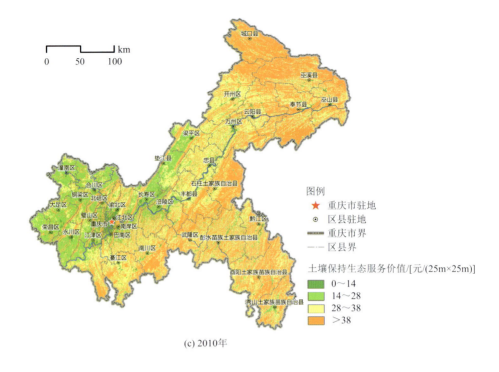

(c) 2010年

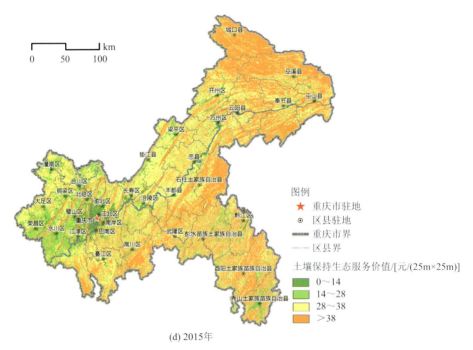

(d) 2015年

图 4-29 土壤保持生态服务价值分布图

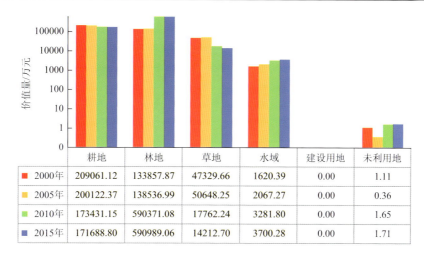

	耕地	林地	草地	水域	建设用地	未利用地
2000年	209061.12	133857.87	47329.66	1620.39	0.00	1.11
2005年	200122.37	138536.99	50648.25	2067.27	0.00	0.36
2010年	173431.15	590371.08	17762.24	3281.80	0.00	1.65
2015年	171688.80	590989.06	14212.70	3700.28	0.00	1.71

图 4-30　重庆市不同土地利用类型土壤保持服务价值对比

4）水源涵养生态服务价值空间格局评价

从空间分布看（图 4-31），重庆市 2000 年、2005 年、2010 年、2015 年四期水源涵养生态服务价值总体表现为东北部最高，其次为东南部及南川、武隆等区县；最低值主要集中在中心城区及各区县城镇地带。

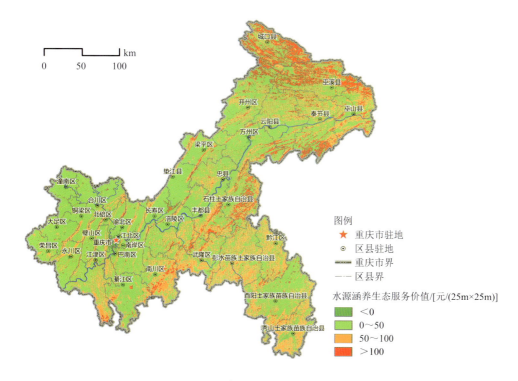

(a) 2000年

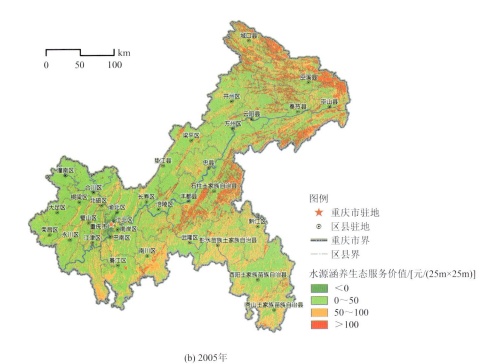

(b) 2005年

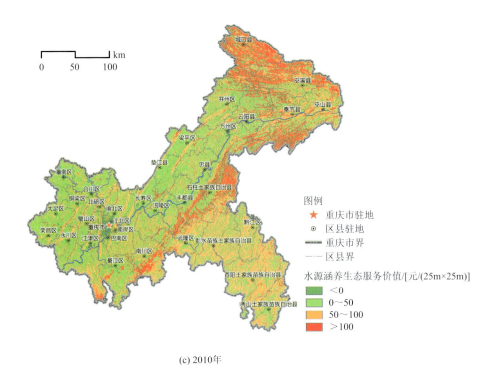

(c) 2010年

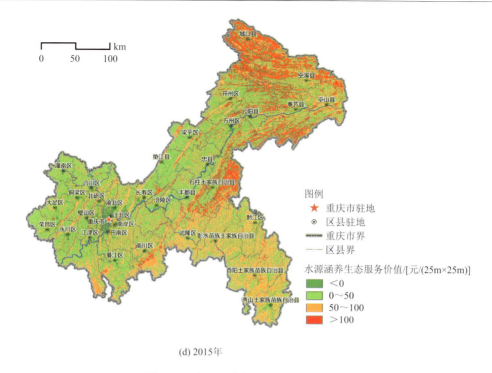

(d) 2015年

图 4-31 水源涵养生态服务价值分布图

从时间序列看，2000～2005 年重庆市水源涵养生态服务价值变化不大，相对稳定；2005～2010 年生态服务价值呈增长趋势，而 2010～2015 年，由于南川、武隆、涪陵等区县植被覆盖的变化，其价值又呈降低趋势；2000～2015 年，中心城区及各区县城镇地带生态服务价值呈逐渐降低趋势。

图 4-32 为重庆市不同土地利用类型水源涵养服务价值对比，2000～2015 年，林地生态系统服务价值最大，其所占总价值的比例分别为 73.28%、73.13%、77.74%、77.43%；

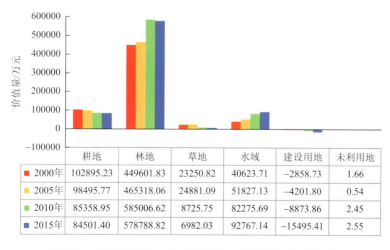

	耕地	林地	草地	水域	建设用地	未利用地
2000年	102895.23	449601.83	23250.82	40623.71	−2858.73	1.66
2005年	98495.77	465318.06	24881.09	51827.13	−4201.80	0.54
2010年	85358.95	585006.62	8725.75	82275.69	−8873.86	2.45
2015年	84501.40	578788.82	6982.03	92767.14	−15495.41	2.55

图 4-32 重庆市不同土地利用类型水源涵养服务价值对比

其次是耕地生态系统，占比分别为 16.77%、15.48%、11.34%、11.3%，呈逐渐减少趋势；水域生态系统服务价值所占比例在 2000～2015 年从 6.62%逐渐增长至 12.41%，草地生态系统服务价值前两期高于后两期；建设用地生态服务价值贡献率为负，且逐年降低；未利用地所占比例较少，可以忽略不计。

　　5）生物多样性保护生态服务价值空间格局评价

　　从空间分布看（图 4-33），重庆市 2000 年、2005 年、2010 年、2015 年四期生物多样性保护生态服务价值主要表现为东北部、东南部及南川、武隆、涪陵、丰都、石柱等地较高；渝西、中心城区除四山区域外，梁平、忠县、长寿、垫江部分地区服务价值较低。

　　从时间序列看，2000～2010 年重庆市水源涵养生态服务价值呈增长趋势；2010～2015 年，由于南川、武隆、涪陵等区县植被覆盖的变化，其价值又呈降低趋势；渝西及中心城区生态服务价值基本保持稳定不变。

　　图 4-34 为重庆市不同土地利用类型生物多样性保护服务价值对比，2000～2015 年，林地生态系统服务价值最大，其所占总价值的比例分别为 74.33%、75.15%、82.81%、82.88%，呈逐渐增长趋势；其次是耕地生态系统，占比分别为 19.64%、18.36%、13.95%、13.97%，呈先减少后增加的趋势，2010～2015 年增长幅度不大；草地生态系统服务价值所占比例从 2000 年的 5.11%增长到 2005 年的 5.34%，再逐渐降低至 2015 年的 1.33%，其生态服务价值前两期高于后两期；水域生态系统服务价值所占比例从 0.92%逐渐增长至 1.82%；未利用地所占比例较小，可以忽略不计。

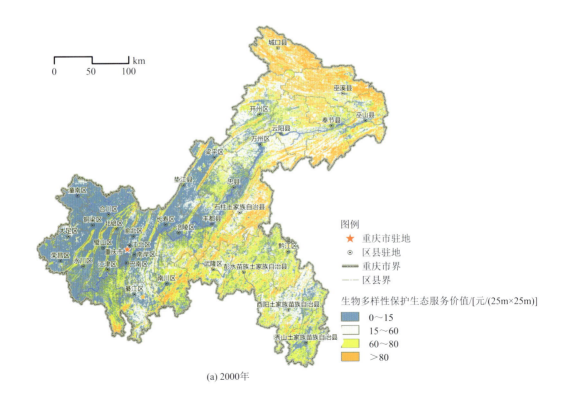

(a) 2000年

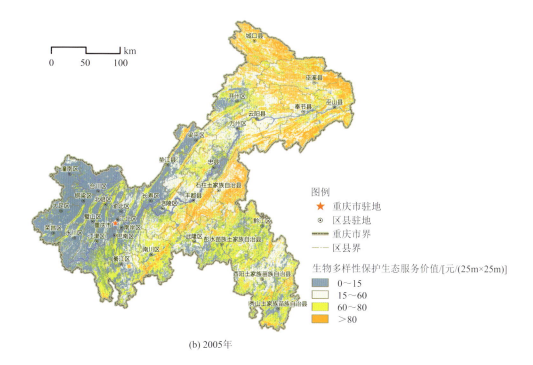

(b) 2005年

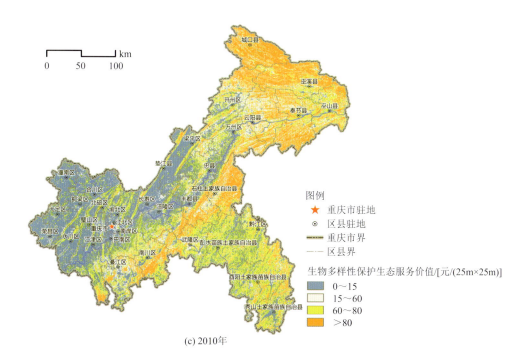

(c) 2010年

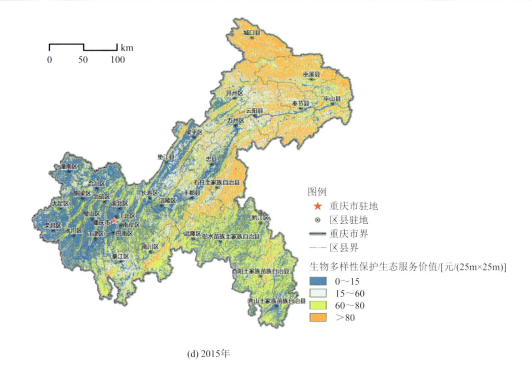

(d) 2015年

图 4-33　生物多样性保护生态服务价值分布图

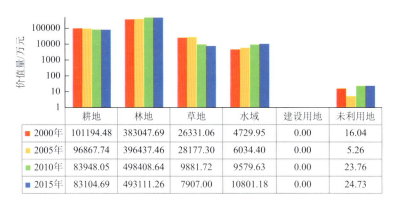

	耕地	林地	草地	水域	建设用地	未利用地
2000年	101194.48	383047.69	26331.06	4729.95	0.00	16.04
2005年	96867.74	396437.46	28177.30	6034.40	0.00	5.26
2010年	83948.05	498408.64	9881.72	9579.63	0.00	23.76
2015年	83104.69	493111.26	7907.00	10801.18	0.00	24.73

图 4-34　重庆市不同土地利用类型生物多样性保护服务价值对比

6）废物处理生态服务价值空间格局评价

从空间分布看（图 4-35），重庆市 2000 年、2005 年、2010 年、2015 年四期废物处理生态服务价值总体表现为东北部、中部梁平、忠县、石柱、丰都、武隆、南川等区县及东南部部分地区较高；渝西地区生态服务价值较低，中心城区及各区县城镇地带服务价值最低。

从时间序列看，2000～2015 年重庆市废物处理生态服务价值呈增长趋势；2005～2010 年，在全市服务价值增长的情况下，酉阳生态服务价值明显降低，且长寿、垫江、忠县、梁平服务价值也呈降低趋势；2010～2015 年，长寿、垫江、忠县、梁平服务价值有所回升。

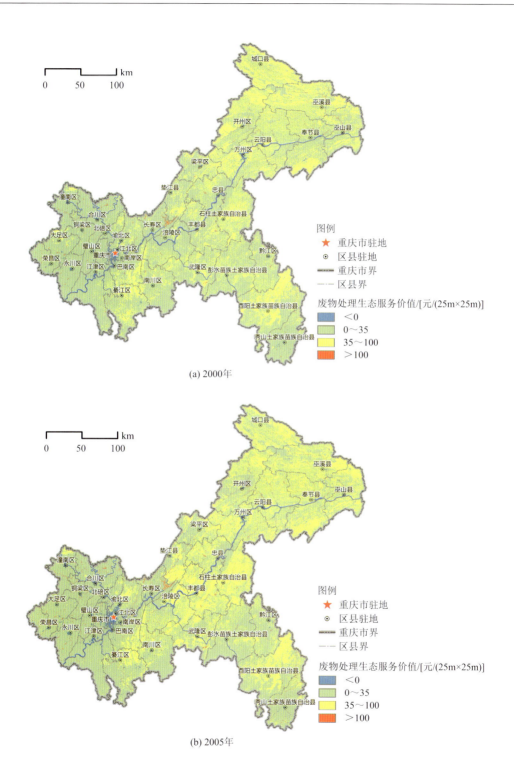

(a) 2000年

(b) 2005年

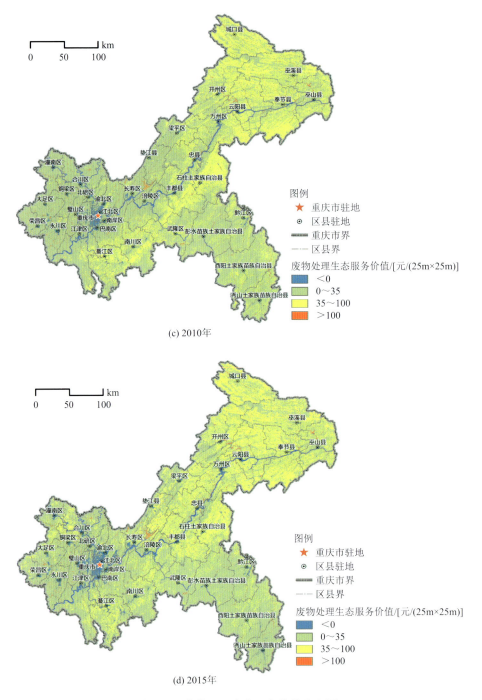

(c) 2010年

(d) 2015年

图 4-35　废物处理生态服务价值分布图

　　图 4-36 为重庆市不同土地利用类型废物处理生态服务价值对比，2000~2015 年，耕地生态系统服务价值最大，其所占总价值的比例分别为 51.77%、48.81%、41.01%、40.41%，呈逐渐降低趋势；其次是林地生态系统，分别为 33.73%、34.38%、41.91%、41.27%，呈

先增加后减少的趋势，其后两期服务价值明显高于前两期；水域生态系统服务价值所占比例从 2000 年的 7.57%增长到 2015 年的 16.44%；草地生态系统服务价值所占比例从 2000 年的 6.95%增加到 2005 年的 7.33%，而后又逐渐降低至 2015 年的 1.99%；建设用地生态服务价值贡献率为负，且逐渐减少；未利用地所占比例较小，可以忽略不计。

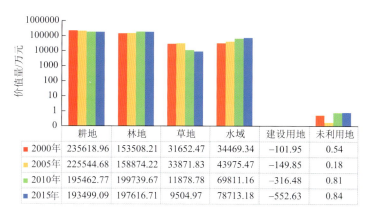

	耕地	林地	草地	水域	建设用地	未利用地
2000年	235618.96	153508.21	31652.47	34469.34	−101.95	0.54
2005年	225544.68	158874.22	33871.83	43975.47	−149.85	0.18
2010年	195462.77	199739.67	11878.78	69811.16	−316.48	0.81
2015年	193499.09	197616.71	9504.97	78713.18	−552.63	0.84

图 4-36　重庆市不同土地利用类型废物处理生态服务价值对比

7）食物生产生态服务价值空间格局评价

从空间分布看（图 4-37），重庆市 2000 年、2005 年、2010 年、2015 年四期食物生产

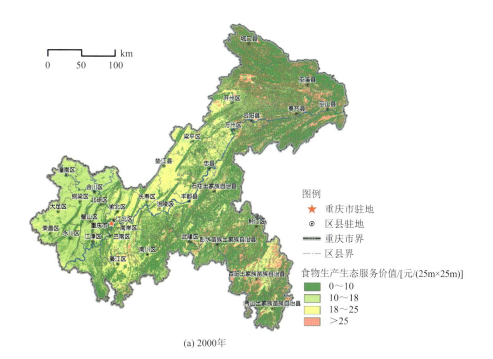

(a) 2000 年

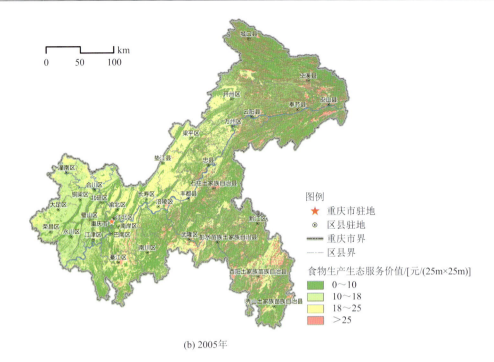

(b) 2005年

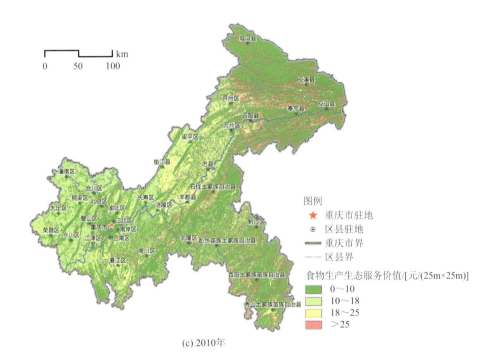

(c) 2010年

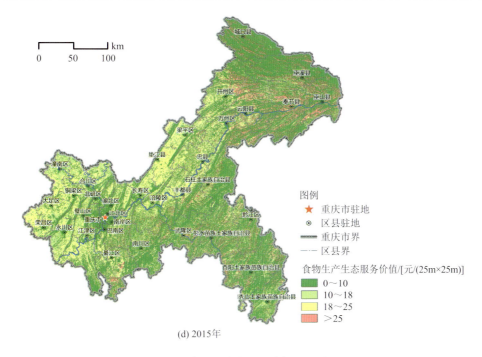

(d) 2015年

图 4-37　食物生产生态服务价值分布图

生态服务价值总体表现为东北部、东南部较高；渝西地区生态服务价值较低，中心城区及各区县城镇带生态服务价值最低。

从时间序列看，2000～2010 年重庆市食物生产生态服务价值呈降低趋势；2005～2010 年下降最快，主要表现在东南部地区服务价值减少；2010～2015 年，渝西地区生态服务价值呈增长趋势，全市生态服务价值稍有回升。

图 4-38 为重庆市不同土地利用类型食物生产生态服务价值对比，2000～2015 年，耕

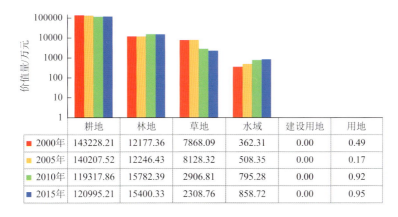

	耕地	林地	草地	水域	建设用地	用地
■ 2000年	143228.21	12177.36	7868.09	362.31	0.00	0.49
■ 2005年	140207.52	12246.43	8128.32	508.35	0.00	0.17
■ 2010年	119317.86	15782.39	2906.81	795.28	0.00	0.92
■ 2015年	120995.21	15400.33	2308.76	858.72	0.00	0.95

图 4-38　重庆市不同土地利用类型食物生产生态服务价值对比

地生态系统服务价值最大，其占总价值的比例分别为 87.53%、87.04%、85.96%、86.7%，呈先减少后增加的趋势，且前两期生态服务价值高于后两期；其次是林地生态系统，占比分别为 7.44%、7.6%、11.37%、11.03%，其变化趋势和耕地相反。草地生态系统服务价值所占比例从 2000 年的 4.81% 增长到 2005 年的 5.05%，而后又降低至 2015 年的 1.65%；水域和未利用地生态系统服务价值所占比例较少，可以忽略不计。

8）原材料提供生态服务价值空间格局评价

从空间分布看（图 4-39），重庆市 2000 年、2005 年、2010 年、2015 年四期原材料提供生态服务价值总体表现为东北部最高，东南部南川、武隆、涪陵、丰都、彭水、秀山等区县较高，渝西地区及长寿、垫江、忠县、梁平等区域最低。

从时间序列看，2000～2005 年重庆市原材料提供生态服务总价值基本保持不变；2005～2010 年服务价值增长最快，主要表现为东北部城口、巫溪、巫山、奉节增加最多；2010～2015 年东北部地区生态服务价值稍有下降，全市总服务价值略有减少，但变化不大。

图 4-40 为重庆市不同土地利用类型原材料提供生态服务价值对比，2000～2015 年，林地生态系统服务价值最大，其占总价值的比例分别为 95%、95.09%、96.84%、96.74%，呈先增加后减少的趋势，后两期生态服务价值高于前两期；其次是耕地生态系统，其变化趋势和林地服务价值一致，占比分别为 4.61%、4.49%、3.02%、3.14%；草地和水域生态系统服务价值所占比例较小，可以忽略不计。

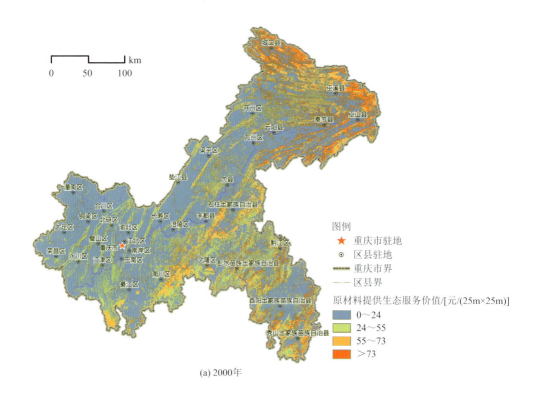

(a) 2000年

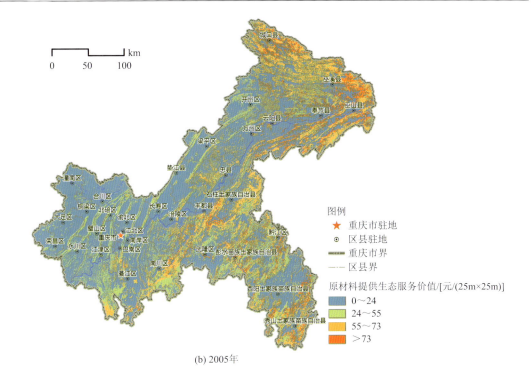

(b) 2005年

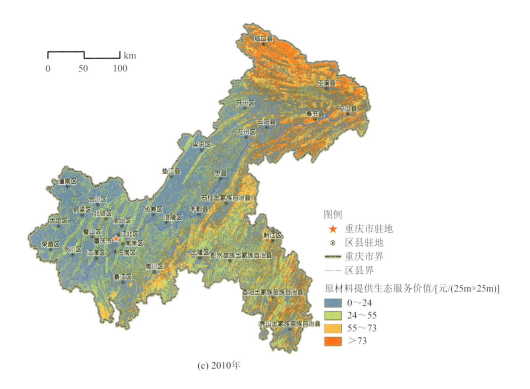

(c) 2010年

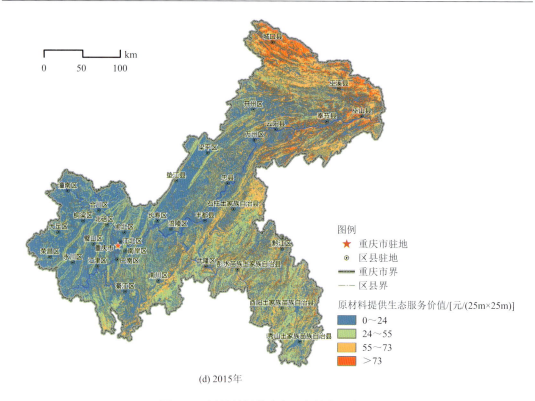

(d) 2015年

图 4-39　原材料提供生态服务价值分布图

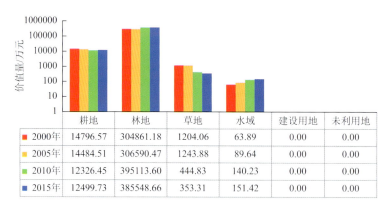

	耕地	林地	草地	水域	建设用地	未利用地
■ 2000年	14796.57	304861.18	1204.06	63.89	0.00	0.00
■ 2005年	14484.51	306590.47	1243.88	89.64	0.00	0.00
■ 2010年	12326.45	395113.60	444.83	140.23	0.00	0.00
■ 2015年	12499.73	385548.66	353.31	151.42	0.00	0.00

图 4-40　重庆市不同土地利用类型原材料提供生态服务价值对比

9）不同服务类型生态服务价值对比分析

结合地类，将生态系统服务价值与服务功能一一对应，得到不同服务功能的生态价值及其所占比例（图 4-41）。2000～2015 年，除土壤保持、废物处理、食物生产外，其余生态服务价值均逐年增加；四期中土壤保持、水源涵养、气候调节功能的生态服务价值所占比例相对较大。

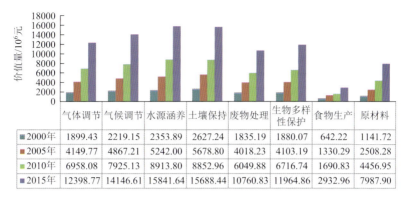

	气体调节	气候调节	水源涵养	土壤保持	废物处理	生物多样性保护	食物生产	原材料
2000年	1899.43	2219.15	2353.89	2627.24	1835.19	1880.07	642.22	1141.72
2005年	4149.77	4867.21	5242.00	5678.80	4018.23	4103.19	1330.29	2508.28
2010年	6958.08	7925.13	8913.80	8852.96	6049.88	6716.74	1690.83	4456.95
2015年	12398.77	14146.61	15841.64	15688.44	10760.83	11964.86	2932.96	7987.90

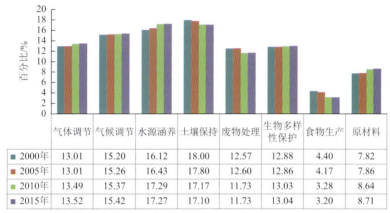

	气体调节	气候调节	水源涵养	土壤保持	废物处理	生物多样性保护	食物生产	原材料
2000年	13.01	15.20	16.12	18.00	12.57	12.88	4.40	7.82
2005年	13.01	15.26	16.43	17.80	12.60	12.86	4.17	7.86
2010年	13.49	15.37	17.29	17.17	11.73	13.03	3.28	8.64
2015年	13.52	15.42	17.27	17.10	11.73	13.04	3.20	8.71

图 4-41 2000 年、2005 年、2010 年、2015 年生态服务价值对比

图 4-42 为 2000～2015 年重庆市不同土地利用类型生态保护服务价值对比，生态系统服务价值量贡献大小依次为林地、耕地、水域、草地、未利用地和建设用地。林地、耕地、水域的生态价值量呈逐年增长的趋势，建设用地的生态价值量呈逐年减少的趋势。

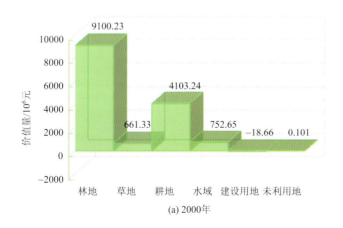

(a) 2000年

图 4-42　2000～2015 年重庆市不同土地利用类型生态保护服务价值对比

　　不同面积上的生态价值不同，因此空间上的生态服务价值从单位面积的生态服务价值角度来分析，如图 4-43 所示，以清楚地反映重庆市生态系统服务价值的空间演变规律。

　　可以看出，2000～2015 年生态系统服务价值低值区集中于中心城区以及各区县城镇地带；随着时间的推移，以中心城区为主、各区县城镇中心为辅的建设用地沿长江流域向下游逐步扩张，低生态系统服务价值区的面积也在原有的基础上不断扩大；高生态系

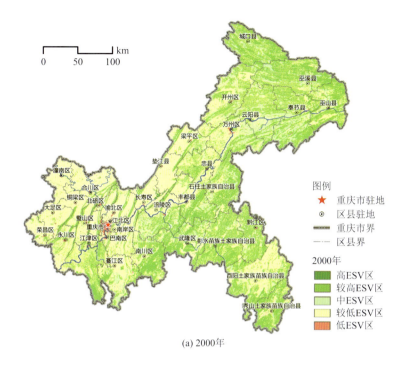

(a) 2000年

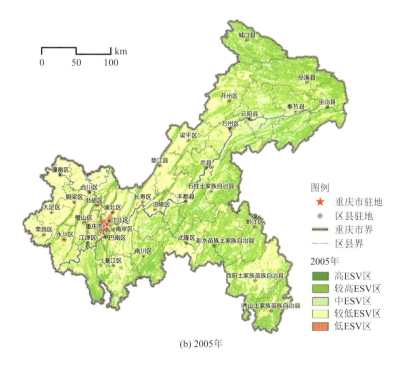

(b) 2005年

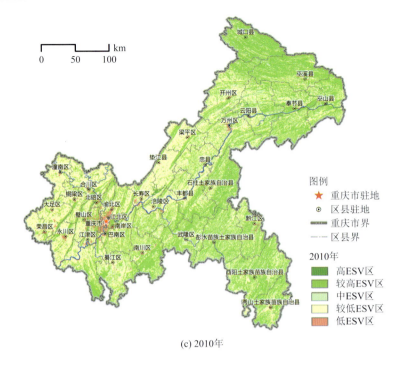

(c) 2010年

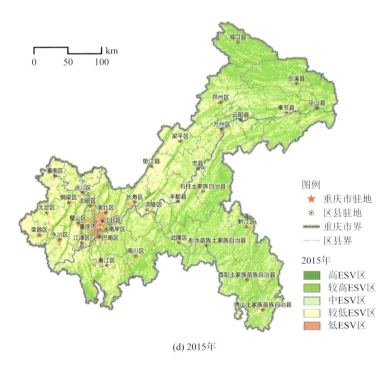

(d) 2015年

图 4-43　重庆市生态系统服务价值等级空间分布图

ESV 表示生态系统服务价值

统服务价值区主要集中在长江流域一带，分布趋势与水域的分布趋势保持一致；长江流域西侧分布着较为广泛的耕地和城市建设用地，而长江流域东侧以林地为主，导致流域西侧的生态服务价值明显低于长江流域东侧的生态服务价值；林地主要集中于江津南部、武隆—石柱、万州—巫山段，这些区域分布着大面积的较高生态系统服务价值区，2010 年后这些区域的较高生态系统服务价值的面积呈增加趋势，其中，万州—巫山一带地区增加最为明显。黔江—酉阳一带的生态服务价值变化较为明显，2005 年前分布着大量较低生态系统服务价值区，2005 年后逐步演变为了较高生态系统服务价值区。在整个研究期间内，生态服务价值的空间分布变化与土地利用类型的空间变化趋势保持一致，这与重庆市土地利用覆被格局的分布相吻合。

4.2　区域社会经济价值评估

4.2.1　研究方法

1. 人口精细空间模拟方法

1）多因素融合模型

多因素融合模型充分考虑影响人口分布的自然、社会和经济因素，通过加权融合的方法计算每个格网的人口系数，并根据区域人口对每个格网赋予人口值。由于山区人口的分布多受自然环境等条件的限制，人口的空间分布情况与自然环境息息相关，不同自然环境往往分布着不同的人口，因此，多因素融合模型多用于山区人口的空间化研究。

2）主成分分析法

主成分分析法主要是通过正交变换将一组可能存在相关性的变量转换为一组线性不相关的变量。本书主要用来确定多因素融合模型中各主因子的融合权重。

3）核密度估计

核密度主要是根据核函数在搜索半径范围内拟合成一个平滑的锥状面，计算出的核密度在锥状面的中心位置值最高，向周边逐渐降低，在最边缘的位置密度值变为 0，中心位置则是整个搜索半径范围内的密度之和（陈晨等，2013），计算公式如下：

$$f_n(x) = \frac{1}{nh} \sum_{i=1}^{n} k\left(\frac{x-x_i}{h}\right) \tag{4-24}$$

式中，$k\left(\right)$ 为核函数方程；h 为搜索带宽（$h>0$）；n 为搜索半径内的点数；$x-x_i$ 为估计点 x 到样本点 x_i 处的距离；$f_n(x)$ 为某点的核密度值，值越大，密度越高。

2. GDP 精细空间模拟方法

1）第一产业空间化

第一产业中的农业、林业、牧业和渔业分别与自然用地中的耕地、林地、草地和水域有着密切的联系（李岩林等，2020；王旭等，2016）。因此，利用耕地、林地、草地和水域分别与农业、林业、牧业和渔业进行模拟：

$$G_{1mn} = \sum_{l=1}^{4} G_{mnl} \qquad (4\text{-}25)$$

式中，G_{1mn} 为第 m 个行政区中第 n 个格网的第一产业值；$l = 1$，2，3，4，分别为农业、林业、牧业、渔业的代表序号；G_{mnl} 为农业、林业、牧业和渔业的产值。其计算公式为

$$G_{mnl} = \sum_{m=1}^{16} V_{mL} \times A_{mnL} \qquad (4\text{-}26)$$

式中，V_{mL} 为第 m 行政区第 L 种土地利用类型平均产值；A_{mnL} 为第 m 行政区第 n 个格网中第 L 种土地利用类型所占的面积。

2）第二、三产业空间化

夜光数据能够较为精准地反映人类社会经济活动的空间分布（Liang et al.，2020；曹子阳，2016；刘红辉等，2005）。因此，使用夜间灯光数据进行 GDP 精细化模拟。计算公式为

$$G_{23mn} = G_{23} \times \frac{N_{mn}}{N_{\text{sum}}} \qquad (4\text{-}27)$$

式中，G_{23mn} 为第 m 行政区第 n 个格网中模拟的第二、三产业 GDP；G_{23} 为该市的第二、三产业统计值；N_{mn} 为夜光数据的单位格网像元灰度值；N_{sum} 为该市所有夜光数据像元灰度值之和。

4.2.2 数据获取与处理

本节用到的数据主要有：

（1）重庆市基础地理空间数据，包括重庆市区县边界数据、河流、道路数据等。

（2）区县尺度人口及 GDP 统计数据，源自重庆市的统计年鉴。

（3）重庆市乡镇人口，源自全国第六次人口普查。

（4）重庆市数字高程模型（digital elevation model，DEM）数据，源自地理空间数据云（http://www.gscloud.cn/），将 21 幅 GDEMV2 的 30m 分辨率的数据拼接成覆盖整个重庆市的 DEM 数据。

（5）NDVI 逐月数据，来源于美国 LAADS DAAC（https://ladsweb.nascom.nasa.gov/），对数据进行波段融合、拼接、转换数据类型、转换坐标和裁剪等预处理，最终得到空间分辨率为 250m 年平均 NDVI 数据。

（6）夜间灯光数据，在人口精细空间模拟中，2013 年之前的数据采用了 DMSP-OLS 稳定夜间灯光数据（目前历史跨度最大且有效的灯光数据，数据涵盖了 1992～2013 年共 34 幅夜间灯光数据），2013 年之后的数据采用 NPP-VIIRS 夜间灯光数据（NPP-VIIRS 夜间灯光数据的数据较新，数据年限范围从 2012 年至今，包括逐月平均夜间灯光数据和年平均夜间灯光数据）；在 GDP 精细空间模拟中采用了基于自编码器的跨传感器（DMSP-OLS 和 NPP-VIIRS）夜间灯光数据校正方案生产的 500m 分辨率的"类 NPP-VIIRS"夜间灯光数据集（NPP-VIIRS-like NTL Data）（https://doi.org/10.7910/ DVN/YGIVCD）。

（7）土地利用数据，包括 2000 年、2005 年、2010 年和 2015 年数据，分辨率为 25m，四期土地利用数据根据 Landsat4-5 TM 影像和 Landsat8 TM 影像（来源于 http://www.gscloud.cn/）通过人机交互解译得到，将解译出的土地利用现状成果数据随机选取 1000 个点进行精度验证，发现总体精度在 95%以上，符合本书所用数据精度。

（8）产业空间点数据，来源于重庆市市场监督管理局，数据属性包含行业代码、产业地址、业务活动、开业年份和企业名称等数据信息，由于重庆市企业数据在 2008 年以前和 2008 年以后的数据行业代码分别使用的《国民经济行业分类代码 GB/T4754—2002》和《国民经济行业分类代码 GB/T4754—2011》的编码标准，且 2008 年以后数据属性缺少行业代码，为使产业数据符合研究要求，本书对 2008 年以前的数据进行了行业代码修正，根据两者的对应关系统一为《国民经济行业分类代码 GB/T4754—2011》的标准编码。综合利用 ArcGIS 软件、百度坐标拾取软件以及 Google Earth 坐标查询等软件加入经纬度坐标以转换为空间数据，最终构建重庆市产业企业空间数据库。对结果进行抽样验证，共随机抽取总数据的 30%，发现总体精度为 98%，符合要求。

人口精细空间模拟共选择了地形因子（高程、坡度、坡向）、植被覆盖（NDVI）、夜间灯光、交通因子（高速公路、国道、省道、市区主干路、县道）四大类因子，将居民地面积作为多因素融合模型中连接人口与影响因子的中间因子，以每个因子各等级的居民地面积占等级总面积的比例作为每个因子在该等级上的权重。计算出地形因子、交通因子、植被覆盖因子和夜间灯光的居民点密度权重及居民点决定的人口密度权重后，进一步得到影响因子决定的人口密度相对值。然后由主成分分析法确定基于地形因子、交通因子、NDVI 和夜间灯光的人口密度相对值的权值，并对其进行加权融合，得到人口初步模拟结果并根据实际情况对居民点人口权重进行调整，最后引入产业点因子对模型进行优化。

GDP 精细空间模拟分为第一产业 GDP 模拟和第二、三产业 GDP 模拟，第一产业 GDP 模拟将与农业活动相关的土地利用类型合并为农田、林地、草地、水体四类（牛振国等，2012），分别对应农、林、牧、渔业的生产总值，从而进行第一产业 GDP 的空间化模拟。第二、三产业 GDP 模拟则根据灯光数据设置各单元格相应权重进行拟合，最终将第一产业 GDP 和第二、三产业 GDP 进行叠加得到 500m 分辨率下重庆 GDP 空间分布图。

4.2.3 结果分析

1. 人口精细空间模拟及演变过程

对重庆市 2000 年、2005 年、2010 年和 2015 年的统计人口进行空间化，得到 2000 年、2005 年、2010 年和 2015 年四期模拟人口的空间化分布结果，如图 4-44 所示。由图可知，2000～2015 年重庆市人口密度在空间上的分布总体一致，人口总体呈增长外扩的趋势。

从空间上看，2000 年重庆市人口主要集中在重庆市中部的嘉陵江和长江交汇的渝中区及其周围地区，其他人口密度大于 1 人/（25m×25m）的地区主要分布于各区县的城区内，人口密度小于 1 人/（25m×25m）的区域占比极大，普遍分布于重庆中西部和北部地势低平的区域。2005 年重庆市人口总体呈增长趋势，中部地区的渝北区人口开始朝东北部扩张，人口密度小于 1 人/（25m×25m）的区域相比 2000 年明显减少，人口进一步集

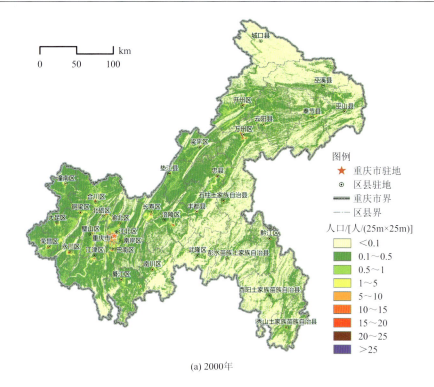

(a) 2000年

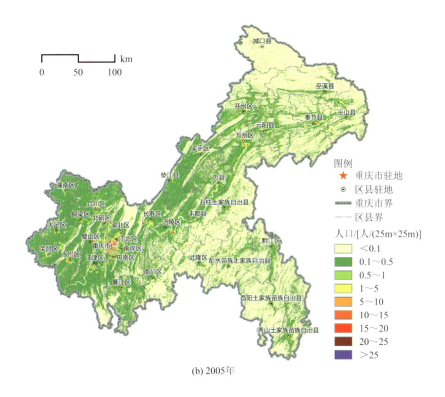

(b) 2005年

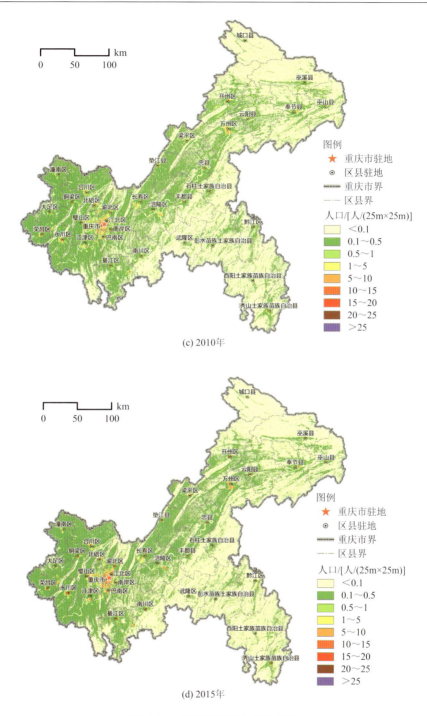

(c) 2010年

(d) 2015年

图 4-44 重庆市模拟人口分布图

中到城区内。2010 年人口进一步增加,重庆市中部的渝北区则进一步向东北区域扩展,同时人口从中部的渝中区向西扩张,沙坪坝区的东部和九龙坡区的东北部人口密度明显增大,而且人口密度小于 1 人/(25m×25m)的区域进一步缩小。2015 年人口相较于前三年增长最为明显，渝北区向东北部扩张的人口密度多增长到 2 人/（25m×25m）以上，且整个重庆市中西部和北部人口密度明显增大，城区人口密度大多高于 5 人/（25m×25m）；重庆市东南地区人口也有较明显的增长，特别是黔江区和秀山县，人口密度大于 2 人/（25m×25m）的地区明显增多；重庆市东北部的开州区、万州区及云阳县一带人口密度进一步增长，而城口县、巫山县一带人口密度较低，增长趋势不明显。总体上，重庆市城镇地区的人口密度持续增长，并向周围扩张，渝北区人口向东北部的扩张最为明显，扩展面积最大。人口密度小于 1 人/（25m×25m）的区域逐渐减少，人口逐渐向城镇区域聚集，并以城镇区域为中心向周围扩张，人口密度小于 1 人/（25m×25m）的区域多为农村居民点和远离农村居民点，分布的多为农村人口，减少的趋势表明了重庆市的农村人口逐渐减少，城镇人口逐渐增大。

2. GDP 精细空间模拟及演变过程

对重庆市 2000 年、2005 年、2010 年和 2015 年的 GDP 进行空间化，得到 2000 年、2005 年、2010 年和 2015 年模拟 GDP 的空间化分布结果（图 4-45），各区县及分区域 GDP 统计数据对比见图 4-46 和图 4-47。由 GDP 统计图可以看出，重庆市各区县 GDP 自 2010 年之后差距逐渐增大，渝东南各区县 GDP 在 2000～2015 年整体较低，渝东北区域的万州区 GDP 增加明显，在全市 GDP 中处于较高水平，主城新区除南川区 GDP 增长较为缓慢外，其他区县均具有较大的增幅，中心城区除大渡口在 2010～2015 年负增长外，其他区县均具有较大增幅，是重庆市最主要的 GDP 增长区域。

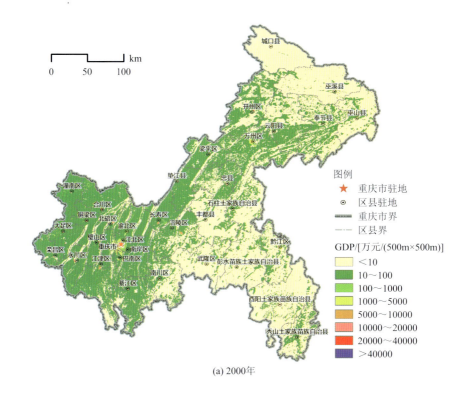

(a) 2000年

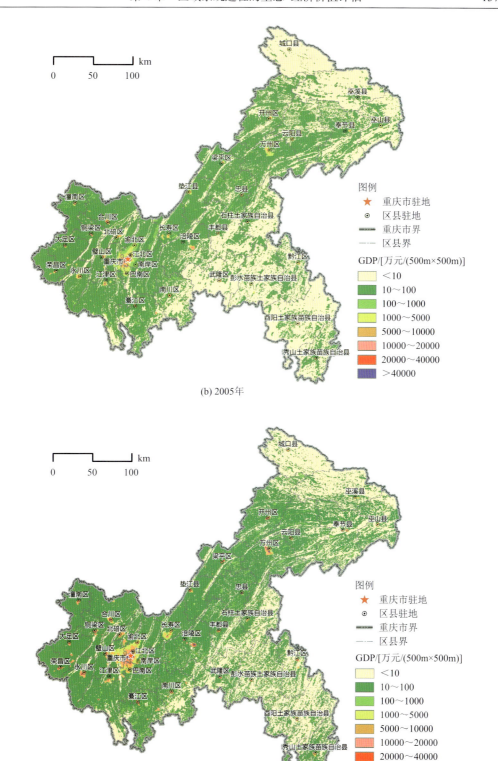

(b) 2005年

(c) 2010年

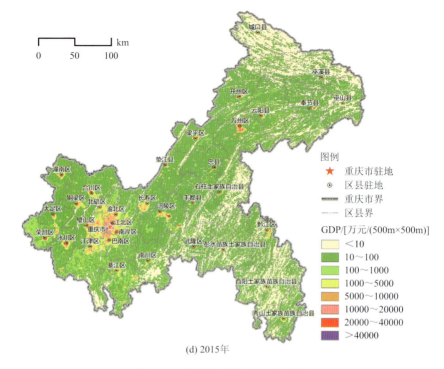

(d) 2015年

图 4-45　重庆市模拟 GDP 分布图

图 4-46　重庆市 2000～2015 年 GDP 统计图

　　从空间上看，2000 年重庆市 GDP 高值区主要分布于中心城区以渝中为中心的小片区域及各区县建设用地区域，整体上与城市建成区分布相对一致，渝东北北部及渝东南除城市建成区外 GDP 分布普遍偏低，大片区域 GDP 小于 10 万元/（500m×500m），主要是由于这些区域分布大量林地，所带来的经济效益较低；2005 年 GDP 高值区伴随城市发展进一步扩展，中心城区主要向南北方向扩展，同时渝东北北部及渝东南由于畜牧业的增长使小于 10 万元/（500m×500m）的区域进一步减少；2010 年中心城区 GDP 高值区扩

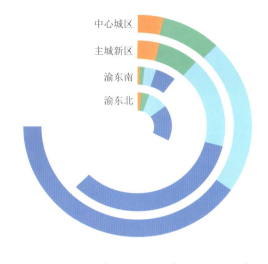

● 2000年GDP　● 2005年GDP　● 2010年GDP　● 2015年GDP

图 4-47　重庆市 2000～2015 年 GDP 分区域统计图

展迅速,跨过中梁山和缙云山到达璧山区,合川区、江津区等区县 GDP 的数值及区域也得到迅速发展,中心城区向着接连一体的方向发展,渝东北的万州区 GDP 增长最为明显,出现大片 GDP 大于 4 亿元/(500m×500m)的区域,同时渝东北北部及渝东南由于第一产业的发展使小于 10 万元/(500m×500m)区域进一步减少;2015 年大于100 万元/(500m×500m)的区域得到质的增加,主要集中在中心城区及主城新区,同时中心城区大于 1000 万元/(500m×500m)区域与主城外环以内区域基本重合,主城新区与渝东北南部非县城区域也出现大量 GDP 大于 1000 万元/(500m×500m)的点状区域,此外,渝东北与渝东南经济进一步发展,只剩石柱县东部、城口县、巫溪县北部和酉阳县存在较多 GDP 小于 10 万元/(500m×500m)区域。

4.3　区域景观演变的生态-经济损益评估

4.3.1　景观演变的生态-经济损益

分析区域景观格局演变对于城镇化的景观生态过程与生态功能变化具有重要意义(阳文锐,2015)。本节基于土地利用数据及生态-经济价值数据,利用转移矩阵对重庆市2000 年以来快速城镇化扩展时期景观格局变化所带来的生态-经济损益情况进行分析。

1. 生态-经济效益综合分析

基于前文 InVEST 模型六个生态效益与空间精细化模拟获得的经济效益进行综合评估,得到 2000～2015 年研究区生态-经济综合效益的时空变化图,并统计四个时期生态经济效益的构成变化以及"一区两群"、各区县的生态-经济综合效益变化情况。

分类别统计可知,研究区八类生态-经济效益四期综合占比由高至低为:水源涵养价值、第二和第三产业价值、第一产业价值、调节气候价值、固碳价值、土壤保持价值、净化环境价值、栖息地价值（图 4-48）。其中，水源涵养价值、第二和第三产业价值与第一产业价值总占比超 90%，属于生态-经济效益的主要成分。随着社会经济的发展，第一产业、第二和第三产业所占比例快速上升，水源涵养价值、固碳价值、土壤保持价值、净化环境价值、栖息地价值所占比例均呈减少趋势。其中，水源涵养所占比例减少最多，15 年间所占比例从 2000 年的 73.31%减少至 2015 年的 30.57%。第二和第三产业所占比例增幅最大，15 年间所占比例增加了 43.33 个百分点，最终导致 2015 年第二和第三产业所占比例超过水源涵养价值，跃居八类生态-经济效益占比第一的位置。

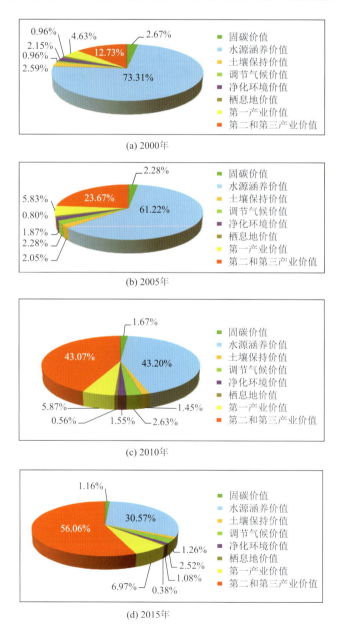

图 4-48　2000 年、2005 年、2010 年、2015 年生态-经济综合效益构成图

由空间分布图（图 4-49）可知，研究区四期生态-经济价值高值区主要分布在各个区县建成区内，随着建成区的扩张，高值区范围逐渐扩大、最高值越来越大，以中心城

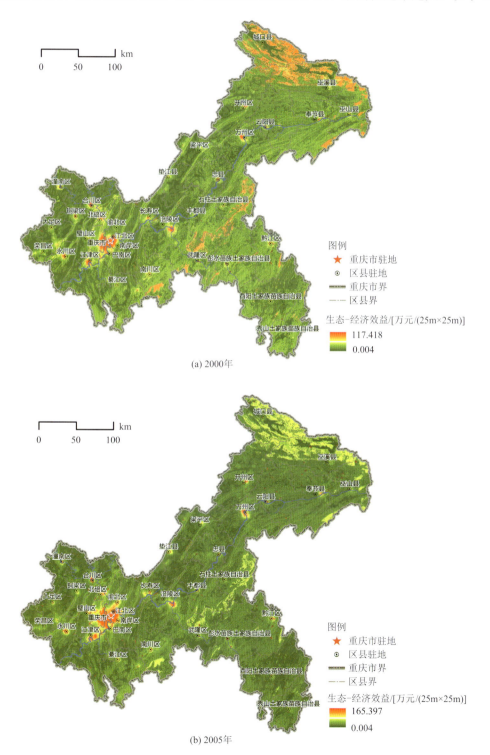

(a) 2000年

(b) 2005年

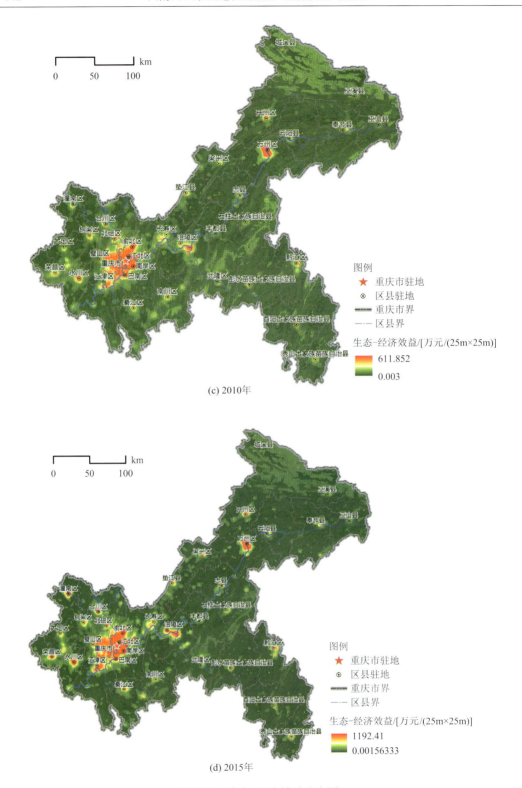

图 4-49　生态-经济效益分布图

区最为明显，低值区域随着城市化的加剧最低值越来越低，但低值区范围逐渐变小，说明生态-经济效益总体上趋好，但局部低值区生态-经济效益由于城镇化的干扰下降较为剧烈。

分"一区两群"统计（图 4-50），受各区面积和区域发展定位影响，生态-经济效益由高至低分别为：主城都市区、渝东北三峡库区城镇群、渝东南武陵山区城镇群，生态经济效益平均值分别为 7566.77 亿元、5303.90 亿元、2753.22 亿元。其中，主城都市区和渝东北三峡库区城镇群 15 年间生态-经济效益均呈直线上升趋势，2000～2015 年生态经济效益分别增加 11015.09 亿元和 2898.19 亿元，可见主城都市区因经济飞速发展带来可观的增益；渝东南武陵山区域镇群 15 年间生态-经济效益有所起伏，在 2000～2005 年存在小幅减少，总体上增加了 1113.91 亿元。

图 4-50　2000 年、2005 年、2010 年、2015 年"一区两群"生态-经济效益分布图

将四期生态-经济效益按区县进行统计可知（表 4-7），研究区 38 个区县中，生态-经济效益最高的区县为巫溪县，2000 年、2005 年、2010 年、2015 年生态-经济效益分别为 729.05 亿元、749.31 亿元、804.45 亿元、903.59 亿元，15 年间生态-经济平均效益为 796.60 亿元；其次为城口县、万州区、涪陵区、渝北区，年均生态-经济平均效益为 782.23 亿元、659.59 亿元、606.70 亿元、605.28 亿元。生态-经济效益最低的区域为大渡口区，四期生态-经济效益平均值仅为 121.57 亿元。2000～2015 年 38 个区县的生态-经济效益均呈增加趋势，渝北区增加了 1195.76 亿元，为全市增值最大的区县。

表 4-7　2000 年、2005 年、2010 年、2015 年区县生态-经济效益统计表　（单位：亿元）

区县	2000 年	2005 年	2010 年	2015 年	变化
渝中区	110.95	242.48	555.19	959.07	848.12
江北区	61.17	150.60	422.64	710.03	648.86
渝北区	129.96	252.49	712.96	1325.72	1195.76
沙坪坝区	114.20	208.51	492.44	767.29	653.09
北碚区	104.91	151.14	316.96	514.53	409.62

续表

区县	2000 年	2005 年	2010 年	2015 年	变化
南岸区	72.22	143.79	400.66	720.23	648.01
九龙坡区	124.03	310.92	647.10	1041.62	917.59
大渡口区	43.60	76.19	192.88	173.59	129.99
巴南区	145.12	235.57	475.88	756.64	611.52
长寿区	123.73	169.35	316.07	538.18	414.45
涪陵区	296.93	375.07	683.57	1071.22	774.29
南川区	331.58	376.29	459.66	530.81	199.23
綦江区	265.64	344.79	473.48	669.05	403.41
江津区	317.65	395.86	560.52	870.41	552.76
永川区	147.38	213.30	393.52	682.21	534.83
荣昌区	73.68	104.22	215.28	393.41	319.73
大足区	104.18	146.41	265.75	446.12	341.94
潼南区	95.03	130.64	197.72	358.85	263.82
铜梁区	105.30	157.59	238.39	406.68	301.38
合川区	184.01	253.84	392.76	657.84	473.83
璧山区	76.94	129.11	213.97	449.82	372.88
城口县	725.40	726.43	802.64	874.46	149.06
巫溪县	729.05	749.31	804.45	903.59	174.54
巫山县	396.27	404.53	432.64	498.55	102.28
开州区	408.70	441.90	561.63	816.30	407.60
云阳县	347.44	381.13	405.46	563.61	216.17
奉节县	497.06	518.39	570.89	686.59	189.53
万州区	324.73	402.00	774.61	1137.03	812.30
梁平区	150.71	180.08	242.24	396.69	245.98
忠县	183.01	214.54	257.30	391.27	208.26
垫江县	106.35	142.23	206.57	348.59	242.24
丰都县	319.96	334.79	386.34	470.15	150.19
石柱县	430.45	434.61	534.57	621.46	191.01
武隆区	399.56	335.13	497.68	547.96	148.40
彭水县	463.69	456.33	525.57	585.10	121.41
黔江区	295.60	308.99	379.89	496.49	200.89
酉阳县	469.75	453.77	704.70	777.31	307.56
秀山县	273.38	255.07	347.78	418.01	144.63

2. 景观演变的生态-经济损益

城市景观演变主要表现为土地利用类型的不断变化，因此，本节结合生态-经济综合效益及各土地利用类型变化情况，对景观演变过程的生态-经济损益情况进行具体分析。

通过统计可知（表 4-8 和表 4-9），研究区 15 年来生态-经济综合效益呈正增长，从 2000 年的 9547.92 亿元增加到 2015 年的 24551.65 亿元，15 年间上涨了 157.14%。2000～2015 年，除了草地的生态-经济效益减少了 85.75 亿元外，其余各个土地利用类型的生态-经济效益均有所增加，耕地、林地、水域、建设用地、未利用地的生态-经济效益分别增加了 4404.68 亿元、5240.06 亿元、958.23 亿元、4485.97 亿元、0.54 亿元。草地的生态经济效益在 2005～2010 年呈减少趋势，减少了 32.84%，2010～2015 年总体减少了 8.77%。耕地、林地、水域和建设用地的生态-经济效益在 15 年间一直处于上升趋势，特别是 2005～2010 年，水域、建设用地生态-经济效益增幅最大，分别为 168.73%、203.54%。未利用地的生态-经济效益在 2000～2005 年有所减少，2005～2010 年、2010～2015 年均呈上升趋势，分别增加了 0.23 亿元、0.92 亿元。综合 15 年间的整体变化趋势，林地生态经济增幅最大，2000～2015 年总计增加 5240.06 亿元，其次为建设用地、耕地，分别增加 4485.97 亿元、4404.68 元；其中，建设用地变化巨大，变化率达 1775.71%。

表 4-8　研究区 2000～2015 年各类用地生态-经济效益　　　　（单位：亿元）

土地利用类型	2000 年	2005 年	2010 年	2015 年
耕地	2582.94	3197.87	4603.06	6987.62
林地	5629.94	6096.64	9162.10	10870.00
草地	977.73	1130.62	759.29	891.98
水域	103.66	209.54	563.09	1061.89
建设用地	252.63	636.88	1933.20	4738.60
未利用地	1.02	0.41	0.64	1.56
合计	9547.92	11271.96	17021.38	24551.65

表 4-9　研究区 2000～2015 年各类用地生态-经济效益变化

土地利用类型	2000～2005 年		2005～2010 年		2010～2015 年		2000～2015 年	
	变化/亿元	变化率/%	变化/亿元	变化率/%	变化/亿元	变化率/%	变化/亿元	变化率/%
耕地	614.93	23.81%	1405.19	43.94%	2384.56	51.80%	4404.68	170.53%
林地	466.70	8.29%	3065.46	50.28%	1707.90	18.64%	5240.06	93.07%
草地	152.89	15.64%	−371.33	−32.84%	132.69	17.48%	−85.75	−8.77%
水域	105.88	102.14%	353.55	168.73%	498.80	88.58%	958.23	924.40%
建设用地	384.25	152.10%	1296.32	203.54%	2805.40	145.12%	4485.97	1775.71%
未利用地	−0.61	−58.80%	0.23	56.10%	0.92	143.75%	0.54	52.94%
合计	1724.04	18.06%	5749.42	51.01%	7530.27	44.24%	15003.73	157.14%

在 ArcGIS 软件中采用栅格计算工具，分析得到 2000 年、2005 年、2010 年和 2015 年土地利用转移矩阵，通过叠加分析的方式对 2000~2015 年的重庆市生态-经济损益情况做进一步分析。

1）2000~2005 年重庆市景观演变过程的生态-经济损益

如表 4-10 所示，2000~2005 年，因林地、草地本身生态价值高、经济价值低的特点，其转为其余土地利用类型后生态-经济效益减少，2005 年较 2000 年分别减少了 189.92 亿元、4.02 亿元，而其余四类土地利用类型转变后，生态价值均呈增加趋势，耕地转出后增益最大，达 551.34 亿元。土地利用类型未发生变化的情况下，各土地利用类型的生态-经济效益均有所增加，其中，耕地、建设用地和林地的增量较大，分别为 754.76 亿元、216.16 亿元和 186.49 亿元。

表 4-10　研究区 2000~2005 年景观变化过程的生态-经济损益　（单位：亿元）

土地利用/覆盖类型		2005 年						
		耕地	林地	草地	水域	建设用地	未利用地	转出损益
2000 年	耕地	754.76	394.37	75.19	4.91	76.87	0.00	551.34
	林地	−171.41	186.49	−3.50	−7.99	−7.02	0.00	−189.92
	草地	−11.00	11.76	73.78	−3.41	−1.37	—	−4.02
	水域	7.09	9.88	3.23	77.44	3.69	—	23.89
	建设用地	21.86	37.58	0.82	4.30	216.16	0.00	64.56
	未利用地	0.36	0.67	0.69	0.09	0.10	0.12	1.91
	合计	601.66	40.75	150.21	75.34	288.43	0.12	447.76

2）2005~2010 年重庆市景观演变过程的生态-经济损益

如表 4-11 所示，2005~2010 年生态-经济损益变化情况同 2000~2005 年基本一致，由林地、草地转出导致生态-经济效益减少，分别为 425.43 亿元、64.8 亿元，其余四类土地利用类型转出生态-经济价值均增加，增幅最大的为耕地，2010 年较 2005 年增加了 2740.85 亿元。土地利用类型未发生变化的情况下，生态价值均有所增加，其中耕地、建设用地和林地的增量较大，分别为 1624.96 亿元、741.59 亿元和 614.00 亿元。

表 4-11　研究区 2005~2010 年景观变化过程的生态-经济损益　（单位：亿元）

土地利用/覆盖类型		2010 年						
		耕地	林地	草地	水域	建设用地	未利用地	转出损益
2005 年	耕地	1624.96	2118.42	307.40	26.60	288.57	−0.14	2740.85
	林地	−476.49	614.00	74.63	−24.92	2.88	−1.53	−425.43
	草地	−182.37	126.84	54.73	−8.60	0.00	−0.67	−64.8
	水域	11.49	18.00	4.23	269.69	10.27	0.00	43.99
	建设用地	43.08	91.63	4.73	9.33	741.59	0.00	148.77
	未利用地	0.42	0.46	0.00	0.04	0.06	0.05	0.98
	合计	1021.09	2969.35	445.72	272.14	1043.37	−2.29	2444.36

3）2010～2015 年重庆市景观演变过程的生态-经济损益

如表 4-12 所示，2010～2015 年，草地转出导致生态-经济效益的减少，2015 年较 2010 年减少 65.06 亿元；其余五类土地利用类型的转出均使其生态-经济效益增加，其中耕地转出后增益最大，达 918.43 亿元。土地利用类型未发生变化的情况下，各土地利用类型的生态-经济效益均有所增加，其中耕地、林地和建设用地的增量较大，分别为 2596.97 亿元、1760.43 亿元和 1319.24 亿元。

表 4-12　研究区 2010～2015 年景观变化过程的生态-经济损益　（单位：亿元）

土地利用/覆盖类型		2015 年						
		耕地	林地	草地	水域	建设用地	未利用地	转出损益
2010 年	耕地	2596.97	418.20	56.87	30.22	413.11	0.03	918.43
	林地	−38.53	1760.43	23.48	−1.59	127.95	−0.74	110.57
	草地	−31.16	−10.24	208.72	−2.97	−20.63	−0.06	−65.06
	水域	16.57	28.03	5.75	420.28	22.83	0.03	73.21
	建设用地	67.11	76.88	10.04	17.21	1319.24	0.07	171.31
	未利用地	0.35	1.51	0.40	0.03	0.00	0.04	2.29
	合计	2611.31	2274.81	305.26	463.18	1862.50	−0.63	1210.72

4）2000～2015 年重庆市景观演变过程的生态-经济损益

如表 4-13 所示，2000～2015 年生态-经济效益总体呈增加趋势，2015 年较 2000 年增加了 15023.44 亿元；六类土地利用类型无论其变化状态是转出还是不变，生态-经济效益均为增加趋势，其中增益最大的为耕地，2015 年较 2000 年的生态-经济增益达 10689.86 亿元，其中耕地不变与转为林地和建设用地的生态-经济增益巨大，分别为 4266.50 亿元、3364.43 亿元、2426.78 亿元；其次为林地与建设用地，生态-经济效益分别增加了 1648.01 亿元与 1606.61 亿元。

表 4-13　研究区 2000～2015 年景观变化过程的生态-经济损益　（单位：亿元）

土地利用/覆盖类型		2015 年						
		耕地	林地	草地	水域	建设用地	未利用地	转出损益	合计
2000 年	耕地	4266.50	3364.43	430.03	201.93	2426.78	0.19	6423.36	10689.86
	林地	−71.04	1433.66	120.51	5.13	161.30	−1.55	214.35	1648.01
	草地	−26.59	268.32	75.23	−2.56	10.22	−0.18	249.21	324.44
	水域	25.37	36.13	6.70	615.43	64.36	0.02	132.58	748.01
	建设用地	45.13	91.80	2.72	45.76	1421.18	0.02	185.43	1606.61
	未利用地	1.61	1.71	—	1.75	1.34	0.10	6.41	6.51
	合计	4240.98	5196.05	635.19	867.44	4085.18	−1.40	7211.34	15023.44

纵观 2000~2015 年各阶段及总体生态-经济损益，耕地、林地与建设用地是重庆市生态-经济效益的主要土地利用类型及变化区域。2000~2010 年，因生态效益在综合效益中占比高的特点，生态价值较高的林地与草地土地类型的转出会导致生态-经济效益的减少。随着经济的不断发展，经济效益在综合效益中的占比不断增加，因土地利用类型的转出导致的生态价值损失重要性逐渐降低，最终呈现出整体生态-经济效益增加的现象，但还应看到分类别统计过程中生态价值的损失，需协调好经济发展与生态保护的均衡性。

4.3.2 城镇化过程的生态-经济损益

1. 城镇化景观格局变化

城镇化景观格局变化采用 2000 年、2005 年、2010 年、2015 年的城镇建设用地时空变化来表示，在 ArcGIS 中提取四期建设用地，并对其作转移矩阵，结果如表 4-14 所示。

表 4-14　重庆市建设用地变化情况　　　　　（单位：km²）

用地类型变化	2000~2005 年	2005~2010 年	2010~2015 年	2000~2015 年
耕地—建设用地	329.43	625.46	846.18	1815.52
林地—建设用地	35.86	139.38	387.70	307.42
草地—建设用地	2.50	27.76	20.71	61.24
水域—建设用地	8.29	11.64	31.87	25.82
建设用地—耕地	46.55	61.67	170.34	22.89
建设用地—林地	26.66	44.85	74.73	26.60
建设用地—草地	1.91	1.46	2.81	2.60
建设用地—水域	9.30	14.32	17.02	18.19
建设用地—建设用地	371.16	696.09	1419.79	450.27
建设用地—未利用地	0.00	0.11	1.61	0.43
未利用地—建设用地	0.51	0.06	2.15	1.29

由表 4-14 可知，2000~2005 年，建设用地转入 376.59km²，87.48%来源于耕地，建设用地转出 84.42km²，主要转换成了耕地和林地，二者所占比例 86.72%，建设用地面积共增加 292.17km²。2005~2010 年，建设用地转入 804.30km²，77.76%来源于耕地，17.33%来源于林地，建设用地转出 122.41km²，50.38%转换成了耕地，36.64%转换成了林地，建设用地面积共增加 681.89km²。2010~2015 年，建设用地转入 1288.61km²，65.67%来源于耕地，30.09%来源于林地，转出 266.51km²，主要转换为耕地和林地，其比例分别为 63.92%和 28.04%，建设用地面积增加 1022.10km²。通过对比可以看出，城镇化扩张主要以占用耕地和林地为主，且占用耕地的比例呈下降趋势，占用林地的比例越来越大。

2. 城镇化过程的生态-经济损益

在 ArcGIS 中提取 2000 年和 2005 年的建设用地范围,取两个范围的并集作为 2000～2005 年研究区城镇化的变化范围,再统计此范围内 2000～2005 年各个土地利用转移变化下的生态-经济效益损益情况,从而分析 2000～2005 年由城镇化导致的生态-经济损益情况。用同样的方法统计分析 2005～2010 年、2010～2015 年、2000～2015 年的生态-经济综合损益变化情况。

通过统计 2000 年、2005 年、2010 年、2015 年城镇化区域的生态-经济价值分别为 234.74 亿元、592.41 亿元、1806.21 亿元、4550.11 亿元(图 4-51),其中,经济价值所占比例分别为 99.36%、99.59%、99.72%、99.79%,15 年间生态效益增加了 7.96 亿元,经济效益增加了 4307.41 亿元。

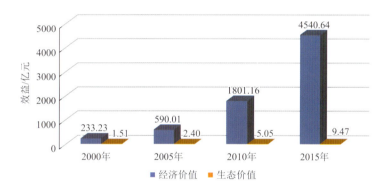

图 4-51　2000 年、2005 年、2010 年、2015 年区县城镇化区域生态-经济效益统计

1)2000～2005 年城镇化区域生态-经济综合效益损益

通过上文城镇化景观格局变化特征可知,2000～2005 年研究区城镇化用地类型变化主要发生在耕地、林地与建设用地的相互转移之间,在 ArcGIS 中将 2000～2005 年城镇化景观格局转移栅格与各类生态-经济效益栅格叠加分析得到 2000～2005 年城镇化带来的生态-经济损益情况统计表(表 4-15)。由于城镇化带来的建设用地变化,2000～2005 年研究区建设用地扩张侵占其他土地利用类型达 376.59km²,有 84.42km² 的区域因城镇化结构调整由建设用地转化成了其他土地利用类型。相应地,由于建设用地侵占其他土地利用类型带来的生态效益减少了 25.21 亿元、经济效益增加了 89.33 亿元。由于建设用地转化成其他土地利用类型带来的生态效益增加了 19.35 亿元,经济效益增加了 26.30 亿元。

由分土地利用类型转移变化统计各类生态-经济效益损益可知,由耕地转移成建设用地带来的生态-经济效益变化最大,2000～2005 年由于城镇化扩张,侵占了 329.43km² 的耕地,使得生态-经济效益增加了 66.98 亿元;建设用地转为耕地与林地同样带来一定的增益,分别增加了 13.13 亿元与 28.69 亿元,其余用地类型变化带来的生态-经济效益损益变化相对较小。

表 4-15　2000～2005 年城镇化带来的生态-经济损益情况　　　（单位：亿元）

土地类型变化	经济价值	生态价值	生态-经济价值
耕地—建设用地	76.82	−9.84	66.98
林地—建设用地	9.16	−15.14	−5.98
草地—建设用地	0.09	−0.21	−0.12
水域—建设用地	3.16	−0.01	3.15
建设用地—耕地	11.52	1.61	13.13
建设用地—林地	11.11	17.58	28.69
建设用地—草地	0.26	0.16	0.42
建设用地—水域	3.41	0.00	3.41
建设用地—建设用地	211.73	−0.06	211.67
建设用地—未利用地	0.00	0.00	0.00
未利用地—建设用地	0.10	−0.01	0.09

2）2005～2010 年城镇化区域生态-经济综合效益损益

由表 4-16 可知，2005～2010 年，研究区建设用地扩张侵占其他土地利用类型达 804.30km² ，有 122.41km² 的区域因城镇化结构调整由建设用地转化成了其他土地利用类型。相应地，由建设用地侵占其他土地利用类型带来的生态效益减少了 77.76 亿元，经济效益增加了 344.26 亿元。由建设用地转化成其他土地利用类型带来的生态效益增加了 31.35 亿元，经济效益增加了 78.38 亿元。

表 4-16　2005～2010 年城镇化带来的生态-经济损益情况　　　（单位：亿元）

土地类型变化	经济价值	生态价值	生态-经济价值
耕地—建设用地	269.44	−20.22	249.22
林地—建设用地	61.79	−54.96	6.83
草地—建设用地	3.85	−2.57	1.28
水域—建设用地	9.14	−0.01	9.13
建设用地—耕地	23.87	1.86	25.73
建设用地—林地	44.38	29.36	73.74
建设用地—草地	3.09	0.12	3.21
建设用地—水域	7.04	0.01	7.05
建设用地—建设用地	718.68	0.00	718.68
建设用地—未利用地	0.00	0.00	0.00
未利用地—建设用地	0.04	0.00	0.04

由分土地利用类型转移变化统计各类生态-经济效益损益可知，由林地转换成建设用地使得生态效益减少最多，减少了 54.96 亿元，经济效益增加了 61.79 亿元。由耕地转移成建设用地带来的生态-经济效益变化最大，2005～2010 年城镇化扩张侵占了 625.46km² 的耕地，使得生态-经济效益增加了 249.22 亿元；建设用地转为耕地与林地同样带来一定的增益，分别增加了 25.73 亿元、73.74 亿元，其余用地类型变化带来的生态-经济效益损益变化相对较小。

3）2010～2015 年城镇化区域生态-经济综合效益损益

由表 4-17 可知，2010～2015 年，研究区建设用地扩张侵占其他土地利用类型达 1288.61km²，有 266.51km² 的区域因城镇化结构调整由建设用地转化成了其他土地利用类型。相应地，由建设用地侵占其他土地利用类型带来的生态效益减少了 189.38 亿元，经济效益增加了 688.64 亿元。由建设用地转化成其他土地利用类型带来的生态效益增加了 34.41 亿元，经济效益增加了 91.73 亿元。

表 4-17　2010～2015 年城镇化带来的生态-经济损益情况　　　（单位：亿元）

土地类型变化	经济价值	生态价值	生态-经济价值
耕地—建设用地	398.80	−26.51	372.29
林地—建设用地	286.56	−160.84	125.72
草地—建设用地	−17.13	−2.01	−19.14
水域—建设用地	20.40	−0.01	20.39
建设用地—耕地	40.79	5.65	46.44
建设用地—林地	29.79	28.43	58.22
建设用地—草地	7.56	0.31	7.87
建设用地—水域	13.58	0.01	13.59
建设用地—建设用地	1288.17	−0.07	1288.10
建设用地—未利用地	0.01	0.01	0.02
未利用地—建设用地	0.01	−0.01	0.00

由分土地利用类型转移变化统计各类生态-经济效益损益可知，由耕地转移成建设用地带来的生态-经济效益变化最大，2010～2015 年城镇化扩张侵占了 846.18km² 的耕地，使得生态-经济效益增加了 372.29 亿元。由林地转换成建设用地带来的生态-经济效益变化也比较大，2010～2015 年有 387.70km² 的林地转换成了建设用地，生态效益损失了 160.84 亿元，经济效益增加了 286.56 亿元。

4）2000～2015 年城镇化区域生态-经济综合效益损益

由表 4-18 可知，2000～2015 年，研究区建设用地扩张侵占其他土地利用类型高达 2211.29km²，有 70.71km² 的区域因城镇化结构调整由建设用地转化成了其他土地利用类型。相应地，由建设用地侵占其他土地利用类型带来的生态-经济综合效益增加了 2480.50 亿元，经济效益增加了 2606.57 亿元，生态效益减少了 126.09 亿元；由建设用地转换成其他土地利用类型带来的生态-经济综合效益增加了 121.21 亿元，经济效益增加了 104.61 亿元，生态效益增加了 16.60 亿元。

由分土地利用类型转移变化统计各类生态-经济效益损益可知，由耕地转移成建设用地带来的生态-经济效益变化最大，2000～2015 年城镇化扩张侵占了 1815.52km² 的耕地，使得生态-经济效益增加了 2260.37 亿元；林地转为建设用地同样带来较大的生态-经济效益变化，2000～2015 年有 307.42km² 的林地转换成了建设用地，生态效益损失了 62.99 亿元，经济效益增加了 213.67 亿元。

表 4-18　2000～2015 年城镇化带来的生态-经济损益情况　　（单位：亿元）

土地类型变化	经济价值	生态价值	生态-经济价值
耕地—建设用地	2317.21	−56.84	2260.37
林地—建设用地	213.67	−62.99	150.68
草地—建设用地	15.54	−6.22	9.32
水域—建设用地	58.95	−0.02	58.93
建设用地—耕地	19.43	0.78	20.21
建设用地—林地	49.05	15.55	64.60
建设用地—草地	1.46	0.26	1.72
建设用地—水域	34.65	0.01	34.66
建设用地—建设用地	1411.79	−0.11	1411.68
建设用地—未利用地	0.02	0.00	0.02
未利用地—建设用地	1.20	−0.02	1.18

总体来看，15 年间，研究区生态-经济综合效益增加了 4013.39 亿元，其中经济效益在城镇化过程中均呈增加趋势，生态效益则在建设用地侵占其余用地类型过程中出现损失、建设用地转为其余用地过程中呈小幅增加。虽然减少的生态效益与增加的经济效益相比，所占比例微乎其微，但以牺牲生态效益来增加经济效益的城镇化发展模式应及时加以调整，在发展经济时要兼顾生态环境保护，争取生态经济效益双赢。

4.3.3　景观演变的生态-经济损益空间分异

对 2000～2015 年生态-经济综合效益进行差值计算得到各年际景观演变的生态-经济损益的空间分布图，同时对差值重分类获取生态-经济损益分区（变化小于−1 万元为减损区，变化在−1 万～1 万元为稳定区，变化大于 1 万元为增益区），借此对实际损益空间分异做进一步分析。

1）2000～2005 年景观演变过程的生态-经济损益的空间分异分析

如图 4-52 所示，2000～2005 年生态-经济效益减损区面积为 312.00km²，增益区面积为 2107.24km²。生态-经济效益增益区主要分布于各个区县的建设用地聚集区，中心城区形成大面积增益区集聚，结合转移矩阵，增益区主要为建设用地未曾转变的区域，在此区域生态效益增益低，但经济发展速度快，经济效益增益高，生态-经济综合效益总体呈增加趋势且增幅较大；零散分布的增益区主要为耕地转为林地、草地导致的生态效益增加，可见退耕还林、退耕还草的举措可在一定程度上改善生态环境。减损区在武隆区西南形成聚集区，结合土地利用类型转移矩阵，该区在 2000～2005 年主要为林地转耕地过程，因林地生态效益高于耕地，同时该区经济效益较低，最终形成生态经济减损区，同武隆区内的聚集区类似的，零星分布的减损区主要位于各区县交接处及偏远区域。

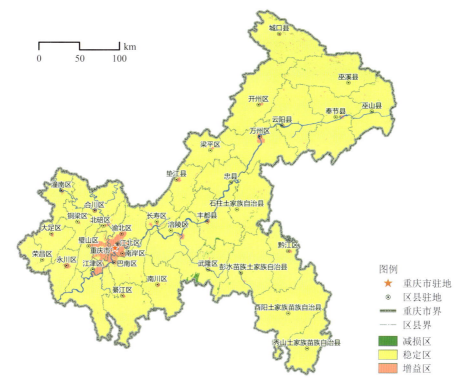

图 4-52 2000~2005 年生态-经济损益分区

2）2005~2010 年景观演变过程的生态-经济损益的空间分异分析

如图 4-53 所示，2005~2010 年生态-经济效益减损区面积为 709.59km²，增益区面积为 10290.89km²，较上期变化均呈增加趋势。生态-经济效益增益区主要在 2000~2005 年的基础上向外不断扩展，除中心城区外，万州、长寿、涪陵等区县增益区面积增加迅速；结合土地利用类型转移矩阵，增益区转移类型主要为耕地—耕地、林地—林地、耕地—建设用地、林地—建设用地、建设用地—建设用地，生态-经济效益的增加主要为经济发展带来的各种用地类型自身经济价值的增加、城镇化中建设用地侵占其他用地带来的经济效益。减损区整体面积较 2000~2005 年变化值增加 1 倍多，但该时期生态-经济减损区分布变得分散，主要为各区县周边区域，结合土地利用类型转移矩阵，减损区主转移类型主要为林地—耕地，这类区域本身经济价值低，故生态-经济效益的变化主要为耕地侵占林地导致的生态效益减少。

3）2010~2015 年景观演变过程的生态-经济损益的空间分异分析

如图 4-54 所示，2010~2015 年生态-经济效益减损区面积为 1067.24km²，增益区面积为 13061.53km²，较上期变化均呈增加趋势。生态-经济效益增益区在 2005~2010 年的基础上进一步向外扩展，中心城区面积再次增加，并同周围区县增加的增益区连接合并；结合土地利用类型转移矩阵，增益区转移类型主要为耕地—耕地、林地—林地、耕地—建设用地、林地—建设用地、建设用地—建设用地，生态-经济效益的增加主要为经济发展

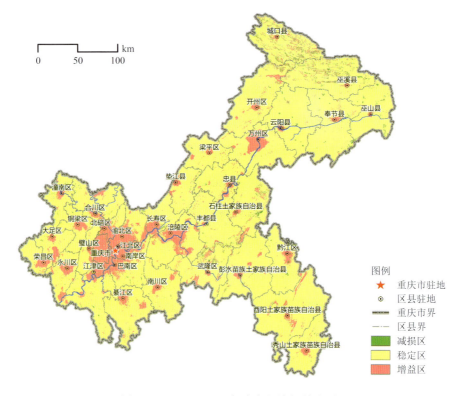

图 4-53　2005～2010 年生态经济损益分区

带来的各种用地类型自身经济价值的增加以及城镇化中建设用地侵占其他用地带来的经济效益。减损区整体面积较 2005～2010 年变化值增加，空间上同样为零散分布；该时期中心城区的大渡口区主要为稳定区及减损区，结合该区实际发展情况，该时期大渡口经济发展缓慢，生态效益却进一步降低，从而使得整体生态-经济效益变化幅度较低并有一定减损。

4) 2000～2015 年景观演变过程的生态-经济损益的空间分异分析

如图 4-55 所示，2000～2015 年生态-经济效益减损区面积为 512.73km^2，增益区面积为 18782.91km^2。15 年间的生态-经济效益增益区范围较五年期数据有了进一步的拓展，中心城区同周围区县的增益区逐渐合并为一体，整个重庆的增益区也主要位于主城都市区，其次为渝东北三峡库区城镇群，增益区面积最小的为渝东南武陵山区城镇群；减损区整体面积较 2005～2010 年与 2010～2015 年变化值有所减少，并且减损区空间上主要位于重庆周边区域，可见，拉长时间尺度后，社会发展带来的经济效益很大程度上弥补了生态效益的损失，使得经济发展快速地区的景观演变影响降低了。2000～2015 年生态-经济增益区的土地利用转换类型变得多样化，主要增益及增幅大的区域仍位于建设用地及其侵占其余用地的地区，即各个区县主要建成区。结合土地利用类型转移矩阵，减损区主转移类型主要为草地—耕地、林地—耕地，可见在经济欠发达地区，耕地侵占林地与草地的现象是生态-经济减损的主要原因。

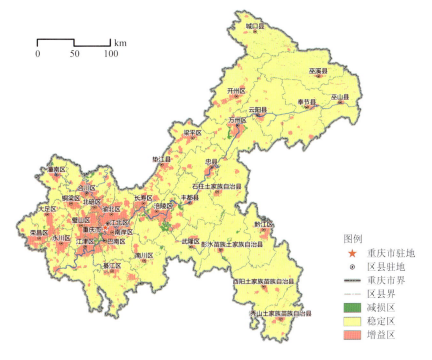

图 4-54 2010～2015 年生态-经济损益分区

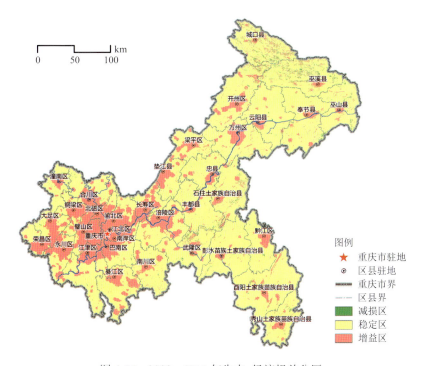

图 4-55 2000～2015 年生态-经济损益分区

4.4　本　章　小　结

　　本章对重庆市 2000~2015 年的生态服务价值与经济效益的演变规律进行了细致分析，并结合重庆市 15 年间的景观演变及城镇化过程，对重庆市生态-经济损益进行评估，得出其时空演变规律。

　　生态服务价值：①2000~2010 年的 10 年间，由于城镇化迅速扩张对生态环境造成了极其严重的破坏，导致研究区生态效益呈直线下降趋势，2010~2015 年，由于在城镇化建设的同时兼顾对生态环境保护，且得益于退耕还林还草、高山生态移民等政策的实施，研究区生态效益得到了大幅的提升。②整个研究期内，生态服务价值的空间分布变化与土地利用类型的空间变化趋势保持一致，这与重庆市土地利用覆被格局的分布相吻合。2000~2015 年生态系统服务价值低值区集中于中心城区建成区及各区县城镇地带，并且随着建设用地的拓展不断扩张；生态系统服务价值高值区主要位于周边耕地、林地、草地以及水域等分布广泛的地带。

　　社会经济价值：①2000~2015 年重庆市人口密度在空间上的分布总体一致，中部和西部的浅山丘陵区人口分布最广，密度最大，总体呈增长外扩的趋势，东北部及东南部的盆周山体区域人居环境较差，是重庆市人口密度最小的区域；北部平行岭谷区相对东北部和东南部人口分布较多，城区人口密度相对较大。②2000~2015 年重庆市 GDP 高值区增长区域总体与城市建成区增长保持一致，非县城区域也逐渐出现点状 GDP 高值区，渝东北北部和渝东南第一产业 GDP 增长明显。

　　生态-经济损益：①研究区四期生态-经济价值高值区域主要分布在各个区县建成区内，随着建成区的扩张高值区范围逐渐扩大，最高值越来越大，以中心城区最为明显，低值区域随着城镇化的加剧面积逐渐减小，最低值逐渐降低。②经济发展初期，生态价值在生态-经济效益中占比较高，景观格局演变带来的生态损益影响突出；随着社会发展，经济价值带来的增益逐渐掩盖了生态价值的减损，生态-经济效益增益巨大，但是仍需注意城镇化过程中景观演变带来的生态损失。

参 考 文 献

蔡崇法，丁树文，史志华，等. 2000. 应用 USLE 模型与地理信息系统 IDRISI 预测小流域土壤侵蚀量的研究[J]. 水土保持学报，14（2）：19-24.

曹子阳. 2016. 基于夜间灯光影像的 GDP 空间分布模拟研究及其与 PM$_{2.5}$ 浓度的相关分析[D]. 广州：中国科学院研究生院（广州地球化学研究所）.

陈晨，程林，修春亮. 2013. 沈阳市中心城区交通网络中心性及其与第三产业经济密度空间分布的关系[J]. 地理科学进展，11：1612-1621.

程广斌，琚小倩. 2021. 基于 RS 和 GIS 技术的生态系统服务价值对土地利用变化的响应——以乌鲁木齐城市圈为例[J].生态经济，37（7）：169-175.

冯强，赵文武. 2014. USLE/RUSLE 中植被覆盖与管理因子研究进展[J].生态学报，34（16）：4461-4472.

符素华，王向亮，王红叶，等. 2012. SCS-CN 径流模型中 CN 值确定方法研究[J]. 干旱区地理，35（3）：415-421.

顾泽贤，赵筱青，高翔宇，等. 2016. 澜沧县景观格局变化及其生态系统服务价值评价[J]. 生态科学，35（5）：143-153.

韩晋榕. 2013. 基于 InVEST 模型的城市扩张对碳储量的影响分析[D]. 长春：东北师范大学.

何介南，肖毅峰，吴耀兴，等. 2011. 4 种城市绿地类型缓解热岛效应比较[J]. 中国农学通报，（16）：70-74.

何君. 2017. 基于 GIS 与 InVEST 模型的重庆市城镇化过程中生态经济效益损益研究[D]. 重庆：重庆师范大学.

胡和兵，刘红玉，郝敬锋，等. 2013. 城市化流域生态系统服务价值时空分异特征及其对土地利用程度的响应[J]. 生态学报，33（8）：2565-2576.

李文华，等. 2008. 生态系统服务功能价值评估的理论、方法与应用[M]. 北京：中国人民大学出版社.

李岩林，程钢，杨杰，等. 2020. 夜光遥感数据支持下的区域经济空间格局精细化模拟——以河南省为例[J]. 地域研究与开发，39（4）：41-47.

李盈盈. 2015. 陕西省北洛河流域水源涵养生态服务功能及其价值估算[D]. 西安：西北大学.

李月臣，刘春霞，闵婕，等. 2007. 三峡库区生态系统服务功能重要性评价[J]. 生态学报，2013，（1）：168-178.

刘桂林，张落成，张倩. 2014. 长三角地区土地利用时空变化对生态系统服务价值的影响[J]. 生态学报，34（12）：3311-3319.

刘红辉，江东，杨小唤，等. 2005. 基于遥感的全国 GDP 1km 格网的空间化表达[J]. 地球信息科学，（2）：120-123.

罗婷婷. 2012. 马鞍山市城市绿地缓解热岛效应的研究[D]. 合肥：安徽农业大学.

牛振国，单玉秀，张海英. 2012. 全球土地覆盖 GlobCover 2009 数据中的中国区域湿地数据精度评[J]. 湿地科学，10（4）：389-395.

孙传谆，甄霖，王超，等. 2015. 基于 InVEST 模型的鄱阳湖湿地生物多样性情景分析[J]. 长江流域资源与环境，（7）：1119-1125.

万利. 2009. 城乡交错带土地利用变化的生态环境影响研究[D]. 北京：中国农业科学院.

王旭，吴吉东，王海，等. 2016. 基于夜间灯光和人口密度数据的京津冀 GDP 空间化对比[J]. 地球信息科学学报，18（7）：969-976.

吴昌广，曾毅，周志翔，等. 2010. 三峡库区土壤可蚀性 K 值研究[J]. 中国水土保持科学，（3）：8-12.

吴娇. 2018. 重庆市土地覆被变化及生态响应研究[D]. 重庆：重庆师范大学.

肖强，肖洋，欧阳志云，等. 2014. 重庆市森林生态系统服务功能价值评估[J]. 生态学报，（1）：216-223.

谢高地，鲁春霞，冷允法，等. 2003. 青藏高原生态资源的价值评估[J]. 自然资源学报，18（2）：189-196.

阳文锐. 2015. 北京城市景观格局时空变化及驱动力[J]. 生态学报，（13）：4357-4366.

张发，玉素甫江·如素力，艾尔肯·图尔逊. 2021. 基于土地利用的博斯腾湖流域生态系统服务价值时空变化[J]. 生态学报，41（13）：5254-5265.

周伏建，黄炎和. 1995. 福建省降雨侵蚀力指标 R 值[J]. 水土保持学报，9（1）：13-18.

朱华娟. 2013. 鄱阳湖滨湖区土地利用预测及固碳生态系统服务价值评估[D]. 南昌：南昌大学.

Costanza R，d'Arge R，de Groot R S，et al. 1997. The value of the world's ecosystem services and natural capital[J]. Nature，387：253-260.

Declet-Barreto J，Brazel A J，Martin C A，et al. 2013. Creating the park cool island in an inner-city neighborhood：Heart mitigation strategy for phoenix，AZ[J]. Urban Ecosyst，（16）：617-635.

Forman R. 1995. Land Mosaics：The Ecology of Landscapes and Regions[M]. New York：Cambridge University Press.

Fu B J，Zhou G Y，Bai Y F，et al. 2009. The main terrestrial ecosystem services and ecological security in China[J]. Advances in Earth Science，24（6）：571-576.

Fu B J，Wang S，Su C H，et al. 2013. Linking ecosystem processes and ecosystem services[J]. Current Opinion in Environmental Sustainability，5（1）：4-10.

Konarska K M，Sutton P C，Castellon M. 2002 .Evaluating scale dependence of ecosystem service valuation：A comparison of NOAA-AVHRR and Landsat TM datasets[J]. Ecological Economics，41：491-507.

Le Maitre D C，Milton S J，Jarmain C. 2007. Linking ecosystem services and water resources：Landscape-scale hydrology of the Little Karoo[J]. Frontiers in Ecology and the Environment，5（5）：261-270.

Liang H，Guo Z，Wu J，et al. 2020. GDP spatialization in Ningbo city based on NPP/VIIRS night-time light and auxiliary Data using random forest regression[J]. Advances in Space Research，65（1）：481-493.

Lufafa A，Tenywa M，Isabirye M，et al. 2003. Prediction of soil erosion in a Lake Victoria basin catchment using a GIS-based universal soil loss model[J].Agricultural Systems，76（3）：883-894.

第5章　生态–经济约束下的区域景观格局优化

生态系统提供的供给服务、调节服务、文化服务以及支持服务是人类生存和发展的基础和前提，服务的质量和数量受土地利用景观格局影响，从而影响人类发展的质量和前景。景观格局与人类活动密切相关，人类不同的生态服务需求会促使土地利用景观格局发生转化，人类通过改变不同土地利用类型和利用强度对景观功能施加影响，进而使生态系统服务朝着人类需求或偏好转化。人为干扰程度低，生态系统的调节和支持服务就高，干扰程度增加，供给服务增强，调节和支持服务减弱。高强度的干扰使得生态系统结构破坏和功能紊乱，水源涵养、生物多样性和气候调节等生态服务退化，威胁生态安全与人类的可持续发展。

重庆市作为长江流域的生态基础和生态屏障、长江上游最大经济中心及成渝城市群的核心城市之一，具有重要的生态地位和经济地位。随着重庆市社会经济的发展及城镇化的快速推进，建设用地不断扩张，草地、耕地等非建设用地不断向建设用地演化，使原有景观格局不断朝着有利于城镇扩张的方向转变，这必然会引起土地利用景观生态、经济效益的损益。在当前新型城镇化背景下，如何优化土地利用景观格局，使得经济和生态保护协调发展，做到"既要金山银山，也要绿水青山"是一个十分重要的问题。本章将以重庆市作为研究区，在土地利用、气象、地形地貌、交通、人口、产业等数据支撑下，以生态安全格局理论、景观生态学、生态经济学等作为理论基础，充分利用灰色模型（grey model，GM）的数量预测、模糊多目标线性规划（fuzzy multi-objective linear programming，FMOLP）模型的数量规划、人工神经网络（artificial neural network，ANN）强大的自学能力和元胞自动机（cellular automata，CA）的空间模拟优势，构建 GM-FMOLP-FLUS 耦合模型，对 2040 年重庆市生态效益最优情景、经济效益最优情景、生态–经济效益综合最优情景下土地利用景观格局进行预测与模拟，以期为优化土地利用结构和制定可持续发展策略等提供思路借鉴。

5.1　区域景观格局影响因子分析

土地覆被的变化是生态环境发生变化的重要体现，土地利用景观在自然因子和人文因子的相互作用下处于不断变化之中，形成不同的景观格局。对土地利用景观格局影响因子的分析有助于科学地解释复杂地域单元的景观格局，深入理解其演变过程，为土地利用结构优化、土地利用景观的恢复重建、可持续发展策略的制定等提供科学依据。要探究不同影响因子对土地利用景观格局的影响，需在合理选择影响因子的基础上，选用合适的方法进行定量分析。在影响因子分析方法的选用上，以往多使用相关分析法（路鹏等，2006）、线性回归（王千等，2011）、Logistic 回归（孙才志和闫晓露，2014）等传统统计学方法进行土地利用景观格局的影响因子分析，这些方法要求数据在统计上是独立的，且均匀分布（Pontius et al.，2001）。而各土地利用景观及其影响因子往往存在空间相关性，彼此相互影响。因此，使用传统统计学方法进行景观格局影响因子分析很可能会导致分析结果存在偏差。空间回归模型假设各因子间具有时空相关性和空间多维特征，模型不要求数据的独立性，在进行数学统计的同时考虑因子间空间关系，兼顾时间、空间和数量属性（欧定华等，2017）。所以，本节将从自然和人文的维度构建重庆市土地利用景观格局影响因子指标体系，利用空间回归模型进行景观格局的影响因子研究。

5.1.1 影响因子体系构建及数据处理

1. 影响因子体系构建

土地利用景观格局演变受自然因子和人文因子的共同驱动，在构建影响土地利用景观格局演变指标体系时，应尽量保证因子的全面性与代表性，同时也应考虑因子的可获取性、科学性、差异性，以及是否满足空间化和定量化的要求。在参照景观格局演化（孙才智和闫晓露，2014）、土地利用覆被变化（李月臣和刘春霞，2009）等影响因素研究的基础上，兼顾因子选取要求与研究区实际，从自然和人文维度，构建了两级两类的土地利用景观格局演化影响因子指标体系（表 5-1）。

表 5-1 土地利用景观格局演化影响因子指标体系

一级指标	二级指标
自然因素	归一化植被指数（NDVI）
	数字高程模型（DEM，m）
	坡度[slop，（°）]
	起伏度（qfd，m）
	气温（temperature，℃）
	降水（rain，mm）
	距河流距离（river，m）
	距湖泊距离（lake，m）
人文因素	距高速距离（gsroad，m）
	距城市主干道距离（zgdroad，m）
	距省道距离（sdroad，m）
	距国道距离（gdroad，m）
	人口（people，人）
	距行政中心距离（xzzx，m）
	第二、三产业产值（industry，万元）

2. 数据处理

（1）NDVI：在对 TM 遥感影像进行几何校正、大气校正、镶嵌和裁剪等处理基础上，利用 ArcGIS 空间分析工具通过 NDVI 计算公式计算得到（图 5-1）。

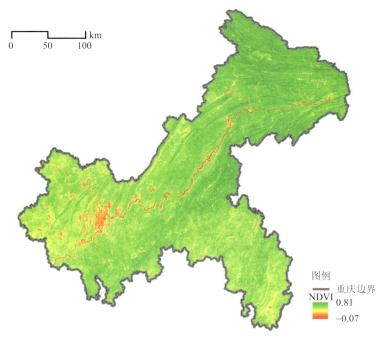

图 5-1　2015 年重庆市 NDVI 空间分布图

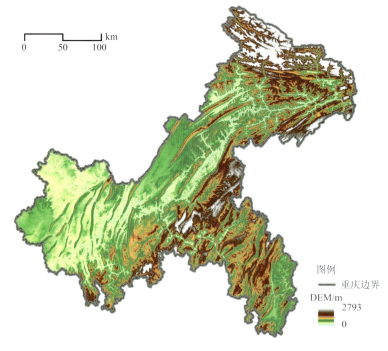

图 5-2　重庆市 DEM 空间分布图

（2）坡度和起伏度：利用 DEM 数据（图 5-2）通过 ArcGIS 空间分析计算得到（图 5-3 和图 5-4）。

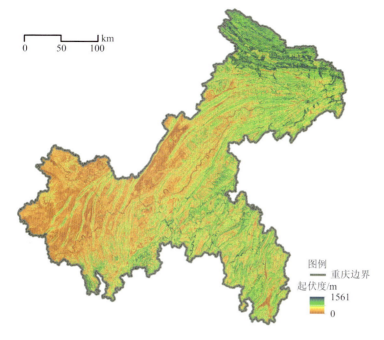

图 5-3　重庆市起伏度空间分布图

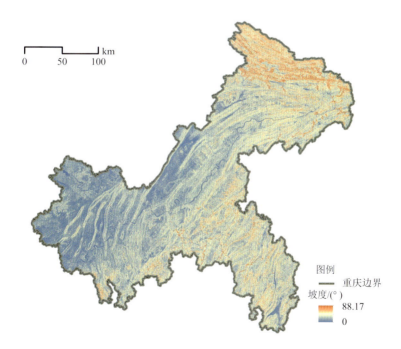

图 5-4　重庆市坡度空间分布图

（3）气温和降水：利用重庆市历史年份（1995～2014 年）34 个气象站气温和降水数据，综合考虑海拔、经度、纬度、坡度和坡向影响，分别与气温和降水进行回归分析建立回归方程，在考虑残差基础上通过 ArcGIS 中的插值分析生成 25m×25m 的重庆多年月平均气温（图 5-5）和降水空间分布图（图 5-6）。

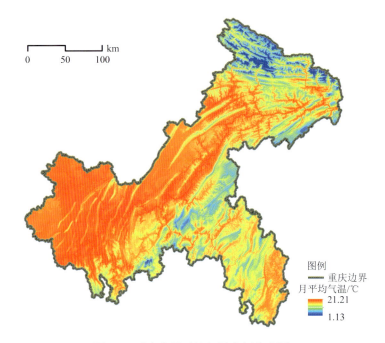

图 5-5　重庆市月平均气温空间分布图

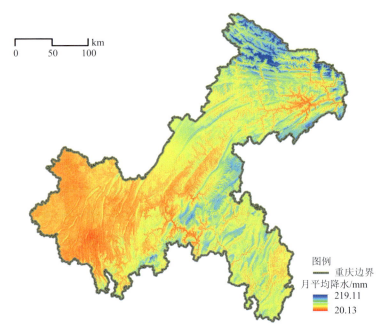

图 5-6　重庆市月平均降水空间分布图

（4）交通路网距离：运用 ArcGIS 距离分析工具，结合国道、省道、高速和市区主干道矢量数据分别计算每个栅格到目标要素的距离（图 5-7～图 5-10）。

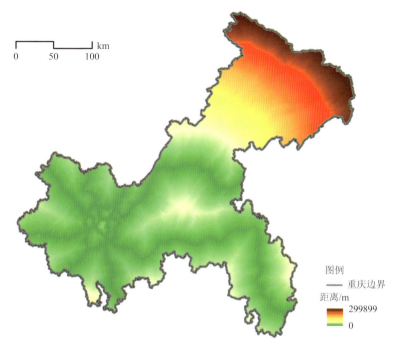

图 5-7　与最近高速路距离空间分布图

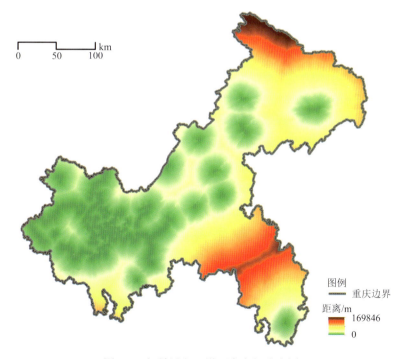

图 5-8　与最近主干道距离空间分布图

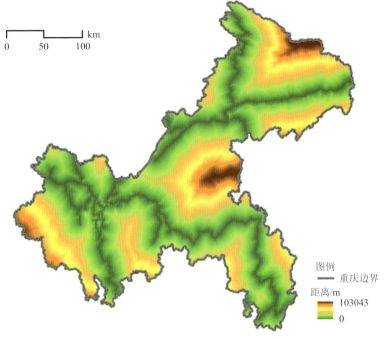

图 5-9　与最近国道距离空间分布图

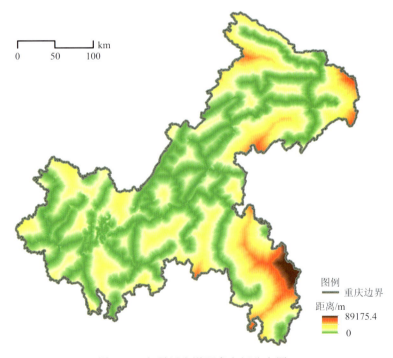

图 5-10　与最近省道距离空间分布图

（5）距河流、湖泊距离和距行政中心距离：与道路因子一样，应用 ArcGIS 距离工具分别对每个栅格单元到河流、湖泊和行政中心距离进行计算（图 5-11～图 5-13）。

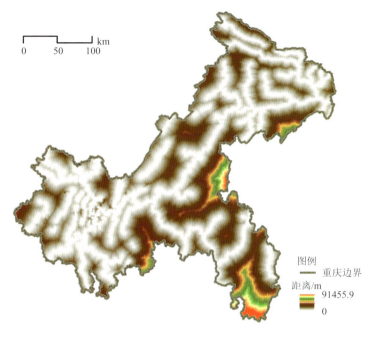

图 5-11　与最近河流距离空间分布图

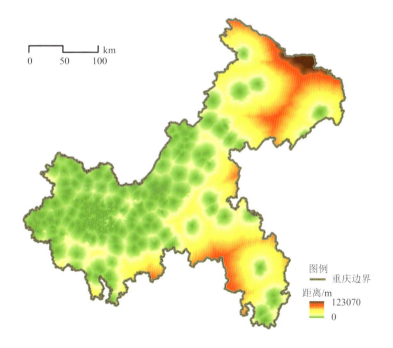

图 5-12　与最近湖泊距离空间分布图

（6）人口空间化数据：利用美国国防气象卫星（defense meteorological satellite program，DMSP）搭载的线性扫描系统（operational linescan system，OLS；以下简称 DMSP-OLS）

获取的夜光遥感数据与 NDVI 数据构建人居指数模型，在此基础上通过构建各区县的人居指数与人口统计数据回归方程对各区县人口进行反演，根据 DEM 分布特征对人居指数进行修正，根据修正后的人居指数对 2015 年重庆市的人口进行空间化，得到重庆市人口空间分布图（图 5-14）。

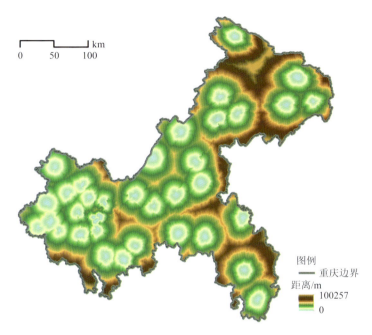

图 5-13　与最近行政中心距离空间分布图

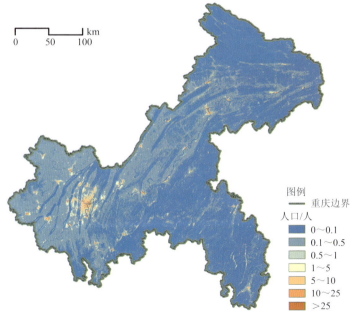

图 5-14　重庆市人口空间分布图

（7）第二、三产业产值空间化：利用第二、三产业产值统计资料、土地利用数据和夜间灯光数据，采用相关分析和回归分析探讨，并结合 ArcGIS 的空间分析工具对 2013 年重庆市第二、三产业产值进行空间化（图 5-15）。空间化结果误差较低，与第二、三产业实际产值相关性高，符合研究精度要求。

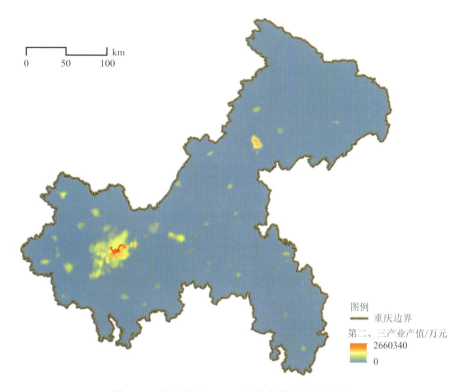

图 5-15　重庆市第二、三产业产值空间分布图

5.1.2　影响因子评价方法

1. 评价方法概述

1）空间自相关

空间自相关是通过统计学方法来分析具有空间单元和属性的要素与其邻近单元的某种特征值的相关性程度，以判断是否存在空间关联，是空间回归分析的前提。空间自相关通常分为全域型和局域型空间自相关，两者主要区别在于度量空间范围的差异，主要体现在是描述单元与整体，还是描述单元与周边区域。采用方法也存在差异，全域型空间自相关一般使用 Moran's I 和 Geary C 来测度，局域型空间自相关使用 G 统计量、Moran 散点图和 LISA 来测度。本节仅探究景观格局影响因素间的整体状况，判断是否存在空间相关性，无须确定聚集区位置，故选择全域空间自相关 Moran's I 指数作为判断因子间是否存在空间关联的方法。Moran's I 指数取值在 $-1 \sim 1$，当值为 0 时表示不存在空间关系，大于 0 为正相关，小于 0 为负相关，绝对值越接近 1，表明相关性越强。

2）空间回归模型

随着空间计量经济学的提出及其在各领域的发展，空间因素被广泛纳入各研究领域之中。空间回归模型（黄秋兰等，2013）一般形式如下：

$$y = \rho W_1 y + \beta x + u \tag{5-1}$$

$$u = \lambda W_2 u + \varepsilon \tag{5-2}$$

$$\varepsilon \sim N(0, \delta^2 I) \tag{5-3}$$

式中，y 为因变量；x 为解释变量；β 为解释变量回归系数；u 为误差；ε 为白噪声；W_1 为空间权重矩阵，表示因变量的空间趋势；W_2 为残差空间矩阵；ρ 为空间迟滞项系数；λ 为空间误差系数，δ^2 为方差；I 为单位矩阵。根据 ρ 和 λ 取值的不同，空间回归全局模型被分为普通线性回归模型、空间滞后模型（spatial lag model，SLM）、空间误差模型（spatial error model，SEM）等。ρ 和 λ 均等于 0 时为普通线性回归模型；当 $\lambda = 0$，$\rho \neq 0$ 时，表示空间滞后模型，此模型因变量、解释变量以及相邻区域因变量相互间存在关系，相邻区域因变量具有空间自相关性，相邻区域同一解释变量无空间自相关性；$\lambda \neq 0$，$\rho = 0$ 时，为空间误差模型，研究区因变量与相邻区域因变量间相互独立，相邻区域同一解释变量存在空间自相关。SLM 和 SEM 采用极大似然法和广义估计矩阵法等进行参数估计。SEM 和 SLM 对空间信息进行了充分利用，并且考虑了因变量、自变量和残差的空间自相关性，广泛应用于资源环境和社会经济等领域。

在 OLS 回归模型、SEM 和 SLM 最优模型的确定上，综合评价残差的 Moran's I、拉格朗日乘数（Lagrange multipliers，LM）、稳健拉格朗日乘数（robust Lagrange multipliers，R-LM）、R^2、AIC、SIC、对数似然值（log likelihood）等指标值的大小来确定最优模型。模型选择标准及步骤如下：做 OLS 估计，对比 LM-lag 和 LM-err 统计量。如果 LM-lag 和 LM-err 均不显著，选用普通规划模型；若 LM-lag 显著，LM-err 不显著，则选用 SLM 模型；若 LM-lag 不显著，而 LM-err 显著，就选择 SEM 模型；如果 LM-lag 和 LM-err 均显著，则由 RLM-lag 和 RLM-err 值的大小来判断使用何种模型，RLM-lag 较 RLM-err 显著，选用 SLM 模型，否则，选择 SEM。若 RLM-lag 和 RLM-err 均显著，则结合 R^2 大小、log likelihood、赤池信息准则（Akaike information criterion，AIC）和施瓦兹准则（Schwarz criterion，SC）进行判断，判断依据是 R^2 和 log likelihood 越大，AIC 和 SC 越小，模型拟合效果越好。

2. 空间回归分析的步骤

（1）空间回归分析基本单元格建立。以 1km 为分析尺度，构建土地利用景观格局变化驱动力分析单元网格矢量面数据。

（2）单元格内各土地利用景观面积比例及驱动力指标平均值计算。利用 ArcGIS 空间分析工具分别统计每 1km 网格内各类用地面积比例以及各影响因素归一化后的平均值。

（3）相关性分析。分别对各类型土地利用景观与影响因子进行相关性分析，剔除未通过显著性检验的影响因子。

（4）回归模型的选取及各土地利用景观演化影响因子确定。首先进行空间自相关分析，判断各土地利用景观是否存在空间自相关性。然后，根据模型适用条件选择合理的空间回归模型进行空间回归，以确定不同类型土地利用景观的影响因子。

5.1.3　影响因子评价

利用空间回归分析进行土地利用景观影响因子评价的前提是各土地利用景观存在显著的空间自相关关系。为此，进行土地利用景观影响因子评价时，首先，需要判断各土地利用景观是否存在空间自相关性。其次，进行各类型景观与影响因子相关性分析，剔除相关性较弱或相关性不显著的因子。最后，在 OLS 回归模型、SEM 和 SLM 的拟合结果的基础上，根据上述最优模型的选取原则确定最优模型，再以各土地利用景观作为因变量，剔除后的剩余因子作为解释变量进行空间回归分析。

1. 空间自相关分析

本章采用 ArcGIS 软件，进行各土地利用景观的空间自相关性分析。空间自相关计算结果见表 5-2。由表可知，重庆市各土地利用景观在空间上均存在不同程度的空间正相关，均通过 0.05 的显著性水平检验，排除此聚类模式随机产生的可能性。其中，建设用地空间自相关性最强，Moran's I 值为 0.703，建设用地多集中分布于城镇开发边界内，具有很强的空间集聚性，空间自相关高。重庆市耕地、林地面积大，多呈大面积集中分布，空间集聚性较强，自相关性较高。草地和水域面积小，分布较分散，空间自相关性较弱。未利用地面积最小，多零散分布，空间自相关性最弱。

表 5-2　重庆市土地利用景观空间自相关

因子	耕地	林地	草地	水域	建设用地	未利用地
Moran's I	0.68	0.700	0.46	0.48	0.703	0.23
z-score	390.27	400.24	264.32	272.10	401.70	137.71
P	0.00	0.00	0.00	0.00	0.00	0.00

2. 相关性分析

使用相关性分析来判断各土地利用景观与影响因子是否存在相关性。Sig 值用于判断是否拒绝原假设，原假设是不相关。一般情况下，其取值若小于 0.05，则拒绝原假设，就是存在相关关系，并且这种关系是有意义的。Pearson 值介于-1～1，值的绝对值大小表示相关性强弱，值为正表示正相关，为负表示负相关。从表 5-3 和表 5-4 可以看出，耕地、林地、草地、水域和建设用地无论是与自然因子还是人文因子均存在相关性，并通过 0.05 的显著性检验；未利用地与国道距离和第二、三产业产值的 Sig 值分别是 0.18 和 0.09，Sig 值均大于 0.05，接受原假设，未通过检验，与这些因子间不存在相关性。

表 5-3　各类用地与自然因子相关性分析

项目		slop	qfd	tempeture	rain	DEM	NDVI
耕地	Pearson	−0.59	−0.58	0.51	−0.38	−0.50	−0.22
	Sig	0.00	0.00	0.00	0.00	0.00	0.00
林地	Pearson	0.71	0.67	−0.57	0.42	0.56	0.51
	Sig	0.00	0.00	0.00	0.00	0.00	0.00
草地	Pearson	0.07	0.05	−0.12	0.13	0.12	0.06
	Sig	0.00	0.00	0.00	0.00	0.00	0.00
水域	Pearson	−0.21	−0.18	0.25	−0.20	−0.25	−0.47
	Sig	0.00	0.00	0.00	0.00	0.00	0.00
建设用地	Pearson	−0.29	−0.27	0.24	−0.19	−0.23	−0.51
	Sig	0.00	0.00	0.00	0.00	0.00	0.00
未利用地	Pearson	0.05	0.05	−0.03	0.02	0.03	0.02
	Sig	0.00	0.00	0.00	0.00	0.00	0.00

注：各变量中文见表 5-1，下同。

表 5-4　各类用地与社会经济因子相关性分析

项目		lake	industry	zgdroad	sdroad	gdroad	gsroad	xzzx	people	river
耕地	Pearson	−0.35	−0.05	−0.36	−0.21	−0.12	−0.26	−0.26	0.09	−0.21
	Sig	0.00	0.00	0.00	0.00	0.00	0.00	0.00	0.00	0.00
林地	Pearson	0.36	−0.15	0.40	0.21	0.13	0.28	0.28	−0.33	0.23
	Sig	0.00	0.00	0.00	0.00	0.00	0.00	0.00	0.00	0.00
草地	Pearson	0.10	−0.04	0.07	0.03	0.02	0.09	0.06	−0.05	0.01
	Sig	0.00	0.00	0.00	0.00	0.00	0.00	0.00	0.00	0.00
水域	Pearson	−0.07	0.12	−0.12	−0.07	−0.03	−0.03	−0.10	0.14	−0.17
	Sig	0.00	0.00	0.00	0.00	0.00	0.00	0.00	0.00	0.00
建设用地	Pearson	−0.16	0.49	−0.21	−0.14	−0.14	−0.14	−0.23	0.58	−0.10
	Sig	0.00	0.00	0.00	0.00	0.00	0.00	0.00	0.00	0.00
未利用地	Pearson	0.04	−0.01	0.03	0.02	−0.01	0.05	0.01	−0.01	−0.01
	Sig	0.00	0.09	0.00	0.00	0.18	0.00	0.00	0.01	0.00

3. 空间回归分析

由于各类土地利用景观存在空间自相关性，所以选择空间回归模型进行各类土地利用景观的影响因素分析。首先，根据上述最优模型的选取原则确定最优模型。方法是对 OLS 回归模型、SEM 和 SLM 的拟合结果进行综合判断，以确定最优模型。然后，以各土地利用景观作为因变量，剔除不存在相关性后的剩余因子作为解释变量进行空间回归分析。不同土地利用景观影响因子存在差异性，通过相关性分析，剔除与各地类不存在相关性的因素。本章中，耕地、林地、草地、水域和建设用地与各影响因素均通过空间相关性检验，故选择 NDVI，坡度，降水，温度，起伏度，DEM，人口，第二，三产业产值，到区县行政中心距离，到国道距离，到省道距离，到高速路距离，到市区主干道距离，到河流距离以及到湖泊距离作为影响因子探究各地类与影响因子关系。需要说明的是，无论是单一侧重经济发展还是环境保护，还是两者兼具，均需充分合理开发利用未利用地，在未来时段，未利用地应尽可能全部转化成其他类用地，所以此处不对未利用地景观进行影响因素分析。

1）耕地

分别利用 OLS 回归模型、SLM 和 SEM，使用 Rook 权重对耕地与各影响因素进行探索性拟合，根据拟合结果（表 5-5），参照最优模型选取原则确定用于耕地和影响因素空间回归的最适宜模型。从拟合优度 R^2 对比可以看出，SLM 和 SEM 拟合优度均大于 OLS 模型，说明空间回归模型拟合结果优于 OLS 模型，使用最大似然法估计的空间回归模型可消除自变量和因变量间的空间自相关性和空间误差。残差项 Moran's $I = 0.55$，通过 0.01 显著性检验，说明回归残差存在明显的空间依赖。SLM 和 SEM 的 LM 和 RLM 均显著，从两种模型的 log likelihood、AIC、SC 和 R^2 对比可知，SEM 的 log likelihood 和 R^2 均大于 SLM，AIC 和 SC 小于 SLM。综合上述比较结果可以得出，SEM 对耕地影响因素的模拟优度高于 SLM，模拟结果更加符合客观实际。

表 5-5　耕地 OLS 模型、SLM 和 SEM 拟合结果比较

模型比较	OLS	SLM	SEM
log likelihood	8412.31	29815.70	32354.36
LM-value	—	45133.14	50020.11
P-LM	—	0.00	0.00
RLM-value	—	161.31	5048.28
P-RLM	—	0.00	0.00
R^2	0.50	0.74	0.76
AIC	−16792.60	−59597.40	−64676.70
SC	−16643.10	−59438.60	−64527.20
残差 Moran's I	0.55	—	—
残差 P	0.00	—	—

利用 SEM 对耕地与各因子进行空间回归分析，结果如表 5-6 所示，从表中可以看出，耕地景观格局分布受诸多影响因素相互作用。自然影响因素方面，有降水、NDVI、坡度、起伏度、DEM 和气温，社会经济因素上，有人口，第二、三产业产值，距行政中心距离，距国道距离，距省道距离，距高速距离，距城市主干道距离，以及距河流、湖泊距离，P 值均通过 0.05 的显著性检验。其中，受坡度和 DEM 影响最大，两者在空间上表现出很强的区域性和垂直性差异，坡度和 DEM 对耕地的空间位置、数量、质量、土壤性质等有重要影响，坡度、DEM 值越大，越不适宜作为耕地。第二、三产业产值影响大，第二、三产业的发展，会促使耕地大量转化成第二、三产业用地，从而导致耕地面积减少。第

二、三产业多分布于建设用地已建成区，第二、三产业高值区通常是区域经济中心、人口聚集地和社会经济发展的动力源，并且当前我国处于快速城镇化推进阶段，已建成区用地基本不会转化成耕地。NDVI、人口和气温对耕地影响较大。农作物本身就具有较高的NDVI 值，NDVI 可一定程度上反映耕地上作物的生长和分布情况。区域人口增加，往往带动本区域工商业发展及建设用地增加，耕地将被侵占而减少。海拔较低、干热河谷以及城市建成区等往往具有相对较高气温，而河谷阶地和城市建成区不易转化为耕地。耕地受距河流距离、距国道距离和距行政中心区距离等因素影响较小。

表 5-6　重庆市耕地影响因素 SEM 分析结果

变量	系数	标准误差	Z 值	P 值
常量	1.24	0.21	5.84	0.00
rain	0.18	0.06	3.17	0.00
qfd	−0.92	0.37	−2.48	0.01
people	−0.77	0.80	2.82	0.00
NDVI	0.71	0.02	47.20	0.00
river	−0.06	0.02	−3.36	0.00
DEM	−1.70	0.20	−8.55	0.00
sdroad	−0.12	0.02	−6.58	0.00
gdroad	0.07	0.01	5.60	0.00
slop	−1.74	0.05	−33.79	0.00
gsroad	0.17	0.01	15.16	0.00
tempeture	−0.78	0.21	−3.70	0.00
industry	−1.26	0.10	−12.65	0.00
xzzx	−0.06	0.02	−3.14	0.00
lake	−0.19	0.02	−9.71	0.00
zgdroad	0.20	0.02	12.20	0.00

2）林地

同耕地一样，首先分别利用 OLS 模型、SLM 和 SEM 对林地与影响因素进行探索性回归拟合，结果如表 5-7 所示。由拟合结果可知，SLM 和 SEM 拟合优度均大于 OLS 模型，残差项 Moran's $I = 0.53$，通过 0.01 显著性检验，说明回归残差存在明显的空间依赖，宜采用空间回归模型进行探究。SLM、SEM 的 LM 和 RLM 均通过检验，综合 log likelihood、R^2、AIC和 SC 最终确定 SEM 最适宜作为探究影响因子与林地空间分布关系的空间回归模型。

表 5-7　林地 OLS 模型、SLM 和 SEM 拟合结果比较

模型比较	OLS	SLM	SEM
log likelihood	16122.20	33092.50	38670.40
LM-value	—	36539.49	47083.68
P-LM	—	0.00	0.00

续表

模型比较	OLS	SLM	SEM
RLM-value	—	147.95	10692.13
P-RLM	—	0.00	0.00
R^2	0.62	0.77	0.81
AIC	−32212.50	−66150.90	−77308.80
SC	−32063.00	−65992.10	−77159.30
残差 Moran's I	0.53	—	—
残差 P	0.00	—	—

利用 SEM 进行林地影响因素空间回归分析，结果如表 5-8 所示。所有影响因子中，距行政中心距离和距国道距离 P 未通过 0.05 检验，说明林地景观格局受二者影响有限，不作为林地空间分布的影响因子。林地景观格局受人口的影响最大，其次是坡度和气温，然后是起伏度，受距河流、湖泊距离的影响最小。重庆市林地聚集区主要是渝东南、渝东北、中部平行岭谷区和南部的多山区。这些区域海拔较高、坡度大、气温低、地形起伏度大、人口稀少、路网密度低、经济发展滞后。特殊的地理环境、适宜的水热条件、人类的低干扰性决定了这些区域适宜森林的生长和林地的演化。

表 5-8　重庆市林地影响因素 SEM 模型分析结果

变量	系数	标准误差	Z 值	P 值
常数	1.48	0.19	7.74	0.00
rain	−0.17	0.05	−3.29	0.00
river	−0.06	0.02	−3.84	0.00
DEM	−0.96	0.18	−5.38	0.00
gsroad	−0.36	0.01	−35.76	0.00
tempeture	−1.94	0.19	−10.24	0.00
industry	−0.14	0.05	15.66	0.00
xzzx	0.01	0.02	0.39	0.70
lake	0.07	0.02	4.00	0.00
zgdroad	−0.21	0.01	−14.27	0.00
NDVI	0.59	0.01	42.17	0.00
people	−3.82	0.60	−11.44	0.00
qfd	−1.08	0.34	−3.14	0.00
sdroad	0.15	0.02	9.42	0.00
gdroad	−0.02	0.01	−1.83	0.07
slop	2.01	0.05	42.39	0.00

3）草地

对比草地 OLS 模型、SLM 和 SEM 检验结果（表 5-9），根据模型选取规则最终确定采用 SEM 进行草地景观与影响因素相关研究。SEM 分析结果如表 5-10 所示，第二、三产业产值，人口，距高速距离以及距河流距离 P 值分别为 0.18、0.33、0.45 和 0.53，均大于 0.05，未通过显著性检验，表明其对草地景观格局的影响较小。草地的分布受起伏度的影响最大，气温、DEM 和坡度对其影响较大，降水、NDVI、距行政中心距离、距国道距离、距省道距离、距城市主干道距离等对其有一定影响，但影响均较小。重庆市草地面积小，且分布不均，多分布于南部和北部起伏度较低、海拔较高、坡度较大山区。

表 5-9　草地 OLS 模型、SLM 和 SEM 拟合结果比较

模型比较	OLS	SLM	SEM
log likelihood	78686.70	101805.00	101836.87
LM-value	—	46222.17	46149.95
P-LM	—	0.00	0.00
RLM-value	—	86.98	14.75
P-RLM	—	0.00	0.00
R^2	0.03	0.54	0.54
AIC	−157341.00	−203576.00	−203642.00
SC	−157192.00	−203417.00	−203492.00
残差 Moran's I	0.53	—	—
残差 P	0.00	—	—

表 5-10　重庆市草地影响因素 SEM 分析结果

变量	系数	标准误差	Z 值	P 值
常量	−0.38	0.10	−3.99	0.00
tempeture	0.37	0.09	3.93	0.00
industry	−0.06	0.04	−1.35	0.18
xzzx	0.02	0.01	2.48	0.01
lake	0.06	0.01	6.48	0.00
zgdroad	−0.03	0.01	−3.81	0.00
NDVI	−0.05	0.01	−7.15	0.00
people	0.35	0.35	0.98	0.33
qfd	−1.90	0.16	−11.65	0.00
rain	0.09	0.02	3.73	0.00
DEM	0.41	0.09	4.62	0.00
sdroad	0.02	0.01	2.73	0.01
gdroad	−0.01	0.01	−2.57	0.01
slop	0.26	0.02	11.48	0.00
gsroad	0.00	0.01	−0.76	0.45
river	−0.01	0.01	−0.63	0.53

4）水域

对比水域 OLS 模型、SLM 和 SEM 检验结果（表 5-11），根据模型选取规则最终确定采用 SEM 进行水域景观与影响因素关系研究。SEM 分析结果如表 5-12 所示，距湖泊距离 P 值为 0.20，大于 0.05，未通过显著性检验，表明距湖泊距离对水域形成的作用较小。水域的分布受人口分布的影响最大，起伏度次之，气温，DEM，NDVI，坡度，第二、三产业产值等对其影响较大，距河流距离、距城市主干道距离、距行政中心距离、距国道距离、距省道距离等影响均较小。水域的形成，主要是自然因子相互作用的结果，起伏度、DEM 和温度等自然因子的相互作用有助于水域景观的形成，低 DEM、高地形起伏度有助于水流的聚集，并加速河流的侵蚀作用。而人文因子方面，主要是为获取丰富的水资源，人口、产业等向河流附近集聚，从而导致水域与人口、产业等关系密切。

表 5-11　水域 OLS 模型、SLM 和 SEM 拟合结果比较

模型比较	OLS	SLM	SEM
log likelihood	101480.00	118581.00	124956.63
LM-value	—	35313.74	45717.70
P-LM	—	0.00	0.00
RLM-value	—	2655.63	13059.58
P-RLM	—	0.00	0.00
R^2	0.32	0.60	0.68
AIC	−202927.00	−237127.00	−249881.00
SC	−202778.00	−236968.00	−249732.00
残差 Moran's I	0.53	—	—
残差 P	0.00	—	—

表 5-12　重庆市水域影响因素 SEM 分析结果

变量	系数	标准误差	Z 值	P 值
常量	−0.32	0.08	−4.11	0.00
rain	−0.16	0.02	−7.94	0.00
qfd	2.89	0.12	23.34	0.00
people	−11.28	0.27	−42.10	0.00
NDVI	−0.78	0.01	−152.41	0.00
zgdroad	0.05	0.01	8.03	0.00
lake	0.01	0.01	1.27	0.20
xzzx	0.07	0.01	9.77	0.00
industry	0.57	0.03	16.71	0.00
tempeture	0.96	0.08	12.49	0.00
gsroad	0.15	0.00	35.59	0.00
slop	−0.40	0.02	−23.17	0.00
gdroad	0.02	0.00	4.30	0.00
sdroad	−0.02	0.01	−3.46	0.00
DEM	0.89	0.07	12.34	0.00
river	0.03	0.01	4.12	0.00

5）建设用地

与其他类用地一样，首先对建设用地进行 OLS 模型、SLM 和 SEM 探索性回归模型检验（表 5-13），根据模型选取规则最终确定采用 SEM 作为建设用地影响因素回归模型。

表 5-13　建设用地 OLS 模型、SLM 和 SEM 模拟结果比较

模型比较	OLS	SLM	SEM
log likelihood	78057.80	107531.00	107721.18
LM-value	—	57865.48	56907.06
P-LM	—	0.00	0.00
RLM-value	—	2143.23	1184.81
P-RLM	—	0.00	0.00
R^2	0.44	0.77	0.78
AIC	−156084.00	−215028.00	−215410.00
SC	−155934.00	−214870.00	−215261.00
残差 Moran's I	0.59	—	—
残差 P	0.00	—	—

利用 SEM 进行建设用地与影响因素空间回归分析，结果如表 5-14 所示。由表可知，距城市主干道距离和降水因子未通过显著性 0.05 检验，予以剔除。在通过显著性检验的所有影响因子中，人口对建设用地的影响最大，回归系数达到 6.11，远大于其他因子。建设用地主要是城乡居民点、交通设施、公共服务设施和采矿用地等，往往聚集有大量人口，人口越多，区域越易转化成建设用地。气温和 DEM 对建设用地影响较大，这是由于大城市容易形成区域小气候——城市热岛，城市已建成区温度往往高于郊区，距离城区高温区越近，越易转化成建设用地。另外，建设用地的空间格局还受起伏度、NDVI、坡度等因素的影响。

表 5-14　重庆市建设用地影响因素 SEM 模型分析结果

变量	系数	标准误差	Z 值	P 值
常量	−1.00	0.11	−9.00	0.00
gsroad	0.06	0.01	10.09	0.00
tempeture	1.39	0.11	12.75	0.00
industry	−0.13	0.03	3.84	0.00
xzzx	−0.03	0.01	−2.60	0.01
lake	0.07	0.01	6.33	0.00
zgdroad	0.00	0.01	−0.40	0.69
NDVI	−0.46	0.01	−72.36	0.00
people	6.11	0.33	58.42	0.00

续表

变量	系数	标准误差	Z 值	P 值
qfd	0.80	0.15	5.33	0.00
rain	−0.05	0.03	−1.76	0.08
DEM	1.38	0.10	13.53	0.00
sdroad	−0.03	0.01	−2.91	0.00
river	0.14	0.01	14.51	0.00
slop	−0.16	0.02	−7.68	0.00
gdroad	−0.06	0.01	−8.41	0.00

5.2　区域景观数量情景预测

5.2.1　景观数量情景预测方法

1. 多目标线性规划模型

1）原理

数学规划属于运筹学的一个分支，被广泛应用于工业生产与规划行业中，主要用于解决目标函数在约束函数下的最优化问题。其主要由目标函数和约束函数两部分组成，如果有两个或以上目标函数，且目标函数和约束条件均是线性的，则称为多目标线性规划模型。其数学模型表示如下。

目标函数：

$$Z = \boldsymbol{F}(\boldsymbol{X}) = \begin{cases} \max(\min) f_1(X) \\ \max(\min) f_2(X) \\ \vdots \\ \max(\min) f_i(X) \end{cases} \tag{5-4}$$

约束条件：

$$\boldsymbol{\varphi}(\boldsymbol{X}) = \begin{cases} \varphi_1(X) \\ \varphi_2(X) \\ \vdots \\ \varphi_m(X) \end{cases} \leqslant \boldsymbol{G} = \begin{cases} \vartheta_1 \\ \vartheta_2 \\ \vdots \\ \vartheta_m \end{cases} \tag{5-5}$$

进一步简化为

$$\text{Max}(\min) Z = \boldsymbol{F}(\boldsymbol{X}) \tag{5-6}$$

$$\boldsymbol{\varphi}(\boldsymbol{X}) \leqslant \boldsymbol{G} \tag{5-7}$$

式中，$\boldsymbol{X} = [x_1, x_2, \cdots, x_n]^{\mathrm{T}}$ 为决策变量向量；$\boldsymbol{F}(\boldsymbol{X})$ 为 i 维的函数向量，i 表示函数个数；$\boldsymbol{\varphi}(\boldsymbol{X})$ 为 m 维的约束函数向量，m 表示约束函数的个数；$\boldsymbol{G}$ 为 m 维常数向量。如果利用矩阵表示，则可进一步表示为

$$\max(\min) Z = \boldsymbol{CX} \tag{5-8}$$

$$AX \leqslant (\geqslant, =)b \tag{5-9}$$

$$X \geqslant 0 \tag{5-10}$$

式中，C 为 $i \times n$ 矩阵，是目标函数系数；A 为 $m \times n$ 的矩阵，是约束函数的系数；b 为 m 维的常数约束向量。

城镇化过程中，生态保护和经济发展侧重点的不同将衍生出不同景观格局，在各类型用地相应约束条件下，不可能存在一组最优解同时满足生态和经济两个目标函数均达到最大化的要求，且目标函数具有模糊性，约束条件具有弹性。例如，未来时段各地类单位面积经济效益和生态效益预测值可能会存在多个可行解。模糊数学规划方法（Zimmermann，1978；Narasimhan，1980）适用于求解约束条件具有弹性、要求多个目标函数都得到最好的满足的问题。其通过采用折中的方式，把多目标问题进行模糊化处理，把多目标转化为单目标，再利用单目标求解方法求得一组使得各个目标都尽可能满足的模糊最优解（宋业新等，2004），这种求解方法被称为模糊多目标线性规划（fuzzy multi-objective linear programming，FMOLP）（Zeng et al.，2010；Tavakkoli-Moghaddam et al.，2010）。为达到生态和经济效益都尽可能最大化的目的，本章选用多目标线性规划模型，利用模糊数学规划方法求出生态-经济综合最优目标函数在约束条件下的最优解。

2）多目标线性规划问题的模糊数学求解步骤

首先，确定目标函数的伸缩指标 d_i（$d_i \geqslant 0$），可利用各目标函数的最大值 Z_i^* 与最小值 Z_i^- 之差代替。其值可根据各因子重要性做出相应调整，目标函数越重要，伸缩指标越小。

$$d_i = Z_i^* - Z_i^- \tag{5-11}$$

Z_i^* 和 Z_i^- 根据各目标函数在相应约束条件下求解得到，如 i 目标函数的最大值 Z_i^* 求解如下：

$$Z_i^* = \max \left\{ Z_i \mid Z_i = \sum_{j=1}^n c_{ij} X_j, AX \leqslant b, X_j \geqslant 0 \right\} \tag{5-12}$$

其次，构建模糊目标函数的线性隶属函数（付强等，2017）。对目标函数 Z_i 模糊化为模糊目标 M_i，其隶属函数为

$$M_i(x) = M_i \left(\sum_{j=1}^n c_{ij} x_j \right)$$

$$= \begin{cases} 0 & \sum_{j=1}^n c_{ij} x_j < Z_i^* - d_i \\ 1 - \dfrac{1}{d_i} \left(Z_i^* - \sum_{j=1}^n c_{ij} x_j \right) & Z_i^* - d_i \leqslant \sum_{j=1}^n c_{ij} x_j < Z_i^* \\ 1 & Z_i^* \leqslant \sum_{j=1}^n c_{ij} x_j \end{cases} \tag{5-13}$$

所以，模糊目标集为

$$M = \bigcap_{i=1}^n M_i \tag{5-14}$$

满足所有约束条件的可能解的集合 D，称为可行域（王远干，2008），记为

$$D = \{x \mid Ax \leqslant b, x \geqslant 0\} \tag{5-15}$$

使用模糊判决来求解多目标线性规划函数模糊最优解（韩滢慧和张志宏，2007），定义模糊判决为 $D_f = D \bigcap M$。

$$D_f(x^*) = \max_{x \geqslant 0}[D(x) \wedge M(x)] = \max_{x \in D} M(x) \tag{5-16}$$

则满足式（5-15）的 x^* 为模糊最优解，也就是 x^* 是 $M(x)$ 在可行域 D 上的最优解（李荣钧，2001）。令 $\lambda = M(x) = \bigcap\limits_{i=1}^{n} M_i$，多目标线性规划问题的模糊最优解为

$$\begin{cases} \max Z = \lambda \\ \sum\limits_{j=1}^{n} c_{ij}x_j - d_i\lambda \geqslant Z_i^* - d_i \\ \sum\limits_{j=1}^{n} c_{kj}x_j < b_k \qquad k = 1, 2, \cdots, m \\ \lambda \geqslant 0 \end{cases} \tag{5-17}$$

式（5-17）就是把多目标问题转化成简单的单目标线性规划问题，可利用单纯形法等快速求解。

2. GM 模型

景观格局的变化受自然因子与社会因子等影响，影响因子中诸如人口增长，第二、三产业发展等具有不确定性，而 DEM、坡度、坡向、距河流距离、距湖泊距离、距道路距离等是确定的，所以生态系统是一个典型灰色系统。GM（1, 1）是一个灰色模型（GM），它由一个单变量的一阶微分方程构成。利用该模型，可根据过去和现在已有的原始无规律的信息，通过一定的方式处理后，让其变成较有规律的时间序列数据，然后建立模型，实现对系统运行过程和演化规律的正确把握和描述，最后对未来做出预测。该模型有较好的拟合和外推特性，不要求具有大量历史数据，也不苛求它的典型分布，少数几个数据即可进行建模预测（王学萌和郝永红，2001）。基于此，本章 GM（1, 1）对模糊多目标线性规划问题中的目标函数系数及约束条件系数进行预测。GM（1, 1）（龙茜，2011；彭保发等，2007）建立步骤如下。

第一步，样本数据累加生成，即

数据序列 $X^{(0)} = \{x^{(0)}(1), x^{(0)}(2), \cdots, x^{(0)}(N)\}$ 一次累加生成为

$$X^{(1)} = \{x^{(1)}(1), x^{(1)}(2), \cdots, x^{(1)}(N)\} \tag{5-18}$$

其中，

$$x^{(1)}(t) = \sum_{i=0}^{t} x^{(0)}(t) \qquad t = 1, 2, \cdots, N \tag{5-19}$$

第二步，构造累加矩阵 $\boldsymbol{B}$ 与常数项向量 $\boldsymbol{Y}_N$，即

$$\boldsymbol{B} = \begin{bmatrix} -\dfrac{1}{2}(x^{(1)}(1) + x^{(1)}(2)) & 1 \\ -\dfrac{1}{2}(x^{(1)}(2) + x^{(1)}(3)) & 1 \\ \vdots & \vdots \\ -\dfrac{1}{2}(x^{(1)}(N-1) + x^{(1)}(N)) & 1 \end{bmatrix} \qquad (5\text{-}20)$$

$$\boldsymbol{Y}_N = [x^{(0)}(2) + x^{(0)}(3) + \cdots + x^{(0)}(N)]^{\mathrm{T}} \qquad (5\text{-}21)$$

第三步，最小二乘法求解灰参数 $\hat{a}$：

$$\hat{a} = \begin{bmatrix} a \\ u \end{bmatrix} = (\boldsymbol{B}^{\mathrm{T}}\boldsymbol{B})^{-1}\boldsymbol{B}^{\mathrm{T}}\boldsymbol{Y}_N \qquad (5\text{-}22)$$

第四步，灰参数代入时间函数：

$$\hat{x}^{(1)}(t+1) = \left(x^{(0)}(1) - \dfrac{u}{a}\right)\mathrm{e}^{-at} + \dfrac{u}{a} \qquad (5\text{-}23)$$

第五步，对 $\hat{x}^{(1)}$ 求导还原为

$$\hat{x}^{(0)}(t+1) = \hat{x}^{(1)}(t+1) - \hat{x}^{(1)}(t) \qquad (5\text{-}24)$$

式（5-24）即为预测方程。

第六步，计算 $\hat{x}^{(0)}(t)$ 与 $x^{(0)}$ 之差 $\varepsilon^{(0)}(t)$ 及相对误差 $e(t)$：

$$\varepsilon^{(1)}(t) = x^{(0)}(t) - \hat{x}^{(0)}(t) \qquad (5\text{-}25)$$

$$e(t) = \varepsilon^{(0)}(t) / x^{(0)}(t) \qquad (5\text{-}26)$$

第七步，模型检验。为了验证模型的可靠性，需对模型进行后验差检验。

后验差 $C = \dfrac{S_1}{S_2}$，S_1 为残差序列均方差；S_2 为原序列均方差。GM（1,1）精度 C 值范围如表 5-15 所示。

表 5-15 GM（1,1）后验差检验判别参照表

C	模型精度
$C < 0.35$	优
$0.5 > C \geqslant 0.35$	合格
$0.65 > C \geqslant 0.5$	勉强合格
$C \geqslant 0.65$	不合格

5.2.2 景观数量情景模拟

1. 变量的选取

变量选取的科学性、合理性等决定了最终模型结果的可信度，本节根据土地利用现状分类标准，结合重庆市土地利用景观实际特征，综合考虑变量的易获取性、可操作性、

科学性、空间独立性等实际情况后，最终确定以下六个目标规划函数的决策变量：耕地（X_1）、林地（X_2）、草地（X_3）、水域（X_4）、建设用地（X_5）和未利用地（X_6）。

2. 多目标线性规划模型的构建

景观格局的变化受到经济建设活动和环境保护措施等影响，不同的发展目标将形成不同的景观格局。本节以重庆市作为景观格局的优化对象，以 2040 年为优化时间点，从经济效益最优、生态效益最优、生态-经济综合效益最优的维度构建多目标线性规划模型，从而为经济建设和环境保护协调发展提供参考。

1）经济效益最大目标函数

经济效益最大目标函数基本形式如下：

$$\max Z_i^1 = \sum_{i=1}^{6} A_i^1 X_i \tag{5-27}$$

式中，A_i^1 为经济效益系数，是各类用地单位面积的产出效益（万元/km²）；X_i 为各类型用地面积（km²）。

此处使用的 2000 年、2005 年、2010 年和 2015 年各土地利用景观面积来自土地利用遥感解译数据，解译中将各年份数据分为耕地、林地、草地、水域、建设用地和未利用地六类，四期的解译精度都超过了 83.4%（吴娇，2018），达到了研究精度要求。对于各类用地的总产值的计算，耕地、林地、草地和水域总产值分别由第一产业中农业、林业、牧业、渔业总产值代替，建设用地总产值则为第二、三产业总产值之和，各行业产值数据均来自统计年鉴，默认未利用地单位产出效益均为 1。由以上数据计算得到 2000～2015 年重庆市各土地利用景观单位面积产出效益如表 5-16 所示，利用 GM（1，1）预测 2040 年各类用地产出效益，预测模型后验差 C 均小于 0.35，模拟数据精度优。

表 5-16　2000～2015 年重庆市各土地利用景观单位面积产出效益（单位：万元/km²）

年份	耕地	林地	草地	水域	建设用地	未利用地
2000	57.09	3.45	216.01	145.16	23207.38	1
2005	87.38	6.19	359.96	185.46	29348.61	1
2010	174.11	7.53	1308.12	149.12	36566.75	1
2015	297.69	14.90	2712.05	391.37	44546.06	1
2040 年预测	4484.08	149.05	142432.28	2343.66	129520.83	1
预测模型后验差 C	0.10	0.19	0.15	0.01	0.02	—

为此，2040 年重庆市土地利用景观经济效益最大目标函数可表示为

$$\text{Max } Z_1 = 4484.08X_1 + 149.05X_2 + 142432.28X_3 + 2343.66X_4 + 129520.83X_5 + X_6 \tag{5-28}$$

2）生态效益目标函数

生态效益最大目标函数基本形式如下：

$$\max Z_i^2 = \sum_{i=1}^{6} A_i^2 X_i \tag{5-29}$$

式中，A_i^2 为生态效益系数，是各类用地单位面积的生态效益（万元/km²）；X_i 为各类型用地面积（km²）。

生态环境是人类可持续发展的基础，直接或间接为人类的生产、生活提供自然产品和生存发展条件。不同的地类具有不同的生物多样性、净化环境、土壤保持、调节气候、固碳和水源涵养等生态功能，各土地利用景观间相互作用与协调，为人类生存发展提供生态服务。生态效益在一定程度上反映生态价值，本节使用各土地利用景观单位面积生态效益作为生态效益系数。单位面积生态效益数据来源于第 4 章区域景观过程的生态–经济价值评估的研究结果（何君，2017），结合四期土地利用数据，计算得到 2000 年、2005 年、2010 年、2015 年各类土地利用景观单位面积生态效益。采用 GM（1，1）根据历史年份数据预测 2040 年重庆市各类型土地利用景观单位面积生态效益，结果如表 5-17 所示。预测模型后验差 C 均小于 0.35，预测结果可信度高。由此，2040 年重庆市土地利用景观生态效益目标函数可表示如下：

$$\text{Max } Z_2 = 382.77X_1 + 1990.47X_2 + 1671.89X_3 + 47.64X_4 + 32.61X_5 + 193.20X_6 \qquad (5\text{-}30)$$

表 5-17　重庆市不同时段各土地利用景观单位面积生态效益价值系数（单位：万元/km²）

年份	耕地	林地	草地	水域	建设用地	未利用地
2000	392.00	1725.86	1212.96	34.19	35.69	151.16
2005	394.32	1720.02	1157.44	33.28	32.00	171.48
2010	376.54	1747.65	1189.71	38.30	34.14	159.07
2015	396.94	1828.83	1386.79	37.75	34.60	169.77
2040 年预测	382.77	1990.47	1671.89	47.64	32.61	193.20
预测模型后验差 C	0.01	0.03	0.12	0.10	0.04	0.11

3. 目标函数约束条件

在城镇化过程中，为了达到生态和经济协调发展，生态和经济效益均尽可能最大化的目标，也为了满足不同的发展需求以及提高多目标线性规划模型预测和优化结果的科学性、实用性与适宜性，对目标函数进行不同条件下的约束。约束条件主要有生态–经济共同约束、生态效益最大化约束和经济效益最大化约束。生态–经济共同约束包括土地利用总面积约束、土地人口承载数量约束、粮食安全约束、建设用地需求约束、政策性约束、水域面积约束、未利用地约束、土地利用非负约束。生态效益最大化约束包括单位面积工业废水、废气排放量约束，经济效益最大化约束为各土地利用景观单位面积经济产出约束。

1）生态–经济共同约束

（1）土地利用总面积约束。

各类用地之和应与重庆市总面积相等：

$$X_1 + X_2 + X_3 + X_4 + X_5 + X_6 = 82488 \qquad (5\text{-}31)$$

（2）土地人口承载数量约束。

土地资源及单位面积土地人口承载能力有限，农用地（林地、草地、耕地）和建设用地承载的人口数量应在研究年份预测人口范围内。

$$A(X_1 + X_2 + X_3) + BX_5 \leqslant P \tag{5-32}$$

式中，A 为单位面积农用地承载人口数（人/km²）；B 为单位面积建设用地承载人口量（人/km²）；P 为研究年份预测人口（人）。2040 年 A、B 和 P 值均采用 GM（1，1）预测得到。

农用地面积为林地、草地和耕地累加，人口以农业人口代替；建设用地单位面积人口承载量计算中，人口数据采用非农业人口数据。2000 年、2005 年、2010 年、2015 年农用地人口密度、建设用地人口密度和总人口数据如表 5-18 所示。

表 5-18　重庆市四个时期农用地、建设用地人口密度、总人口数及预测值汇总表

年份	农用地人口密度/（人/km²）	建设用地人口密度/（人/km²）	总人口/万人
2000	300.83	10183.40	3091.09
2005	293.34	7983.85	3169.16
2010	279.22	5590.92	3303.45
2015	256.31	4253.72	3371.84
2040 年预测	201.45	2182.10	3953.74
预测模型后验差 C	0.04	0.00	0.01

使用 GM（1，1）分别预测 2040 年农用地、建设用地单位面积人口密度以及总人口数，最终预测结果如表 5-18 所示。预测模型后验差 C 均小于 0.35，说明预测精度高。2040 年重庆市土地人口承载数量约束方程为

$$201.45 (X_1 + X_2 + X_3) + 2182.10X_5 \leqslant 39537400 \tag{5-33}$$

（3）粮食安全约束。

充足的粮食供给是国家稳定、人民幸福的物质基础。粮食供应是否充足，可结合以下两方面判断：一方面是确保粮食供应充足，确定粮食单位面积产能；另一方面是确定不同社会发展阶段下不同的粮食需求量。

$$aX_1 \geqslant bP \tag{5-34}$$

式中，a 为单位面积粮食产量（万 t/km²）；b 为人均粮食需求（kg）；P 为对应年份预测人口数量。通过查找统计年鉴得到 2010～2015 年重庆市单位面积粮食产量数据，如表 5-19 所示。

表 5-19　重庆市历年单位面积粮食产量及预测值汇总表

年份	单位面积粮食产量/(kg/km²)
2010	515240
2011	498760
2012	503870
2013	509400
2014	510400
2015	517000
2040 年预测	775437.04
预测模型后验差 C	0.06

根据历史年份数据利用 GM（1,1）预测 2040 年耕地单位面积粮食产量为 775437.04kg/km²，预测模型后验差 C 为 0.06，预测模型精度高。社会经济发展程度、居民消费水平和饮食习惯等因素影响人均粮食占有量的估算，不同的方法和参照对象导致最终人均粮食占有量估算结果存在差异。根据国务院办公厅发布的《中国食物与营养发展纲要（2001—2010 年）》、国家食物与营养咨询委员会研究制定的粮食安全目标和诸多学者的研究结果（李亚婷和潘少奇，2018；梅方权，2009；朱彬，2000），综合考虑重庆市粮食生产与食物消费现状与趋势，最终确定 2040 年重庆市人均粮食占有量为 425kg。由此得出 2040 年重庆市粮食安全约束方程如下：

$$775437.04X_1 \geq 39537400 \times 425 \tag{5-35}$$

（4）建设用地需求约束。

生态保护和经济发展都是为了保障人类社会的可持续发展，提高人民生活水平，满足人民日益增长的美好生活需要。2000～2015 年，重庆市建设用地面积出现了大幅增长，由 648.99km² 增加到 3270.13km²。例如，工厂企业、交通路网、城市新区等大量设施的修建，在推动社会经济发展、满足广大人民群众生产、生活需要的同时，也导致了重庆市人均建设用地面积从 2000 年的 0.21km²/万人增长至 2015 年的 0.97km²/万人。在乡村振兴战略的实施，以及国家积极推动成渝地区双城经济圈建设的大背景下，到 2035 年，建设用地将会持续增加，平均人均建设用地面积将大于 2015 年的 0.97km²/万人。

$$X_5 \geq 0.97 \times 3953.74 \tag{5-36}$$

（5）政策性约束。

根据《重庆市国土空间总体规划（2021—2035 年）》和《重庆市筑牢长江上游重要生态屏障"十四五"建设规划（2021—2025 年）》规定，到 2035 年，重庆市森林覆盖率要达到 60%，到 2025 年，草地资源面积大于等于 248.2km²。这与重庆市林地、草地面积变化趋势一致，2000～2015 年，林地由 31340.83km² 增长到 40558.79km²，草地则由 6573.22km² 下降至 2001.79km²，这种趋势是退耕还林以及草地向林地等转化的结果，未来一定时段内仍将延续此趋势。

$$X_2 \geq 82488 \times 0.6 \tag{5-37}$$
$$X_3 \geq 248.2 \tag{5-38}$$
$$X_3 \leq 2001.79 \tag{5-39}$$

（6）水域面积约束。

根据《重庆市水安全保障"十四五"规划（征求意见稿）》，"十三五"期间水源工程完成前期工作 116 座，建设 124 座（新开工 89 座），建成 33 座，新增蓄引提水能力 9 亿 m³。"十四五"期间规划的重大项目 55 个，三峡后续标志性重大项目 18 个，重点中小型水库建设项目 100 个，重点中小型水库储备项目 35 个。大量水利设施建成后，库区蓄水将使得水域面积不断增加。四期的土地利用计算结果显示，2000 年、2005 年、2010 年、2015 年重庆市水域面积分别是 1038.49km²、1283.04km²、1824.65km²、1914.08km²。可以看出，重庆市水域面积在不断增加，其中，2005～2010 年增量最大，为 541.61km²，这是三峡大坝建成后库区蓄水导致水域面积大量增加，蓄水后 2010～2015 年增长明显放缓，为 89.43km²。由于在未来一定时间内大量水利设施的修建，水域面积仍将持续增加。考虑三峡库区蓄水的特殊性及数据的现势性，选择 2010～2015 年水域面积增量进行 2015～2040 年水域面积的估算，到 2040 年，水域面积应大于等于 2015 年面积与增量之和。

$$X_4 \geqslant 1914.08 + 89.43 \times 5 \tag{5-40}$$

（7）未利用地约束。

无论何种发展模式，是单一的侧重经济发展还是环境保护，还是两者兼具，均需充分合理开发利用未利用地。未来时段未利用地面积应小于 2015 年面积，2015 年重庆市未利用地面积为 20.37km²。由此可以得出，未利用地约束方程如下：

$$X_6 < 20.37 \tag{5-41}$$

（8）土地利用非负约束。

$$X_i \geqslant 0 \qquad i = 1, 2, \cdots, 6 \tag{5-42}$$

2）生态效益最大化约束

"绿水青山就是金山银山"，城镇化不能片面追求社会经济效益，良好的生态环境是经济健康发展的基础，洁净的空气、清澈的湖水也是人类巨大的财富。生态文明建设和绿色发展已成为共识，当前乃至今后很长一个时期，生态发展将持续推进。2021 年国务院《政府工作报告》要求扎实做好碳达峰、碳中和各项工作。为响应国家政策要求，逐步淘汰重污染企业，走低碳、绿色、智能的新型城镇化道路，到 2040 年，重庆市建设用地单位面积工业废水、工业废气排放量应低于 2015 年。在历史年份工业废水排放资料基础上，利用 GM（1,1）预测 2040 年排放量，模型后验差 C 均小于 0.35，预测结果精度较高，预测结果如表 5-20 所示。2040 年重庆市建设用地单位面积污染物排放量约束方程如下：

$$X_5 \geqslant 3270.13 \times 6084.92 \times 35524^{-1} \tag{5-43}$$

$$X_5 \geqslant 3270.13 \times 5771.20 \times 9928.07^{-1} \tag{5-44}$$

其中，式 5-43 为工业废水约束下的建设用地预测，公式 5-44 为工业废气约束下的建设用地预测。

表 5-20　重庆市 2010～2015 年工业废水、工业废气排放总量及预测值汇总表

年份	工业废水排放总量/万 t	工业废气排放总量/万 t
2010	45180	10943.13
2011	33954	9121.07
2012	30611	8359.88
2013	33450	9532.44
2014	34968	9289.6
2015	35524	9928.07
2040 年预测	6084.92	5771.20
预测模型后验差 C	0.12	0.05

3）经济效益最大化约束

社会经济发展以有限的土地资源为载体，通过对不同土地利用类型的开发利用，产生不同经济效益。我国早期城镇化多片面追求经济高速发展，城市用地盲目扩张，这种粗放式发展模式导致建设用地大量占用土地资源，打破生态平衡，威胁生态安全。要调

整经济增长方式由粗放向集约的转变,需要限制建设用地的盲目扩张,充分挖掘建设用地潜力,合理利用各类型用地,提高各类用地产出效益。为此,到2040年,耕地、林地、草地、水域及建设用地单位面积产出效益不应低于2015年。本章建设用地产出效益用第二、三产业产值代替,耕地、林地、草地和水域总产值分别以农业、林业、牧业、渔业产值代替。根据历史年份第一、二、三产业产值使用 GM(1,1)预测未来时段各类土地利用景观产值,预测结果如表5-21所示,GM(1,1)预测后验差 C 均小于 0.35,预测结果精度高。

表 5-21　重庆市 2000～2015 年农业、林业、牧业、渔业和建设用地总产值及预测值汇总表 （单位:万元）

年份	农业	林业	牧业	渔业	建设用地
2000	2447376	108236	1419910	150750	15061300
2001	2503968	112044	1544041	151613	16819600
2002	2640760	135143	1661965	171887	19149900
2003	2701156	145824	1776384	183251	22166600
2004	3329516	184814	2309374	212464	26065300
2005	3583035	199704	2494965	237959	30043200
2006	3230078	223069	2042194	159087	35208500
2007	4095523	178527	2644768	184442	41937400
2008	4730118	217986	3441474	211481	52182600
2009	5311679	258084	3194244	242699	59232100
2010	6233343	304021	3265542	272083	72402000
2011	7512246	380907	4253262	349432	91668500
2012	8418088	434776	4539045	449928	104695900
2013	9091758	480170	4828044	538155	117805800
2014	9678717	535593	4863605	649279	132015700
2015	10336848	604358	5428960	749120	145671200
2040 年预测	181869012.43	13055196.31	51098103.59	20947229.99	7632626194.08
预测模型后验差 C	0.33	0.21	0.23	0.29	0.23

由上文可知,2015年耕地、林地、草地、水域和建设用地产出效益分别为297.69万元/km^2、14.90万元/km^2、2712.05万元/km^2、391.37万元/km^2 和 44546.06万元/km^2。由此,可得出2040年重庆市单位面积产出效益约束条件:

$$X_1 \leqslant 181869012.43 \times 297.69^{-1} \tag{5-45}$$

$$X_2 \leqslant 13055196.31 \times 14.90^{-1} \tag{5-46}$$

$$X_3 \leqslant 51098103.59 \times 2712.05^{-1} \tag{5-47}$$

$$X_4 \leqslant 20947229.99 \times 391.37^{-1} \tag{5-48}$$

$$X_5 \leqslant 7632626194.08 \times 44546.06^{-1} \tag{5-49}$$

4. 模型求解

根据多目标线性规划的模糊数学求解方法，分别求解由经济效益目标函数和生态效益目标函数与约束条件组成的单目标规划模型的最优解，生态效益和经济效益单目标函数最优解求解结果如表 5-22 所示。

表 5-22　2040 年重庆市土地利用单目标优化结果　　　　（单位：km^2）

地类	经济效益		生态效益	
	最大值	最小值	最大值	最小值
X_1	21669.58	21669.58	21669.58	21669.58
X_2	49492.80	54354.40	54374.78	49492.80
X_3	2001.79	248.20	248.20	248.20
X_4	2360.31	2360.31	2360.31	2360.31
X_5	6963.52	3835.13	3835.13	8696.73
X_6	0.00	20.38	0.00	20.38

根据表 5.22 利用式（5-12）分别求出经济效益和生态效益目标函数最大值 $Z_i^* =$（1297117200.16，117178305.27）和最小值 $Z_i^- =$（642882091.73，107623344.80）；然后使用式（5-11）分别计算出模糊伸缩指标 $d =$（654235108.43，9554960.47）。把以上结果代入式（5-17）求得同时满足生态和经济效益最优的各地类面积最优解，如表 5-23 所示。

表 5-23　2040 年重庆市各土地利用景观不同情景下优化预测面积（单位：km^2）

项目	耕地	林地	草地	水域	建设用地	未利用地
生态效益最优	21669.58	54374.78	248.20	2360.31	3835.13	0.00
经济效益最优	21669.58	49492.80	2001.79	2360.31	6963.52	0.00
生态–经济综合效益最优	21669.58	51230.02	2001.79	2360.31	5226.30	0.00

总地来看，不同优化情景，各土地利用景观面积变化幅度存在差异，林地、建设用地、水域的面积均出现了增加；耕地在所有情景中面积均大幅减少；草地除在生态效益最优情景下面积大幅减少外，其余情景面积未发生改变。不管哪一种情景，未利用地均得以充分应用，完全转化为非未利用地。面积的变化是由各土地利用景观单位面积的生态价值和经济价值的高低以及约束函数共同决定的，例如，生态效益最优情景下，由于林地单位面积生态价值最大，林地面积是六类用地中增幅最大的。生态价值最低的建设用地和水域的面积也有一定增幅，主要是由建设用地需求、水域面积约束等函数共同决定。草地单位面积生态价值虽然较高，但为了追求生态效益的最大化，以及满足其他约束函数，其大量转化为非草地，而导致其面积降低。再如，经济效益最优情景下，单位面积经济效益最高的建设用地面积明显高于其他情景建设用地面积，达到 6963.52km²；林地和水域单位面积经济效益较低，但均出现大面积的增长，主要也是约束函数决定的。从

生态-经济综合效益最优情景预测结果可以看出，单位面积经济效益最高的建设用地，以及单位面积生态效益最高的林地的面积均介于生态效益最优、经济效益最优情景下所得到的面积之间，为了兼顾生态保护与经济发展，各土地利用景观在约束函数内，寻求一组最优解，尽可能使得各土地利用景观生态效益和经济效益最大化。而耕地、草地和水域的面积主要是约束函数及自身经济和生态价值共同作用的结果。总的来看，各情景下各土地利用景观的面积均符合各情景的优化目标，并满足各约束函数的约束。

5.3 区域景观格局情景模拟

5.3.1 GM-FMOLP-FLUS 耦合模型的结构及参数设置

本节使用 GM、FMOLP、FLUS 耦合模型对 2040 年重庆市不同情景下土地利用景观格局进行模拟与预测。FLUS 模型主要用于人文和自然等影响因子驱动下，土地利用景观的空间化模拟，在对未来土地利用变化进行模拟时，则需要借助其他的数量变化预测模型来确定未来土地利用景观变化的数量。GM、FMOLP 模型则只能用于对土地利用景观面积数量的预测和优化，无法进行空间化模拟，三者的耦合模型弥补了彼此的不足。

1. FLUS 模型原理与算法

1）后向传播神经网络

后向传播神经网络（back propagation neural network，BPNN）由 Rumelhart 和 McClelland 等提出（Rumelhart et al.，1986；McClelland and Rumelhart，1987），是一种按照误差逆向传播算法训练的多层前馈神经网络，在神经网络中应用最为广泛（闻新等，2015）。BPNN 由输入层、隐含层和输出层组成，层与层之间通过激活函数相互联系，互为因果关系，同一层神经元相互独立，互不影响（图 5-16）。输入层和输出层神经元个数由实际需求决定，隐含层神经元个数由输入层和输出层神经元个数共同确定（White，1990），神经元个数计算函数如式（5-50）所示：

$$S = \sqrt{0.43kn + 0.12n^2 + 2.54k + 0.77n + 0.35} + 0.5 \tag{5-50}$$

式中，k 和 n 分别为输入层和输出层神经元个数；S 为隐含层神经元个数，最终结果四舍五入取整数。

BPNN 的计算过程可分为正向和反向两个计算过程，正向计算过程主要是信息从输入层经隐含层逐层处理，最终转向输出层，每一层神经元的状态只对下一层神经元的状态有影响。假设输入层、隐含层和输出层神经元个数分别为 n、s 和 m 个，神经元分别以 $X = [X_1, X_2, X_3, \cdots, X_n]$、$H = [H_1, H_2, H_3, \cdots, H_s]$ 和 $Y = [Y_1, Y_2, Y_3, \cdots, Y_m]$ 表示，则隐含层 s 节点的输入为

$$I_s = \sum_{i=1}^{n} W_{si} X_i \tag{5-51}$$

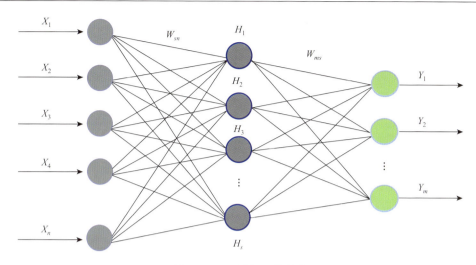

图 5-16　BP 神经网络结构

式中，W_{si} 为隐含层 s 神经元与输入层 i 神经元的权值，隐含层输出为 $H_s = f(I_s)$，f 为激活函数，此处选择 Sigmod 作为激活函数，则 H_s 可表示为

$$H_s = f(I_s) = \frac{1}{1 + \mathrm{e}^{-I_s}} \tag{5-52}$$

输出层输入为隐含层的输出：

$$O_m = \sum_{j=1}^{s} W_{mj} H_j \tag{5-53}$$

则输出为

$$Y_m = f(O_m) = \frac{1}{1 + \mathrm{e}^{-O_m}} \tag{5-54}$$

式中，W_{mj} 为隐含层 j 神经元与输出层 m 神经元的权值；H_j 为隐含层 j 神经元的输出。

误差的计算：

$$E = \frac{1}{2} \sum_{k=1}^{m} (Z_k - Y_k)^2 \tag{5-55}$$

令 $Z_k - Y_k = e_k$，则

$$E = \frac{1}{2} \sum_{k=1}^{m} (e_k)^2 \tag{5-56}$$

式中，Z_k 为第 k 个输出层的真实值；Y_k 为期望输出，若在输出层不能得到期望的输出，则转入反向计算过程，将误差信号沿原来的连接通路返回，通过不断更新神经元的权值，使得最终输入与期望输出误差达到期望要求。

隐含层到输出层的权重值的修订：

$$\frac{\partial E}{\partial W_{ms}} = \sum_{k=1}^{m} (Z_k - Y_k) \left(-\frac{\partial Y_k}{W_{ms}} \right) = (Z_k - Y_k)(-H_s) = -e_k H_s \tag{5-57}$$

则权重的最终修订公式为

$$W'_{ms} = W_{ms} + \alpha e_k H_s \tag{5-58}$$

输入层到隐含层的权重修订:

$$\frac{\partial E}{\partial W_{sn}} = \frac{\partial E}{\partial H_s} \times \frac{\partial H_s}{\partial W_{sn}} \tag{5-59}$$

$$\frac{\partial E}{\partial H_s} = (Z_1 - Y_1)\left(-\frac{\partial Y_1}{\partial H_s}\right) + \cdots + (Z_m - Y_m)\left(-\frac{\partial Y_m}{\partial H_s}\right) = -\sum_{k=1}^{m} W_{sn} e_k \tag{5-60}$$

$$\frac{\partial H_s}{\partial W_{sn}} = H_s(1 - H_s)X_n \tag{5-61}$$

最终权重修订公式为

$$W_{sn} = W_{sn} + \alpha H_s(1 - H_s)X_n \sum_{k=1}^{m} W_{sn} e_k \tag{5-62}$$

2)元胞自动机

元胞自动机(CA)是一种时间、空间、状态都离散,空间相互作用和时间因果关系为局部的网格动力学模型,具有模拟复杂系统时空演化过程的能力(张新长,2013),其由冯·诺依曼(von Neumann)提出,后经 Conway、Wolfram 等的推动而迅速发展。标准的元胞自动机由元胞、元胞状态、邻域和元胞转换规则构成,其标准表达式如下:

$$A = (L_d, S, N, f) \tag{5-63}$$

式中,A 为元胞自动机系统;L_d 为 d 维的元胞空间,d 为元胞空间的维数;S 为元胞有限的、离散的状态集合;N 为邻域元胞的集合;f 为元胞转换规则。元胞自动机没有严格定义的物理方程或函数,满足以上表达式的模型都称作元胞自动机。元胞是 CA 最基本的组成单元,元胞空间是按照元胞规则排列而构成的空间格网。例如在土地利用栅格数据中,每个栅格单元看作一个元胞。通常在某一时刻,一个元胞只能有一种状态,一个元胞下一时刻的状态由本身状态、邻域状态和转换规则共同决定。

3)FLUS 模型

FLUS 模型设计思路与众多土地利用景观情景模拟研究模型类似(颜扬翰等,2020;陈琴,2019;井长青等,2010;刘贤,2018),都是根据影响土地利用景观格局变化的驱动因子求解适宜性概率,再叠加邻域影响、随机转换因子等规则求解最终转换概率,最后利用元胞自动机进行空间化模拟。不同之处在于,该模型在 CA 模拟阶段引入基于轮盘赌选择的自适应惯性竞争机制,通过轮盘的随机性特点来增强非优势土地利用类型的竞争。而引入的自适应惯性系数,则可根据当前土地利用面积的变化方向自动调整各地类的惯性系数,其由中山大学刘小平教授团队开发(Liu et al.,2017;Li and Yeh,2002)。该模型主要包含基于神经网络的适宜性概率计算模块和基于自适应惯性机制的元胞自动机模块。基于神经网络的适宜性概率计算模块主要是以一期土地利用数据及影响土地利用转换的自然和社会经济驱动因子作为数据基础,利用三层 BPNN 模型人工神经网络获取各类土地利用在各个像元上的适宜性概率(吴欣昕等,2018)。基于自适应惯性机制的元胞自动机模块,主要是通过构建包含适宜性概率、邻域影响、惯性系数等规则的像元转换最终概率计算模型,引入轮盘赌机制,利用元胞自动机的原理按照转换概率的高低进行空间分配。

（1）基于神经网络的适宜性概率计算。

该模块，FLUS 模型以一期土地利用变化驱动因子及土地利用数据作为输入，利用 BPNN 模型求解各类用地的适宜性概率，其公式为

$$\mathrm{sp}(p,k,t) = \sum_j w_{jk} \times S(N_j(p,t)) = \sum_j w_{jk} \times \frac{1}{1+e^{-N_j(p,t)}} \tag{5-64}$$

式中，$\mathrm{sp}(p,k,t)$ 为在 t 时刻土地利用类型 k 在元胞 p 处的适宜性概率；S 为隐藏层和输出层之间的激活函数 Sigmoid；w_{jk} 为隐含层 j 与输出层 k 之间的权重；$N_j(p,t)$ 为隐含层 j 在 t 时刻神经元 p 接收到的输入，其表达式如下：

$$N_j(p,t) = \sum_i w_{ij} \times X_i(p,t) \qquad i = 1, 2, \cdots, n \tag{5-65}$$

式中，w_{ij} 为输入层 i 与隐含层 j 之间的权重；$X_i(p,t)$ 为输入层神经元 i 在 t 时刻的输入，在该模型中为各驱动因子的值；n 为输入层神经元个数，由驱动因子个数决定。

（2）基于自适应惯性机制的元胞自动机。

CA 因其强大的空间集成和并行计算能力，以及"自下而上"的模型构想，被广泛应用于景观格局、城市扩张、交通仿真和森林火灾等优化预测与模拟中。元胞转化为下一时刻的状态的概率除了受 BPNN 计算的适宜性概率影响外，还受邻域元胞类型、惯性系数和转换成本等的影响。本节中，每一个元胞此刻的状态即为优化时的土地利用类型，由 1（耕地）、2（林地）、3（草地）、4（水域）、5（建设用地）和 6（未利用地）表示，并加以区别。邻域影响函数表示如下：

$$Z_{p,k}^t = \frac{\sum_{n \times n} \mathrm{Con}(C_p^t = k)}{n^2 - 1} \times W_k \tag{5-66}$$

式中，$Z_{p,k}^t$ 为邻域元胞状态函数，表示 t 时刻、k 种用地在元胞 p 邻域范围内的个数占比；$\mathrm{Con}(\ )$ 表示一个条件函数，用以判断邻域元胞类型是否为 k；$\sum_{n \times n} \mathrm{Con}(C_p^t = k)$ 表示邻域范围内元胞类型 k 的数量；n 为邻域大小；W_k 为不同类型地类邻域作用强度，取值为 0~1，越接近于 1 表明该类型地类扩张能力越强。

自适应惯性系数是 FLUS 模型区别于其他土地利用景观模拟模型的重要规则，它是根据各类用地的宏观需求和当前已分配的土地利用量之间的差异，自动调整每个元胞当前土地利用的惯性系数，使得土地利用朝着目标方向转换，有利于校正转换方向，使其较快地达到最终的优化目标。其表达式如下：

$$I_k^t = \begin{cases} I_k^{t-1} \times \dfrac{D_k^{t-2}}{D_k^{t-1}} & if \ \left| D_k^{t-1} \right| \leqslant \left| D_k^{t-2} \right| \\[3mm] I_k^{t-1} \times \dfrac{D_k^{t-2}}{D_k^{t-1}} & if \ D_k^{t-1} < D_k^{t-2} < 0 \\[3mm] I_k^{t-1} \times \dfrac{D_k^{t-2}}{D_k^{t-1}} & if \ 0 < D_k^{t-2} < D_k^{t-1} \end{cases} \tag{5-67}$$

式中，I_k^t 为土地利用类型 k 在 t 时刻的自适应惯性系数；D_k^{t-1} 为 $t-1$ 时刻土地利用类型 k 的真实需求与当前所分配面积之差。$t = 1$ 时刻，$I_k^t = 1$。

转换成本用 $C_{m\to k}$ 表示，代表 m 类型用地转化为 k 类型用地的难易程度，它是静态的，确定后在模型运算中保持不变。取值为 0～1，值越大说明越难转换（Aerts and Heuvelink，2002）。

各类用地适宜性概率、邻域元胞类型、惯性系数和转换成本共同构成了土地利用转换的最终概率 $T_{p,k}^t$，其表达式如下：

$$T_{p,k}^t = \mathrm{sp}(p,k,t) \times Z_{p,k}^t \times I_k^t \times C_{m\to k} \tag{5-68}$$

在确定元胞的最终转换概率 $T_{p,k}^t$ 后，FLUS 模型会根据所有土地利用类型的组合概率构造轮盘，扇区的面积与其组合概率成正比。然后，利用这种轮盘选择机制，组合概率较高的土地利用类型更有可能被选择为占用土地利用，而组合概率相对较低的土地利用类型仍有机会被分配。

2. GM- FMOLP-FLUS 耦合模型结构

本章构建 GM-FMOLP-FLUS 耦合模型对土地利用景观格局进行预测与模拟，模型集成 GM、FMOLP、BPNN 和 CA 模型，兼具 GM（1，1）的数量灰色预测、FMOLP 的数量规划、BPNN 强大的自学能力和 CA 的空间模拟优势。由两个模块组成（图 5-17），第

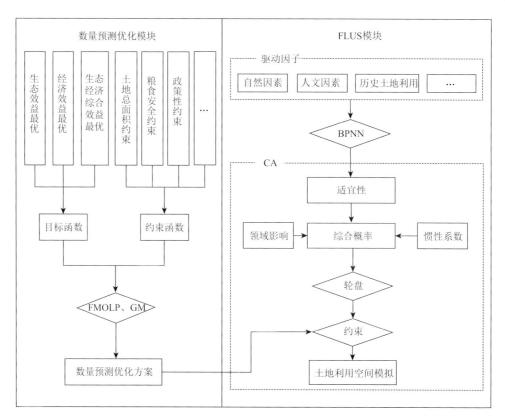

图 5-17　GM-FMOLP-FLUS 耦合模型结构

一个模块为土地景观数量预测优化模块，此模块用于预测未来年份土地利用景观生态效益最优、经济效益最优、生态-经济综合效益最优情景下各类用地景观面积的最优组合，达到目标最大化的目的。

第二个模块为 FLUS 模块。该模块在对未来各类型土地利用景观面积优化预测以及空间约束基础上，利用 BPNN、CA 对未来土地利用景观格局进行空间模拟。

3. GM-FMOLP-FLUS 耦合模型参数配置

GM-FMOLP-FLUS 耦合模型需要进行一系列参数设置，包括土地利用的需求设置、BPNN 隐含层数量设置、邻域大小及权重设置、适宜性数据设置、转换成本等。具体设置如下。

（1）土地利用的需求设置。土地利用需求设置使用 GM（1，1）、FMOLP 预测得到，如表 5-24 所示。

表 5-24　重庆市土地利用变化邻域因子权重

土地利用类型	耕地	林地	草地	水域	建设用地	未利用地
权重	0.1	0.5	0.3	1	0.9	0

（2）邻域大小及权重设置。邻域大小设置为 3×3，综合考虑专家意见、研究区实际，以及多次运算结果对比，确定各类型地类邻域权重如表 5-24 所示，取值越接近于 1 表明该类型地类受邻域地类影响越强。

（3）适宜性数据设置。适宜性概率图由 BPNN 训练得出。2010 年和 2015 年重庆市适宜性空间分布图如图 5-18 和图 5-19 所示。以 2010 年土地利用景观数据作为基年进行 2015 年模拟时使用 2010 年土地利用景观适宜性数据，2015 年为基年模拟时使用 2015 年土地利用景观适宜性数据。

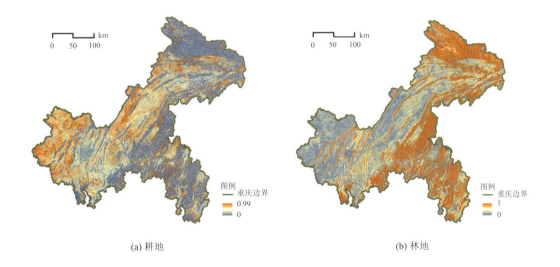

(a) 耕地　　　　　　　　　　　　　　　　(b) 林地

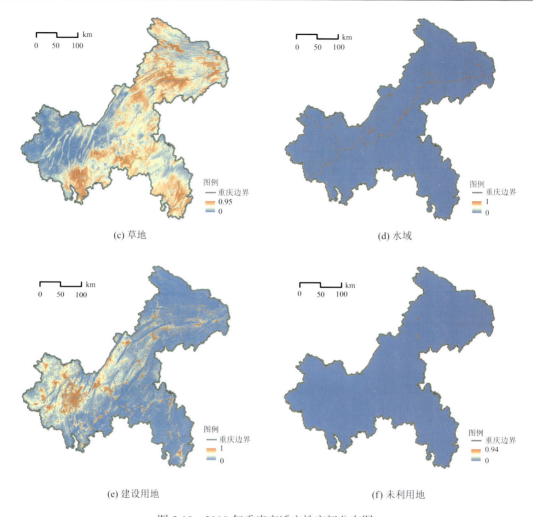

图 5-18 2010 年重庆市适宜性空间分布图

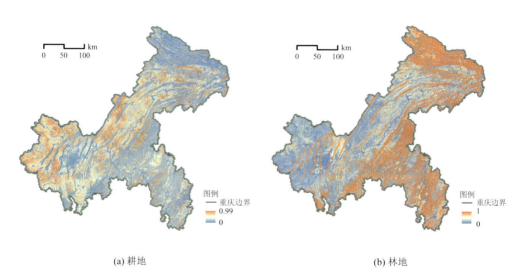

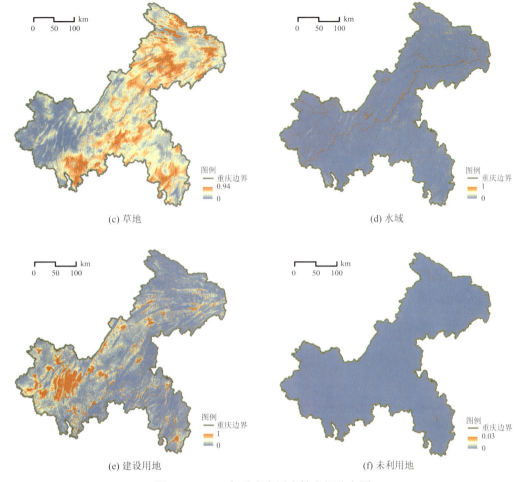

图 5-19　2015 年重庆市适宜性空间分布图

（4）BPNN 隐含层数量设置。隐含层数根据式（5-50）进行设置，由于不同地类影响因素存在差异，耕地、林地、草地、水域、建设用地和未利用地隐含层数分别是 10 层、9 层、9 层、10 层、9 层和 10 层。

（5）转换成本。综合考虑专家意见、研究区实际，以及多次运算结果精度对比后确定（表 5-25）。

表 5-25　重庆市各土地利用景观转换成本

土地利用类型	耕地	林地	草地	水域	建设用地	未利用地
耕地	1	0.3	0.5	0.9	0.8	0
林地	0.05	1	0.4	0.8	0.2	0
草地	0.1	0.3	1	0.7	0.6	0
水域	0.01	0.05	0.05	1	0.01	0
建设用地	0.01	0.05	0.1	0.1	1	0
未利用地	1	1	1	1	1	1

5.3.2   2015 年重庆市景观格局模拟结果与精度检验

模型模拟精度是确保模拟结果可信度的重要依据。此处采用 Kappa 系数进行模拟精度评价，Kappa 系数由 Cohen（1960）等提出，常用于栅格数据的一致性检验，以及遥感影像分类精度的评价。其数学表达式如下：

$$k = \frac{p_o - p_e}{1 - p_e} \tag{5-69}$$

式中，p_o 为总体分类精度，也就是每一类正确分类的样本数量之和与总样本数的比值；p_e 为偶然性导致的分类结果与实际数据类型相一致的概率。Kappa 系数计算结果在 $-1\sim1$，k 小于 0，表示一致性很差；$0\sim0.20$ 表明极低的一致性；$0.21\sim0.40$ 表示一般的一致性；$0.41\sim0.60$ 表示中等的一致性；$0.61\sim0.80$ 表示高度的一致性；$0.81\sim1$ 表示几乎完全一致。

根据前文的参数设置，以 2010 年重庆市土地利用数据为基年，利用 FLUS 模型模拟 2015 年土地利用数据（图 5-20），然后随机抽取 10%的 2015 年土地利用景观模拟数据栅格像元作为精度检验的样本，与 2015 年的土地利用现状数据进行对比（图 5-21），求解出 kappa 系数进行模型精度验证。

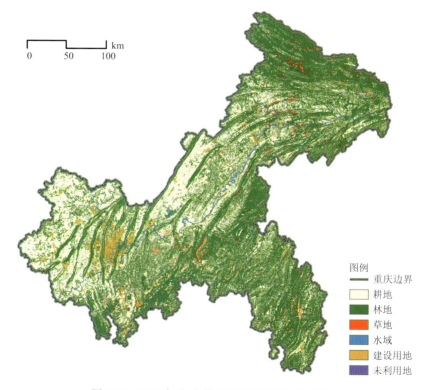

图 5-20　2015 年土地利用景观模拟空间分布图

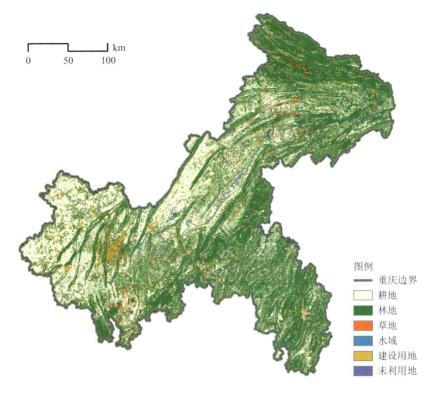

图 5-21　2015 年土地利用景观现状空间分布图

2015 年土地利用景观模拟结果的混淆矩阵如表 5-26 所示，可以看出，FLUS 模型的模拟总体精度为 85.93%，Kappa 系数为 0.76，说明 2015 年土地利用景观模拟结果与 2015 年土地利用景观现状具有高度的一致性，模拟精度总体较高。其中，林地模拟结果精度最高，耕地次之，制作精度依次为 89.82%、86.91%；水域的模拟精度较高，为 75.83%；草地和建设用地较低，分别是 55.74% 和 51.90；未利用地模拟精度最低，为 35.04%。在用于精度检验的样本中，建设用地有 95.93km² 被错分为耕地，其原因主要是建设用地和耕地分布的适宜性差异较小。草地方面，共有 55.82km² 被错分为林地，30.90km² 被错分为耕地，其主要也是二者适宜性差异不明显导致的。但总体来看，模拟精度较高，模型用于未来时刻土地利用景观的模拟有一定的可信度。

表 5-26　2015 年土地利用景观模拟结果的混淆矩阵　　　　　（单位：km²）

类型	耕地	林地	草地	水域	建设用地	未利用地	制作精度/%
耕地	3016.37	308.36	16.04	26.20	103.27	0.29	86.95
林地	307.51	3642.66	41.29	15.99	47.41	0.73	89.82
草地	30.90	55.82	112.13	0.82	1.46	0.04	56.31
水域	18.20	16.90	5.25	145.31	5.83	0.14	75.30

类型	耕地	林地	草地	水域	建设用地	未利用地	制作精度/%
建设用地	95.93	31.45	24.34	4.63	169.00	0.25	51.66
未利用地	0.06	0.53	0.08	0.02	0.20	0.48	24.87
用户精度/%	86.91	89.82	55.74	75.83	51.90	35.04	—
总体精度/%				85.93			
Kappa 系数				0.76			

5.3.3　2040 年重庆市多情景景观格局模拟

以 2015 年重庆市土地利用景观数据作为基年，利用 FLUS 模型模拟 2040 年不同情景下土地利用景观分布，模型参数设置除各土地利用景观面积约束使用表 5-23 中数据、土地利用适宜性使用 2015 年数据外，其余参数设置均与前文一致，经济效益最优情景下工地利用模拟结果如图 5-22 所示。需要说明的是，受各类用地的适宜性限制，使用 FLUS 模型得到的最终土地利用景观的面积与期望达到的面积存在差异，利用期望值（表 5-23）减去 FLUS 模型模拟后的值来评价这种差异，结果如表 5-27 所示。大于 0 表示模拟结果小于期望值，小于 0 表示模拟结果大于期望值，等于 0 表示正好符合期望。从表 5-27 可以看出，模拟结果与预期值差异很小，因此可以忽略这种差异。

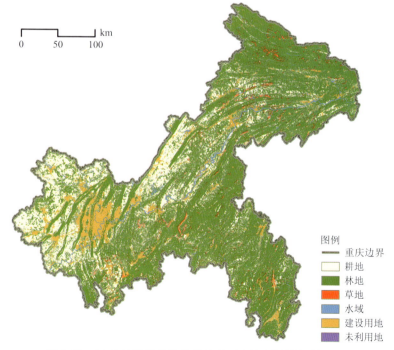

图 5-22　2040 年经济效益最优情景下土地利用模拟结果图

表 5-27　土地利用景观面积期望值与模拟结果对比情况表　（单位：km^2）

项目	耕地	林地	草地	水域	建设用地	未利用地
生态效益最优数	0.22	0	0	0	0	−0.22
经济效益最优	0	0	0	3.13	−2.08	−1.05
生态-经济综合效益最优	0	0	0	0.94	0	−0.94

　　从图 5-23 和表 5-28 可以看出，经济效益最优情景下，建设用地、林地大范围增加，水域增加较多，草地变化不大，耕地大量转化为其他用地。建设用地新增区域主要集中于主城周边及各区县城市四周，主要来自耕地的转换，共有 2846.10km^2 的耕地转换为建设用地；其次是林地的转换，共 1090.01km^2。由于约束函数的作用，单位面积经济效益较低的林地和水域也出现较大面积的增长。林地的增加主要集中于渝东北、渝东南区域，主要由耕地转入。

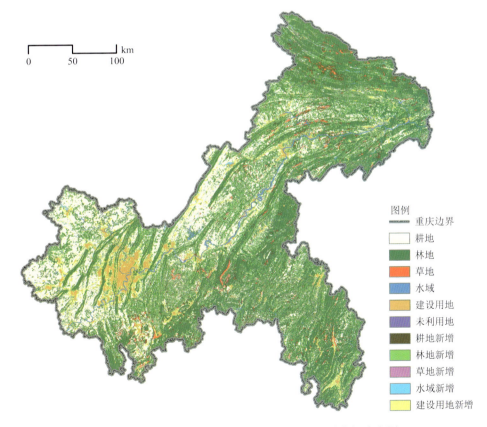

图 5-23　2040 年经济效益最优情景下各新增用地空间分布图

表 5-28 2015～2040 年经济效益最优情景下重庆市土地利用景观面积转移矩阵（单位：km²）

2015～2040 年		2040 年模拟					
		耕地	林地	草地	水域	建设用地	未利用地
2015 年	耕地	20638.25	10953.81	0.00	283.05	2846.10	0.00
	林地	955.17	38283.75	0.39	229.09	1090.01	0.00
	草地	0.00	1.33	2001.39	0.01	0.00	0.00
	水域	9.37	78.49	0.01	1790.73	34.56	0.00
	建设用地	66.60	160.56	0.00	51.39	2994.21	0.00
	未利用地	0.19	14.86	0.00	2.91	0.72	1.05

从图 5-24、图 5-25 和表 5-29 可以看出，生态效益最优情景下，林地面积大范围增加，全市域均不同程度地新增，其中，新增多集中于渝东北和渝东南地区。新增林地主要来自耕地的转换，共有 13358.84km² 耕地转换为林地；草地、水域、建设用地和未利用地均有不同程度地转换为林地，转换面积分别是 1813.38km²、116.60km²、42.47km² 和 16.03km²。草地面积减少，减少的草地主要转换为生态效益更高的林地，转换面积为 1813.38km²，少部分转换为耕地、水域和建设用地，转换面积分别为 39.67km²、9.14km² 和 6.86km²。与经济效益最优情景一样，由于约束函数的作用，水域和建设用地面积均出现了一定程度的增加，但是建设用地的增加相较于经济效益最优情景较少，增加区域主要是原水域和建设用地外围。

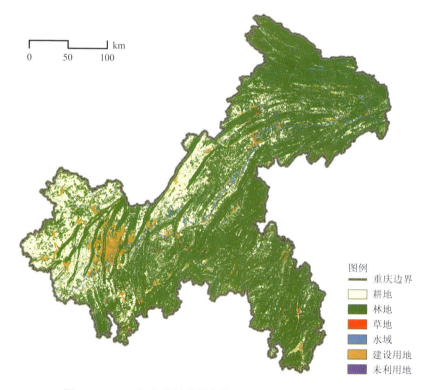

图 5-24 2040 年生态效益最优情景下土地利用模拟结果图

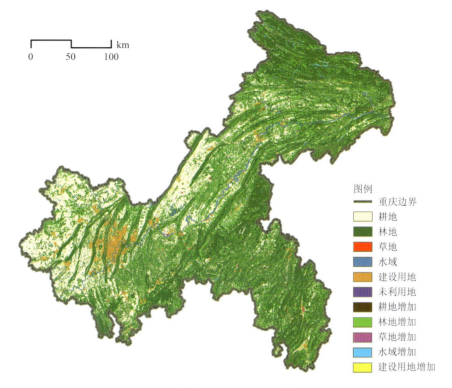

图 5-25 2040 年生态效益最优情景下各新增用地空间分布图

表 5-29 2015～2040 年生态效益最优情景下重庆市土地利用景观面积转移矩阵（单位：km²）

2015～2040 年		2040 年模拟					
		耕地	林地	草地	水域	建设用地	未利用地
2015 年	耕地	20494.90	13358.84	93.92	194.69	578.86	0.00
	林地	929.41	39027.46	17.73	411.15	172.66	0.00
	草地	39.67	1813.38	133.68	9.14	6.86	0.00
	水域	24.06	116.60	0.88	1729.49	42.13	0.00
	建设用地	181.19	42.47	1.99	12.81	3034.30	0.00
	未利用地	0.13	16.03	0.00	3.03	0.32	0.22

　　生态–经济综合效益最优情景下（图 5-26、图 5-27 和表 5-30），林地、建设用地和水域出现不同程度的增加，林地、建设用地增加的面积介于经济效益最优和生态效益最优情景之间。耕地和未利用地面积减少，耕地面积减少最多，未利用地基本转换为非未利用地。与经济效益最优和生态效益最优情景类似，增加的建设用地主要分布在原建设用地的外围，主要来自耕地的转换，其次是林地。林地的增加主要分布于渝东北和渝东南，主要是来源于耕地的转换，其次依次为建设用地、水域、未利用地和草地的转换。水域的增加区域多分布于原水域外围，主要是耕地和林地的转换。

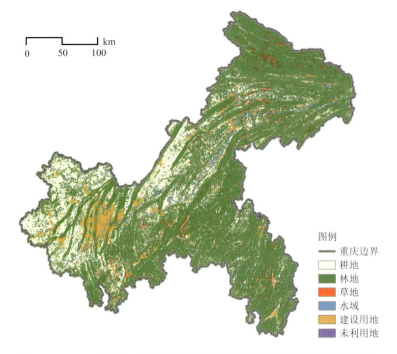

图例

—— 重庆边界
　　耕地
　　林地
　　草地
　　水域
　　建设用地
　　未利用地

图 5-26　2040 年生态-经济综合效益最优情景下土地利用模拟结果图

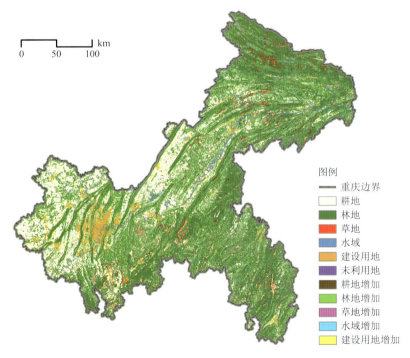

图例

—— 重庆边界
　　耕地
　　林地
　　草地
　　水域
　　建设用地
　　未利用地
　　耕地增加
　　林地增加
　　草地增加
　　水域增加
　　建设用地增加

图 5-27　2040 年生态-经济综合效益最优情景下各新增用地空间分布图

表 5-30　2015～2040 年生态-经济综合效益最优情景下
重庆市土地利用景观面积转移矩阵　　　　（单位：km²）

2015～2040 年		2040 年模拟					
		耕地	林地	草地	水域	建设用地	未利用地
2015 年	耕地	20648.19	12299.03	0.06	258.17	1515.76	0.00
	林地	938.71	38722.09	0.42	258.04	639.15	0.00
	草地	0.00	1.41	2001.31	0.00	0.01	0.00
	水域	8.69	74.18	0.00	1798.50	31.79	0.00
	建设用地	73.84	118.23	0.00	41.74	3038.95	0.00
	未利用地	0.15	15.08	0.00	2.92	0.64	0.94

5.4　本　章　小　结

本章在前几章的基础上，以重庆市作为研究区，根据生态安全格局理论、景观生态学、生态经济学等基本原理，构建 GM-FMOLP-FLUS 耦合模型，对 2040 年重庆市生态效益最优情景、经济效益最优情景、生态-经济效益综合最优情景下土地利用景观格局进行预测与模拟，以期为土地利用结构优化和可持续发展策略的制定提供思路借鉴。结果表明：

（1）不同类型的土地利用景观格局影响因子存在差异。耕地景观格局受降水，NDVI，坡度，起伏度，DEM，气温，人口，第二、三产业产值，距行政中心距离，距国道距离，距省道距离，距高速距离，距城市主干道距离和距河流、湖泊距离影响，其中受坡度和DEM 影响最大。影响林地景观格局的因子中除距行政中心和距国道距离未通过 0.05 的显著性检验外，其他自然和人文因子影响均显著，受人口、坡度、气温和起伏度影响大。影响草地景观格局的因子中，第二、三产业产值，人口，距高速距离以及距河流距离未通过 0.05 显著性检验，受起伏度、气温、DEM 和坡度的影响大。水域景观格局影响因子中，距湖泊距离因子未通过 0.05 的显著性检验，受人口，起伏度，气温，DEM，NDVI，坡度和第二、三产业产值等影响较大。建设用地景观格局影响因子除距城市主干道距离和降水外，其余均对建设用地空间格局有影响，其中，人口、气温和 DEM 等对建设用地景观格局影响较大。

（2）就未来时段、不同情景下各类土地利用景观面积数量预测而言，面积的高低由各地类景观单位面积的生态价值和经济价值，以及约束函数共同决定。到 2040 年，林地、建设用地、水域的面积在三种情景中均出现了不同程度的增加，未利用地都得以充分应用，完全转化为非未利用地。

（3）GM-FMOLP-FLUS 耦合模型兼具 GM（1，1）的数量灰色预测、FMOLP 的数量规划、BPNN 强大的自学能力和 CA 的空间模拟优势，耦合模型的模拟精度较高，模拟结果有一定的可信度。GM-FMOLP-FLUS 耦合模型在不同情景下的模拟结果可为土地利用结构的优化和可持续发展策略的制定提供思路借鉴。

参 考 文 献

陈琴. 2019. 山地区域土地利用景观格局-功能耦合与优化研究[D]. 重庆：西南大学.

付强, 肖圆圆, 崔嵩, 等. 2017. 基于多目标模糊规划的灌区多水源优化配置[J]. 农业机械学报, 48（7）：222-227, 221.

韩滢慧, 张志宏. 2007. 多目标线性规划两种解法的比较[J]. 北京工商大学学报（自然科学版）, （1）：74-76, 80.

何君. 2017. 基于 GIS 与 InVEST 模型的重庆市城镇化过程中生态经济效益损益研究[D]. 重庆：重庆师范大学.

黄秋兰, 唐咸艳, 周红霞, 等. 2013. 四种空间回归模型在疾病空间数据影响因素筛选中的比较研究[J]. 中国卫生统计, 30（3）：334-338.

井长青, 张永福, 杨晓东. 2010. 耦合神经网络与元胞自动机的城市土地利用动态演化模型[J]. 干旱区研究, 27（6）：854-860.

路鹏, 苏以荣, 牛铮, 等. 2006. 湖南省桃源县县域景观格局变化及驱动力典型相关分析[J]. 中国水土保持科学, （5）：71-76.

李月臣, 刘春霞. 2009. 1987—2006 年北方 13 省土地利用/覆盖变化驱动力分析[J]. 干旱区地理, 32（1）：37-46.

李荣钧. 2001. 多目标线性规划模糊算法与折衷算法分析[J]. 运筹与管理, （3）：13-18.

李亚婷, 潘少奇. 2018. 1990—2015 年我国人均粮食差异变化特征[J]. 安徽农业科学, 46（5）：218-222.

龙茜. 2011. 基于灰色线性规划的土地利用结构优化研究[D]. 武汉：华中师范大学.

刘贤. 2018. 基于 FMOLP-MCE-CA 耦合模型的重庆市土地利用情境预测与模拟[D]. 重庆：重庆师范大学.

梅方权. 2009. 2020 年中国粮食的发展目标分析[J]. 中国食物与营养, （2）：4-8.

欧定华, 夏建国, 欧晓芳. 2017. 基于空间回归模型的城郊区土地景观格局变化驱动力研究——以成都市龙泉驿区为例[J]. 江苏农业科学, 45（14）：236-242.

彭保发, 胡曰利, 吴远芬, 等. 2007. 基于灰色系统模型的城乡建设用地规模预测——以常德市鼎城区为例[J]. 经济地理, （6）：999-1002.

孙才志, 闫晓露. 2014. 基于 GIS-Logistic 耦合模型的下辽河平原景观格局变化驱动机制分析[J]. 生态学报, 34（24）：7280-7292.

宋业新, 胡伟文, 张建军. 2004. 具有模糊系数约束的多目标线性规划[J]. 海军工程大学学报, （1）：40-44.

王千, 金晓斌, 周寅康. 2011. 江苏沿海地区耕地景观生态安全格局变化与驱动机制[J]. 生态学报, 31（20）：5903-5909.

王远干. 2008. 多目标线性规划模型的模糊数学解法[J]. 钦州学院学报, （3）：14-17.

王学萌, 郝永红. 2001. 中国总人口的灰色动态预测[J]. 中国人口·资源与环境, （S2）：101-103.

闻新, 张兴旺, 朱亚萍, 等. 2015. 智能故障诊断技术：MATLAB 应用[M]. 北京：北京航空航天大学出版社.

吴娇. 2018. 重庆市土地覆被变化及生态响应研究[D]. 重庆：重庆师范大学.

吴欣昕, 刘小平, 梁迅, 等. 2018. FLUS-UGB 多情景模拟的珠江三角洲城市增长边界划定[J]. 地球信息科学学报, 20（4）：532-542.

颜扬翰, 郭子坚, 王文渊, 等. 2020. 基于 ANN-CA 模型的港口城市景观格局变化与预测研究——以胶州湾西岸区为例[J]. 长江流域资源与环境, 29（7）：1507-1514.

张新长. 2013. 城市地理信息系统[M]. 北京：科学出版社.

朱彬. 2000. 粮食安全目标下我国主要粮食品种结构分析[D]. 南京：南京农业大学.

Aerts J C，Heuvelink G B. 2002. Using simulated annealing for resource allocation[J]. International Journal of Geographical Information Science，（16）：571-587.

Cohen J. 1960. A coefficient of agreement for nominal scales[J]. Educational and Psychological Measurement，20（1）：37-46.

Gardner M. 1970. Mathematical games：The fantastic combinations of John Conway's new solitaire game "life"[J]. Scientific American，223：120-123.

Li X，Yeh A G O. 2002. Neural-network-based cellular automata for simulating multiple land use changes using GIS[J]. International Journal of Geographical Information Science，16（4）：323-343.

Liu X P，Liang X，Li X，et al. 2017. A future land use simulation model（FLUS）for simulating multiple land use scenarios by coupling human and natural effects[J]. Landscape and Urban Planning，168：94-116.

McClelland J，Rumelhart D. 1987. Parallel Distributed Processing：Explorations in the Microstructure of Cognition：Psychological and Biological Models[M]. Cambridge：MIT Press.

Narasimhan R. 1980. Goal programming in a fuzzy environment[J]. Decision Sciences，（11）：325-326.

Pontius R G，Cornell J D，Hall C A S. 2001. Modeling the spatial pattern of land-use change with GEOMOD2：Application and validation for Costa Rica[J]. Agriculture Ecosystems and Environment，85（1/2/3）：191-203.

Rumelhart D，Hinton G，Williams R. 1986. Learning internal representation by back-propagation errors[J]. Nature，323：533-536.

Tavakkoli-Moghaddam R，Javadi B，Jolai F，et al. 2010. The use of a fuzzy multi-objective linear programming for solving a multi-objective single-machine scheduling problem[J]. Applied Soft Computing，10（3）：919-925.

White H. 1990. Commentionist nonparametric regression：Multilayer feed forward networks can learn arbitrary mapping[J]. Neural Networks，3：47-51.

Wolfram S. 1983. Statistical mechanics of cellular automata[J]. Reviews of Modern Physics，55（3）：601-644.

Zeng X，Kang S，Li F，et al. 2010. Fuzzy multi-objective linear programming applying to crop area planning[J]. Agricultural Water Management，98（1）：134-142.

Zimmermann H J. 1978. Fuzzy programming and linear programming with several objective function[J]. Fuzzy Setsand Systems，（1）：45-55.

索　引